Hubert Gössweiner

Die Ruhe des Siebenschläfers
Eine Warnung

Mauer Verlag
Wilfried Kriese
72108 Rottenburg a/N
Buchgestaltung: Wilfried Kriese
Titelbild: Die Universität für Bodenkultur Wien im Jahr 1896
2011
ISBN 978-3-86812-241-1

www.mauerverlag.de

Inhalt

Das erste Jahr: Verschlafene Liebe

Ein Radfahrer mühte sich frühmorgens von der Edlbachebene zur Stummerhöhe hinauf. Sein Blick wechselte zwischen den zäh an ihm vorbeiziehenden Bäumen, Sträuchern, Häusern und Wiesen und dem vor und unter ihm rollenden Asphalt mit seiner groben Körnung. Da er monatelang auf keinem Drahtesel mehr gesessen hatte, waren seine Kraft und Kondition zu wenig, um ständig mit weitem Blickwinkel in die Ferne vor und neben ihm zu schauen. Das Ziehen und Brennen in den Oberschenkeln, der erhöhte, ihm bis in den Hals schlagende Puls und die Atemnot ließen keine lang andauernden weit schweifenden Blicke zu, denn dazu wäre es vonnöten gewesen, aufrecht auf dem Rad zu sitzen, was die Anstrengung jedoch nicht zuließ. Oben auf der Stummerhöhe wurde er von der Konzentration auf das Mechanisch-Körperliche erlöst, und so richtete er sich auf und fuhr einhändig zur Umfahrungsstraße, um das Rad auf dem leichten Gefälle bis zum Bahnhof rollen zu lassen. Rechts zogen die Kukuruzfelder und Mähwiesen, links die den Hang befestigenden, Wasser ziehenden Grauerlen vorbei. Er musste ganz am Rand fahren, um nicht vom Wind der an ihm mit hoher Geschwindigkeit vorbeirollenden LKWs verweht zu werden. Drohend kam das Gedröhn der auf Hochtouren gebrachten Motoren von hinten auf ihn zu, was ihn frühzeitig ganz an den Rand der Straße drängte. Von der Umfahrungsstraße bis zum Bahnhof führte zuerst eine schmale, etwa hundert Meter lange Erdstraße mit grünem Mittelstreifen und eingesprengten großen Steinen, die große Vorsicht und Langsamkeit verlangten. Danach folgte bis kurz vor dem Bahnhof eine sehr schmale Asphaltstraße, die zum größten Teil so abgelegen und minder frequentiert war, sodass im Winter nicht einmal der Schnee geräumt wurde. Das Endstück vor dem Bahnhof führte verwinkelt an Einfamilienhäusern und Gärten entlang, um dann das ehemalige „Gasthaus zur Alpenrose“, einem Bau aus dem 19. Jahrhundert mit fachwerkartigem, beigen Mauerwerk und großen Kastenfenstern, in dem sich heute ein China-Restaurant befindet, sichtbar zu machen. Noch bis in die sechziger Jahre befand sich darin das Kino des Ortes.

Der Zug sollte um 6:35 Uhr kommen, was ihm die zeitliche Freiheit gab, mit dem Rücken an die Wand gelehnt noch eine Zigarette im Freien zu rauchen. Ihm noch unbekannte Gesichter von Schülern und Berufstätigen bewegten sich an ihm vorbei zu den Sitzbänken des Bahnhofes, der um die Jahrhundertwende gebaut wurde und an dem das Gelb am Mauerwerk und das Grün an den Eisenstützen haftete. Er grüßte alle Vorbeigehenden knapp mit einem „Guten Morgen", das er sich scheu und reserviert abrang. Nach der Zigarette ging er in den Schalterraum, um sich für die Gratisfahrten mit den Österreichischen Bundesbahnen von der Bushaltestelle „Edlbach Unterführung" zum Bahnhof Kirchdorf/Krems anzumelden.

Im abgedienten, grünen Zug, saß er, wie es immer in den folgenden vier Jahren Gymnasium sein sollte, im Raucherabteil, wo er bis auf wenige Ausnahmen scheu und von den anderen Schülern abgekapselt eine viersitzige Garnitur an der Tür besetzte. So hatte er niemanden im Rücken und wurde maximal von den Insassen der benachbarten zwei Sitzgarnituren eingesehen.

Nach fünfzig Minuten Fahrt auf der zweiunddreißig Kilometer langen Strecke von Windischgarsten bis Kirchdorf/Krems ging er zu Fuß über den Stadtplatz der Bezirkshauptstadt, um von dort auf einem etwa einen Kilometer langem Stück Weg entlang von Einfamilienhäusern zur Schule zu gelangen. Der Morgenspaziergang umfasste somit die zehn Minuten vom heimatlichen Hof bis zur Bushaltestelle und die zwanzig Minuten vom Bahnhof Kirchdorf zur Schule. Natürlich war vom Bahnhof Kirchdorf bis zur Schule ein Bus eingerichtet, den Nikolaus aber über die Jahre kaum nutzen sollte.

Irgendwie fand er die 5C-Klasse, wo ihm drei Schülerinnen auffielen, die gemeinsam mit seinem Bruder Winfried, der nun für fünf Jahre die Hotelfachschule in Bad Ischl besuchen sollte, die Schulbänke der Hauptschule gedrückt hatten. Nikolaus war mit weiter, grüner Hose, grünem Pullover und einer speckigen khakifarbenen Lederjacke mit Knöpfen in die 5C gekommen, um als Hinterbänkler Platz zu nehmen. Er war als einer der Letzten gekommen und musste sich zwangsläufig neben einer jungfräulichen, vierzehn-jährigen Schönheit niedersetzen. In der Klasse befanden sich ohnehin nur fünf Burschen, die ganz vorne beim Katheder saßen und bereits beim ersten Hinsehen eine sichtlich zusammengeschweißte Partie bildeten, sodass Nikolaus den Verdacht haben musste, dass sich diese Typen bereits Jahre kannten. Der Klassenverband bewegte sich dann mit seinem weiblichen Klassenvorstand Zipfer hinaus auf die Gänge, um die Schule mit ihren Sparten und Örtlichkeiten des achtjährigen Bundesrealgymnasiums (BRG), des vierjährigen Bundesoberstufenrealgymnasiums (BORG) für Hauptschulabgänger, der fünfjährigen Handelsakademie (HAK), der dreijährigen Handelsschule (HASCH), der fünfjährigen und der dreijährigen Haushaltsfachschule, salopp Knödelakademie genannt, kennen zu lernen. Außerdem gingen sie hinaus auf den Sportplatz, um dessen verschiedene Einrichtungen aufzusuchen, wobei der zwergenhafte, siebzehnjährige Günther meinte, er habe fürchterliche Kreuzschmerzen. Nikolaus tippte auf zu viel Alkohol am Vortag, weswegen er von Günther ein Trottel geheißen und verbessert wurde, dass die Kreuzschmerzen vom Pudern gekommen waren. Nikolaus und Günther waren beide Sitzenbleiber und verstanden sich auf Anhieb. Sie freuten sich beide auf das Ende des ersten Schultages, um endlich wieder frei an ihren Zigaretten ziehen zu können.

Draußen auf der Sportwiese fand dann noch der Gottesdienst statt, der die Gnade Gottes für das beginnende Schuljahr herabziehen sollte und von Pater Engelhard vom Zisterzienserstift Schlierbach, dem zukünftigen Religionslehrer der 5C, zelebriert wurde. Nikolaus und Günther hielten sich sehr im Hintergrund, da sie der Zauberei dort vorne nichts abgewinnen konnten und von alledem nur gelangweilt wurden. Nikolaus hatte seinen Glauben während seines ersten Anlaufes im BORG Bad Aussee, wo er das Rauchen und Saufen gelernt hatte und in Biologie durchgefallen war, fast gänzlich aufgegeben und schwelgte in Götzendiensten für Rockidole und in Berauschungen durch klassische Musik und Musik der 60er und 70er Jahre.

Innerhalb weniger Tage war dem Klassenvorstand Zipfer aufgefallen, dass Nikolaus in der Hinterbank nie mitarbeitete und stattdessen galant mit seiner schönen Sitznachbarin wisperte. Die Schule war ihm mehr denn je zur Einöde geworden, weshalb er sich seinen eigenen Gedanken überließ. So ziemlich jeder Lehrer dürfte die Lethargie dieses Sitzenbleibers, der mit seinem Wissensvorsprung pokerte und es nicht die Mühe wert fand, etwas in den Unterricht einzubringen, geschweige denn das bereits Gewusste nicht unter den Scheffel zustellen, bemerkt haben und der Zipfer davon berichtet haben. Deshalb versetzte ihn die Professorin Zipfer nach vorne zu den Burschen, um ihn, wie sie sagte, aus seiner Laschheit zu reißen und für den Unterricht zu beflügeln. Vorne fühlte er sich dennoch nicht zur Mitarbeit veranlasst. Die Gesellschaft der Burschen erzeugte in ihm zumindest eine Munterkeit und Heiterkeit, weshalb er immerhin die Schule nicht mehr nur als Schlafzimmer, sondern auch als einen Ort der Happenings auffasste. So sekkierten Nikolaus, Jochen und Jakob in den Pausen inständig den gleichfalls wie Günther zwergenhaften Paul, indem sie diesen leicht ohrfeigten und mit einer Hand von sich ferne hielten, damit dieser wehrlos in die Luft schlug. Sie hänselten ihn ob seines billigen blauen Bundesbahnerhemdes und lachten sich wegen seiner Wehrlosigkeit in rhetorischen und körperlichen Dingen krumm. Paul war ihr Spielball. Nikolaus war der Betreiber dieses bösen Spiels und setzte seine Erlebnisse von Bad Aussee 1:1 in Kirchdorf/Krems um. Nikolaus war jedoch kein bis auf das Blut gehender Quälgeist, sah alles als Spaß an und entwürdigte Paul nie. Er hatte zu Paul eine freundschaftliche Beziehung und fühlte mit ihm ehrlich mit, als dieser sein erstes „Nicht Genügend" gleich auf die erste Englischschularbeit bekam und weinen musste. Nikolaus fuhr auf diese Englischschularbeit ein „Genügend" ein und war zufrieden. Schlimmer als in Bad Aussee sollte es für ihn auf keinen Fall kommen, das spürte er deutlich, auch wenn er dadurch in so ferne ernüchtert wurde, als er sich trotz seines Wissensvorsprunges nicht gänzlich auf seinem breiten faulen Arsch ausruhen durfte, sondern zumindest wachsam genug bleiben musste, um nicht das Desaster von Bad Aussee zu wiederholen. Eines Morgens traf er einen um zwei Jahre älteren Schüler der Handelsakademie, den er flüchtig von der heimatlichen Nachbarschaft kannte und der Jahre zuvor noch an der gegenüberliegenden Edlbachebene in dem in den Fünfzigerjahren von seinem Vater erbauten Haus wohnte. Fritz war ehemaliger Wiener Sängerknabe und ein durchaus begabter junger Mann, hatte die ganze Welt auf seinen Reisen als singender Knabe kennen gelernt und war somit mit vielen Wassern gewaschen, hatte er doch einen beträchtlichen Teil seiner Jugend in Wien verbracht. Dieser erfuhr dann von Nikolaus, dass er in Bad Aussee, wo er viel zu viel gesoffen hatte, sitzen geblieben war. Nikolaus traf auf Unverständnis und musste sich anhören, dass er doch immer so ein guter Schüler gewesen sei, worauf er berichtigte, dass er als

Hauptschüler nur mittelmäßig gewesen sei und dass das Gerede um seine geistigen Fähigkeiten nicht ernst zu nehmen sei.

Innerhalb der ersten Wochen war ihm mehrmals ein sehr attraktives feingliedriges Mädchen aufgefallen, das in Roßleithen, also eine Station nach seinem Heimatbahnhof „Windischgarsten" zustieg, um die Handelsakademie in Kirchdorf zu besuchen. Meist trug sie einen knielangen Rock, seltener Blue Jeans. Darüber pflegte sie meist weiße armfreie Blusen zu tragen, eine Kombination, die diese Schönheit zur Angebeteten machte. Jeden Tag in der Früh hing er müde im Raucherabteil in seiner viersitzigen Ecke und hoffte spätestens beim Einfahren in Roßleithen, ihre Anwesenheit zu spüren.
Eines Tages vor der Zugfahrt zurück ins Gebirge lehnten Nikolaus und seine Angebetete in einer Entfernung von etwa fünfzehn Meter an gegenüberliegenden Wänden des Kirchdorfer Bahnhofs in der Spätsommersonne. Die knisternden Vibes zwischen ihnen waren nicht zu verleugnen, da war etwas zwischen ihnen wie eine Seelenverwandtschaft, aber auch tiefe erotische Anziehung, die zwar jungfräulich und neu, nichtsdestoweniger aber kraftvoll und drängend, jedoch voller Angst und Scham vor dem Gegenüber war. Immer wenn er vom Boden aufsah, musste er erkennen, dass ihr Blick auf ihn gerichtet war. Scheinbar war sie um einiges mutiger und aufgeschlossener, mit ihm in Kontakt zu treten, während er einem etwaigen Kontakt in seiner Verschrecktheit zuerst unbeholfen, dann befangen und schließlich ohnmächtig gegenüberstand. Seine Angst wuchs sich in seinem Inneren in Desinteresse und Aggression aus, was ihn dazu bewog, die Stiege der Unterführung zum Bahnsteig hinunterzugehen, um nach einigen Metern Sichtbeton am Bahnsteig wieder aufzutauchen. Dort wartete er einige Minuten auf den fast ausgedienten dunkelgrünen Zug. Er war froh, sich wenigstens für kurze Zeit ihren interessierten Blicken entzogen zu haben und alleine zu sein. Seine Angst vor dem anderen Geschlecht saß ihm tief in den Knochen, und er war zu inkompetent, daran zu arbeiten, was letztlich dazu führte, die Mädchen nur als fantastische Wichsvorlage zu missbrauchen, sich diesen jedoch auf keinen Fall auf eine natürliche, amikale Weise anzunähern. Das Wort „Sex" stand groß auf seiner Stirn, dennoch hatte er nicht die Lockerheit und den Schmäh, einem Mädchen den Hof zu machen, um sein

finales Interesse Sex zu verwirklichen. Da hatte er doch glatt täglich die Möglichkeit auf seiner Seite, ein ausgesprochen hübsches, intelligentes und warmherziges Mädchen anzureden, verpasste und verneinte aber tagtäglich die Chance für eine zwanglose Unterhaltung mit ihr, da er voll von Zwängen, Ängsten, Verhärtungen und Verneinungen war. Er war dermaßen verschreckt, dass er im Zug nicht einmal mit den Burschen Umgang hatte. Immer wieder fiel ihm ein in einem Jeans-Anzug und Sportschuhen steckender Bursche aus Spital/Pyhrn auf, der im Zug von einem Waggon zum anderen auf und ab lief. Dieser hatte eine schulterlange, aber ohrfreie Haartracht und dürfte sich selber und den Mädchen, zwischen denen er im Zug immer verkehrte, ziemlich gefallen haben. Noch während der ersten Wochen sollte es immer wieder vorkommen, dass sich das angebetete, nicht rauchende Mädchen meist im Beisein einer Freundin ausgerechnet im Raucherabteil in seiner unmittelbar benachbarten Sitzgelegenheit niederließ, was ihn natürlich freute wie sonst nichts. Leider blieb es immer nur bei einem „Guten Morgen". Nikolaus hielt ihre liebreizende, erotische Nähe nicht aus, sogleich nach dem Blick in ihre Augen beim Gruß blickte er scheinbar desinteressiert aus dem Fenster, nur um einen Blick in ihre Sitzrichtung zu vermeiden. Im Anschluss an den Fensterblick, der immer nur wenige Minuten dauerte, gab er vor, in einen tiefen Schlaf zu fallen. Natürlich schlief er fast nie wirklich, sondern lauschte den Gesprächen der Freundinnen. Dann und wann gab er vor aufzuwachen, rauchte dann aus dem Fenster starrend eine Zigarette, um bald wieder in den Schlaf zu kippen. Nicht weit vom Zielbahnhof entfernt gab er vor, rechtzeitig, so als habe ihn seine innere Uhr geweckt, aufzuwachen. Er ließ dann die beiden Mädchen vor ihm aufstehen und sich in den Gang stellen, um an solchen Tagen den wunderschönen Hinterkopf und Rücken seiner Göttin zu genießen. Sie zu sehen war das Höchste und Erstrebenswerteste in diesen Tagen der ungestillten Sehnsucht nach ihrer Weiblichkeit und Zartheit. Am lieblichsten war sie, wenn sie einen engen knielangen Rock trug, der sie im Schreiten nicht weit ausholen ließ und sie deshalb wie eine anmutige Füchsin mit kurzen, schnellen Schritten ihres Weges ging.

Mit der Zeit glaubte er, bei dem seinen Mitschülern noch neuen Stoff mitreden oder etwas vorwegnehmen zu können, weshalb er eifrig mitar-

beitete, durch seine häufige Fettnäpfchentreterei aber zusehends entmutigter und beim Aufzeigen fauler wurde. Schließlich und endlich war ihm alles egal. Er zeigte nicht mehr auf und verpasste sich das Gesicht der Interesselosigkeit und Wurstigkeit. Sein einziges starkes Fach war Deutsch, wo er eine Schularbeit über einen Taugenichts zum Besten gab und mit einer guten Note belohnt wurde. Mit seinem zum Freund gewordenen Banknachbarn Jakob ging er eines Nachmittags nach Schulende in die Stadt hinein. Auf diesem Weg klagte der Sohn eines Arztes über die Beurteilung seiner Englischschularbeit mit einem Genügend, wo er doch in Pettenbach die Hauptschulbänke als Klassenprimus gedrückt hatte. Seine Zeiten als Vorzugsschüler schienen vorbei zu sein, was ihm jedoch keine Tränen, sondern vielmehr Ärger über die Lehrerin einbrachte. Nikolaus bequatschte mit ihm Schulisches, ein Unterfangen, das ihm schon seit eh und je zum Halse heraus hing und ihn verwundern ließ, wie wenig Wurstigkeitsgefühl sein neuer Freund an den Tag legte.
Nikolaus´ zwergenhafter Sitznachbar Günther, mit seinen siebzehn Jahren neben Nikolaus der einzige Raucher in der Klasse, kam immer mit dem Moped in die Schule. Mit dem spöttischen Günther wurden zumindest die anderen vier Burschen nicht wirklich warm, denn er schäkerte mit den Lehrern und den Mädchen, während er die anderen Burschen vor der ganzen Klasse bloßstellte, verspottete und sogar demütigte. Als zweifacher Sitzenbleiber war er einer der Dümmsten der Klasse, konnte sich jedoch zumindest im Zeichenunterricht profilieren. Tatsächlich war er der beste Zeichner der Klasse, was er unter Anderem beim Zeichnen eines Trinkglases mit Kreide auf schwarzem Papier unter Beweis stellte. Der Zeichenlehrer, ein akademischer Maler, der sich zudem mit Schmuckentwürfen und Lehreinheiten auf der Höheren Technischen Lehranstalt Steyr sein Brot verdiente, hatte seinen Wohnsitz und sein Atelier bei Gmunden, ein Umstand, der es ihm erleichterte, in Thomas Bernhards Stammcafe zu gehen und mit dem Dichter an einem Tisch zu sitzen. Er hielt den Schriftsteller für einen halbverrückten, überdrehten Zeitgenossen, mit dem kein normales Gespräch zu führen war. Damals arbeitete Thomas Bernhard an seinem Kultbuch „Alte Meister“, in dem er die Schwächen von Kunstwerken und deren Schöpfern aufzeigte. Besonders durch den Kakao gezogen wurden die oberösterreichischen

Künstler Adalbert Stifter und Anton Bruckner, die in einem Provinznest wie Linz gar nicht anders konnten, als Müll zu produzieren.
Noch im September machte ausgerechnet das dickste und mit erst dreizehn Jahren jüngste Mädchen unserem Helden schöne Augen, was er bald mit seinem Interesse an ihr unterbinden sollte. Anfangs brauchte er sich nur zu ihr nach hinten drehen, und schon sah er in neugierige, abenteuerlustige Kinderaugen. Irgendwie kam es zu einem Gespräch zwischen den beiden, und bald musste sie erkennen, dass sie einen Minimalisten in Sachen Lernen vor sich hatte, was ihr ganz und gar nicht behagte. Ihr kindliches Unverständnis und ihre Strebernatur trieben sie alsbald weg von der zweiten in die letzte Reihe, wo sie ihre konfrontationslose Kinderstube einrichtete. Das Mädchen sollte jene Person unter seinen Klassenkameraden werden, mit der er den wohl völlig unterkühlten Sozialkontakt bis zur Matura unterhielt, das heißt, es kam nie wieder zu einem Gespräch zwischen den beiden.

Wie es der Teufel so haben wollte, bekam Nikolaus ausgerechnet jene Biologieprofessorin, die ihm in den Ferien zuvor Nachhilfeunterricht für die Nachprüfung in Biologie angeboten hatte. Sein Stolz und der Respekt vor einer Autoritätsperson hatten ihn in den Abgrund einer Klassenwiederholung schlittern lassen, und nun musste er zudem einsehen, dass er dem Schicksal, in der Woche zweimal einer seiner Eltern bekannten Biologieprofessorin ansichtig zu werden, nicht entrinnen konnte. Nikolaus liebte es, während des Unterrichts ein Knie auf der Tischkante abzustützen und überdies Kaugummi zu kauen. Sie erhellte seine als Jungfrau angeborene Ordnungsliebe dadurch, indem sie ihn ernst aufforderte, sich erstens ordentlich hinzusetzen und zweitens den Kaugummi aus seinem Mund verschwinden zu lassen, was ihn schamvoll erröten ließ und ihm zudem die Einsicht erbrachte, dass er es mit einer ernstzunehmenden, strengen Lehrerin zu tun hatte, die auf Bekanntschaften nicht Rücksicht nahm.
Nikolaus war einer, der zwar viel wollte, aber nur wenig konnte. So wurde er gleich in der zweiten Physikstunde vom Lehrer dazu ermahnt, erst zu denken und erst dann zu reden, besonders, wenn es sich um die Physikmaterie handle. Zwei Wochen später klaubten Nikolaus, dessen Brüder und dessen Vater Pressobst in Oberschlierbach. Sie bückten und knieten

sich in Straßennähe um die Äpfel und Birnen, die sie mit Kübeln in Säcke leerten und dann in den Kleinbus schafften. Da er kein Ständebewusstsein hatte, schämte er sich seiner bäuerlichen Abkunft und wäre am liebsten in den Boden versunken, als ihm auf jener Straße der Physiklehrer mit dessen Familie im Auto begegnete. Auch sammelten sie Pressobst im Garten jenes Gehöftes, wo die seinen Eltern bekannte Biologieprofessorin aufgewachsen war. Nach der nächsten Biologiestunde sprach sie ihn freundlich darauf an, wobei sie von ihm wegen der damit einhergehenden Standesenthüllung nur verhaltenes, peinliches Grinsen erntete. Bauer zu sein war damals das Letzte, Dümmste und Schändlichste. Im Bus von Kirchdorf nach Liezen musste er mit ansehen, wie ein Pärchen über einen Bauern grinste und lästerte, über einen jungen, hilfsbereiten Bauern aus Nikolaus´ Nachbarschaft, der in Gummistiefeln über sein Feld ging und die gestreuten Mistklumpen kickte. Der Typ im Bus, ein wienerisch sprechender Heimatdialektverräter, war der Sohn eines Friseurladenbesitzers.

Nikolaus und dessen Brüder hatten die Angewohnheit, mit ihrem Vater jedes Wochenende einmal mit dem Kleinbus über den Hengstpass zu fahren, wobei es dem sechzehnjährigen Nikolaus und dem fünfzehnjährigen Winfried erlaubt war, abwechselnd am Steuer zu sitzen. Deren Vater saß dabei am Beifahrersitz und regulierte mit Obacht die Fahrgeschwindigkeit, die von den beiden Burschen am gerade noch geduldeten Limit gehalten wurde. Meistens fuhren sie bis zum Gasthaus „Sagwirt“, um dort etwas zu trinken. Das Fahren und die Geschwindigkeit empfand Nikolaus als eine Art Selbstbefriedigung, die er mit seinem Bruder Winfried teilte. Eines Tages nach der Schule überkam es Nikolaus, und er stieg mit seinem Bruder Bert, dem Schüler der vierten Klasse Hauptschule, in den Bus und raste die etwa dreihundert Meter lange Zubringerstraße vom Hof bis zur befahrenen Straße hinunter und von dort hinauf zum Hof, was er öfters wiederholte. Nach ein Paar Wiederholungen kam deren Mutter aus dem Haus und wollte die beiden mit strenger Miene und erhobenen Armen zum Stehenbleiben zwingen, was ihr nicht gelang. Vielmehr verglich Bert deren in Küchenkleidung steckenden molligen Körperbau mit den dünnen erhobenen Armen mit den Frauen der Wikinger aus Flake, wobei er immer wieder das Wort „Wickie“ ausstieß.

Nach der Selbstbefriedigung am Steuer des auf Hochtouren gebrachten Busses gingen beide ins Haus, wo sie auf ihre grantige, aber doch auch machtlose Mutter trafen, die die frechen Fahrten ihrer Söhne nicht zu bestrafen vermochte. Waren es doch gerade deren Söhne, die nach der Schule fleißig und ohne zu Murren die täglichen Arbeiten am Hof verrichteten.
Für die Mutter war es gut, dass Nikolaus nun täglich nach Hause kam und ihre gute Küche lobte. Immer saß er beim Essen auf der Eckbank und stellte dabei seinen linken Fuß auf diese. Nach dem Essen machte er sich an die Hausaufgaben, und später begab er sich in den Hühnerstall, um die Eier von den Legebatterien in die Vertiefungen der jeweils dreißig Eier fassenden quadratischen Eierkartons zu stellen. Im Anschluss wurden die Hühner gefüttert, wozu er mit jeweils zwei Eimern zum Futtersilo ging, dann das mehlige Futter in die Futterrinnen schüttete und dieses anschließend mit der Hand zu einer gleichmäßigen Tiefe anglich. Die oberste der drei Futterrinnen musste über Kopf gefüllt und angeglichen werden, weshalb er sich immer wieder kleine Fleischwunden an den abstehenden, weil alten Blechen der Rinnen zuzog. Am unangenehmsten war ihm immer wieder das Entfernen der toten, oftmals in Verwesung begriffenen Hühner aus den Käfigen, wobei er die Luft anhalten musste, wenn er den Käfig öffnete und das tote Huhn an den Beinen herauszog. Tatsache war, dass es unter den Hühnern Kannibalismus gab, besonders dann, wenn ausgebrochene, freilaufende Hühner wahllos in irgendwelche Käfige zurückgebracht wurden und sich somit als Fremdlinge nicht sozialisieren konnten.

Winfried besuchte gerade die Hotelfachschule in Bad Ischl und war neben anderen Schülern in einer Jahrhundertwendevilla untergebracht, die von einer alten Dame geführt wurde. Er wusste von Nikolaus´ Gewogenheit für die Doors und Jim Morrison und kaufte bald das 1980 erschienene Greatest-Hits-Album mit dem Kopf der Doors am in Rot und Weiß gehaltenen Cover. Außerdem kaufte er das Doppelalbum „Absolutely Live“, das Ausschnitte von Konzerten in Amerika zwischen Juli 1969 und August 1970 beinhaltete. Winfried erzählte von der Härte der Band, besonders vom Gekreische Jim Morrisons. Bald waren die Alben in Nikolaus´ Händen, da sich Winfried mehr um klassische Musik und sein

Geigenspiel kümmerte. Es sollte sich ereignen, dass der Polytechniker Bert ein Greatest-Hits-Album von Jimi Hendrix von einem Ausflug in der Stadt Salzburg nach Hause mitbrachte. Jimi Hendrix und die Doors rückten in den Mittelpunkt von Nikolaus´ künstlerischen Interessen. Das Cover des Jimi-Hendrix-Albums verleitete Nikolaus dazu, als Zeichenaufgabe Bäume in eine Mondlandschaft zu stellen, was der Zeichenlehrer nur verreißen konnte.

In der Klasse wurden die Schüler von einem Mädchen mit LPs versorgt, die dieses auf Wunsch bestellte. Nikolaus bestellte bei ihr das Greatest-Hits-Album von Carlos Santana, das Album „Slow Hand" von Eric Clapton und nicht zuletzt das Doors-Livealbum „Alive She Cried", auf dessen Cover Nikolaus eine erschreckende Entdeckung machte, nämlich das offene Hosentor und den verschwommenen Phallus Jim Morrisons, der gerade bei einem Luftsprung fotografiert worden war. Das Innencover zeigte die Doors einmal in einem Konzert im Hollywood Bowl 1969 und auf der Rückseite im Fillmore East 1968, wo die Band von hinten zu sehen war. Das in den Song „Light My Fire" eingearbeitete Gedicht „Graveyard Poem" Jim Morrisons übersetzte Nikolaus irrtümlich als Orgasmus-Gedicht, indem er die Schlusszeile „..dread the milky coming of the day." als „…that the milk is coming off today." als Abspritzerzeile hörte und interpretierte. Das Frontcoverfoto, das Graveyard Poem und die anschließend ausgestoßenen Schreie stempelten Jim Morrison zum tod- und sexbeschwörenden Schweinehund, der es nicht lassen konnte, sich und seine Fans zu verderben. Noch im Klassenzimmer kramte er während des Unterrichts immer wieder das Doors-Album hervor, um die Farbfotos der Coverrückseite zu betrachten. Dort war besonders das von unten fotografierte Gesicht Jim Morrisons ein Anlass für Nikolaus, den Sänger als satanisch-bubenhaften Verführer zu werten. Nikolaus hatte sich angesichts des Absolutely-Live-Covers längst angewöhnt, auch bei hohen Temperaturen schwarze Hemden zu tragen und deren Ärmel nicht aufzukrempeln, wofür ihn der Zeichenlehrer halbernst einen Faschisten nannte. Tatsächlich hatte der Zeichenlehrer mit seinen halblangen Haaren und dem Vollbart eine starke Ähnlichkeit mit dem Jim Morrison auf dem An-American-Prayer-Album, den Nikolaus mit einsetzendem Bartwuchs zu kopieren vorhatte. Darauf sollte er aber noch eine Zeitlang hinwarten müssen.

Die wenigen Male, an denen er in der Früh mit dem Bus vom Bahnhof Kirchdorf zur Schule fuhr, wartete er fernab von der Menschentraube auf einer der Bänke des ersten Bahnsteiges. Dort saß er rauchend mit überschlagenen Beinen und beobachtete das pulsartige Wippen seines Fußes, das er sich mit seinem hohen Blutdruck erklärte. Hin und wieder stellte er sich die Konzerte der Doors auf dem Alive-She-Cried-Album vor und pfiff so manche Melodie, besonders aber das in den Song „Moonlight Drive“ eingearbeitete Gedicht „Horse Latitudes“, welches Jim Morrison halb sprechend, halb singend vorgetragen hatte. Auch der Gitarrenpart des Beatlessongs „Eleanor Rigby“ in der Live-Version von „Light My Fire“ gehörte zu Nikolaus Pfeifrepertoire. Allmählich begab er sich an die Peripherie der auf den Bus wartenden Menschentraube, wo ihn immer öfter ein blondes, attraktives Mädchen aus seiner Heimat um eine Zigarette bat, die sie auch immer bezahlen wollte. Da sie sichtlich sexuell gereifter als er selbst war, hatte er nur eine amikale, wenn auch nicht ganz kühle Beziehung zu ihr. Es lag ihm fern, diese etwas ältere, ihn immer wieder ansprechende Schönheit anzubraten, dazu war er noch zu feucht hinter den Ohren. Natürlich begehrte er sie auf seiner nächtlichen Liegestatt sexuell, da sie ihm sehr gefiel, jedoch wusste er zu gut, dass sie einen Freund hatte, der das Glück hatte, sie in seinem oder ihrem Bettchen zu genießen. Dass sie einen Freund hatte, generierte in ihm die Einstellung, für ihn unerreichbar und unantastbar zu bleiben.

Mehr Chancen hätte er bei der in seiner Reihe sitzenden zweitschönsten und zugleich reifsten, weil einmal sitzen gebliebenen Mitschülerin gehabt, als er für eine Abendvorstellung im Linzer Landestheater langhaarig im neuen Anzug in die Schule kam und so begehrenswert für sie zu sein schien. Irgendwie kam er an jenem Tag direkt neben ihr zu sitzen, wahrscheinlich weil seine beiden rechten Sitznachbarn Günther und Jochen nicht zur Schule gekommen waren. Nikolaus war anfänglich durchaus überrascht und geehrt, dass sie während des Unterrichts ständig mit ihm schwatzte. Dieses blondeste von allen Mädchen der Klasse brachte ihn anfänglich auf sexuelle Gedanken, konnte aber ihre Annäherungen bald nicht mehr fortführen, da er sich durch ihren schlechten Mundgeruch mehr und mehr aus ihrer Sphäre wünschte und bald kalt dem Unterricht folgte. Wäre dieser verdammte Mundgeruch nicht gewesen, dann wäre sie ganz und gar sein Fall gewesen! Mundgeruch war für ihn der

Sexkiller Nummer 1! Nikolaus war als einziger im Anzug in die Klasse gekommen und bedeckte sich draußen im Winter mit einem beigen Kaputzenmantel. Der Bus brachte ihn nach der Vorstellung in Linz direkt zum Kirchdorfer Bahnhof, wo er feststellen musste, dass kein Zug mehr hinein ins Gebirge fuhr. So telefonierte er mit seinem Vater, dieser möge ihn doch abholen. Im Anschluss machte sich Nikolaus auf den Weg und ging seinem Vater auf der anfangs beleuchteten, später völlig finsteren Umfahrungsstraße entgegen. Es schneite, und es blies ein kalter Dezemberwind. Schließlich hatte er in seiner Vernunftlosigkeit mehr Glück als Verstand, dass ihn sein Vater bei dem Schneegestöber entgegenkommen sah. Es lag ihm sehr daran, sich eher der Witterung auszusetzen, als auf einer kalten Bahnhofsbank zu warten.

Im Jänner fuhr die Klasse auf Schikurs. Nikolaus wollte seine Eltern nicht belasten und blieb zuhause. Der Schuldirektor ging am Montag mit Nikolaus in die 6C, stellte ihn der Klasse vor und erläuterte, dass Nikolaus nun eine Woche als so genannter Gasthörer Anteil am Unterricht haben werde. Nikolaus kam sich ziemlich blöd vor, als er so mit dem Direktor vor der Klasse stand und hob seine rechte Hand auf Brusthöhe, um seine Armbanduhr mit raschem Drehen seines Handgelenkes in die richtige Position zu schütteln, was für die Rabauken der Klasse etwas von Wichsbewegungen hatte. Sie fingen an, verhalten zu brüllen, was Nikolaus dazu brachte, darüber zu sinnieren, ob deren Auflachen eine ihn schätzende und anerkennende oder aber doch eine Geste des Auslachens war. Mit gemischten Gefühlen bewegte er sich zurück in die letzte Bank, um die Position eines Fremdlings und Außenseiters einzunehmen. Die Hinterbänkler drehten sich immer wieder zu ihm um und musterten ihn halb hämisch, halb amüsiert. Während der ersten Stunden in der 6C fielen ihm zwei Hippies auf. Er war zwar angetan von der Hippiezeit und deren Künstler, konnte aber angesichts der beiden Hippies der 6C nur deren Überlegenheit erspüren, da diese wirklich lange Mähnen und Hippiekleidung trugen. Sie saßen in einer Bank und schienen Freunde zu sein, obwohl der eine der Größte und der andere der Kleinste der Klasse war. Nikolaus war ein Halblanghaariger, sein Hemd nicht konsequent über die Jeans hängen Lassender. Seine Kleidung war in jenem Winter eher angepasst.

Da er sich seine Woche in der 6C langweilig vorstellte, hatte er vorgesorgt und Asterix-Hefte mitgenommen, um die Zeit totzuschlagen. Die Lehrer hatten nichts gegen seine eigenwillige Art, dem Unterricht beizuwohnen und mussten am Mittwoch erdulden, dass er nicht in der Klasse war. Die letzten vier Tage blieb Nikolaus zu Hause und half am Hof, was ihm nach dem Schikurs die Rüge des Klassenvorstandes einbrachte, sich gedrückt zu haben, da half auch eine Unterschrift seiner Mutter nichts, die bestätigen sollte, dass er das Bett gehütet hätte.

Die Chemieprofessorin Schwalbenschwanz trat stets im Dirndl auf, was den in der ersten Reihe sitzenden Jochen immer wieder einmal dazu verführte, ihr ins tiefe Dekolletee zu blicken. Ihre Tendenz, die Schüler mitreißen zu wollen und deren Mitarbeit überproportional zu bewerten, kostete Nikolaus, der nur halb dösend anwesend war, ihre Wertschätzung. Sie meinte, er habe sicher einen zu niedrigen Blutdruck, während er sich eines viel zu hohen Blutdrucks bewusst war und wusste, dass zu niedriger wie zu hoher Blutdruck die gleichen Symptome einer Müdigkeit hervorrufen. Da der Chemieunterricht im zweistündigen Block abgehalten wurde und sich Nikolaus nicht einmal zu minimalem Interesse aufraffen konnte, vegetierte er dämmernd mit halb offenen Augen und halbem Bewusstsein in seiner Bank dahin. Gegen Ende der Doppelstunde bekam er ein Ziehen in den Beinen, das er mit einer Camel, die seine Entzugserscheinungen lindern konnte, wegschaffen wollte. Er sah aus dem Fenster und sah die Schüler auf dem Gehsteig in Richtung Bahnhof gehen, beneidete diese für ihre wieder gewonnene Freiheit und freute sich mit wässerigem Mund auf seine nächste Zigarette. Seine Lieblingszigarettenmarke waren Camels. Im Morgenzug gesellte sich ab Micheldorf immer öfter ein Lehrling zu Nikolaus, um mit ihm zu reden und zu rauchen. Der fesche Bursche hatte es außerdem enorm mit dem Saufen, einem Thema, das Nikolaus gerne diskutierte. Auch Frauengeschichten hatte er aufzutischen, was Nikolaus die Lüge aussprechen ließ, er hätte bereits mit fünfzehn seinen ersten Sex gehabt. Seinen Minderwertigkeitskomplex und seine Zugeknöpftheit Mädchen gegenüber retuschierte er immer mit der Behauptung, er hätte bereits mit fünfzehn Sex gehabt, solange und sooft, bis er es schließlich selber glaubte.

Nikolaus´ Bruder Winfried brauchte etwas Schriftliches für eine Punkband in Bad Ischl. Zwei Mitglieder dieser Band waren überdies seine Klassenkameraden und suchten starke Songtexte. Winfried wusste von den literarischen Erfolgen seines Bruders Nikolaus bei den Deutschschularbeiten und versicherte seinen beiden Punkern, sie mit Texten zu beliefern.

Zuhause am Bauernhof in Edlbach standen sie in der Küche und rätselten herum, an welchem Thema sie literarisch arbeiten sollten und kamen schließlich zum Schluss, ein paar Gedichte oder Songs an einem neutralen Ort, wie im „Gasthaus zur Römerklause" in Windischgarsten zu erarbeiten. Nikolaus dachte sich, dass ihm mit ein paar Bier im Bauch schon die rechte Inspiration kommen würde, und so machten sie sich nächtens auf den drei Kilometer langen Weg in die „Römerklause". Die zwei Jugendlichen saßen an einem Tisch am Fenster, wobei ihnen das Dichten nicht so leicht von der Hand gehen wollte. Nikolaus faselte von einem Großkotz oder Schaumschläger, der träge auf dem Barhocker sitzt und die ihn umgebenden Gäste auf sich aufmerksam macht. Die Live-Band in der Trinkbar müht sich ergebnislos ab, da die Leute alle stockbesoffen sind und der Musik keine Aufmerksamkeit mehr schenken, sondern mit dem Schaumschläger teils sentimental, teils aggressiv herumdiskutieren. Der Song drehte sich zudem um das Innenleben und die Beobachtungen des Schaumschlägers, der sich über die Herde erhoben fühlt. Ihm kann in Sachen Eloquenz keiner das Wasser reichen, was dazu führt, dass ein paar der Trinkgenossen gedemütigt abziehen, während ihm andere das Ohr schenken oder aber auch Dresche androhen. Das Gedicht für die Punkband kam irgendwie zu einem offenen Ende, wo der Schaumschläger, der Barmann und die Live-Band alleine im Lokal zurückbleiben. Nach dem Gedicht hatte Nikolaus bereits Schlagseite bekommen und wollte partout nicht weiterdichten, sondern sich dem Bier und einem Gespräch mit seinem Bruder überantworten. Winfried erzählte von der Hotelfachschule, von seiner Zimmerwirtin in der Villa und seinen laufenden Freundschaften. Er war als extern wohnender Schüler in einer Situation der Freiheit von Heimautoritäten. Seine Noten waren besser als jene von Nikolaus, da er zielstrebiger und ehrgeiziger lernte, während Nikolaus ein Minimalist in puncto Ehrgeiz und Zielstrebigkeit war und nur von einem Tag auf den anderen lebte, die Freiheit von einer leistungsorientierten handwerklichen Lehre genoss und die Autorität von Lehrern relativierte.

In den frühen Abendstunden gingen Nikolaus, dessen Bruder Bert, der die vierte Klasse Hauptschule besuchte, und der Haus- und Hofknecht Othmar am Waldrand, der den Saum der anmoorigen Edlbachebene bildete, entlang der schmalen Überlandstraße zu einer Sitzbank an der Kreuzung, wo sich der Bauernhof „Groß Edlbach" befindet. Unten im Dambachboden befindet sich das „Gasthaus zur Schaffelmühle", von dem Nikolaus und Bert Coca Cola und Othmar Bier bezogen, um diese Getränke dann auf der Sitzbank zu konsumieren. Othmar und Nikolaus rauchten zudem, und immer wieder musste sich einer der drei hinunter zur „Schaffelmühle" begeben, um Nachschub zu holen. Die zwei Brüder lauschten den Geschichten Othmars, die sich um Frauen, Saufen und Arbeit drehten. Manchmal kam auch das eine oder andere Mädchen an den Bänkelsängern vorüber, was in Nikolaus den Puls höher schlagen ließ. Die beiden Jugendlichen überließen es Othmar, so ein Mädchen zu grüßen oder schamlos anzusprechen. Der sechsundvierzigjährige Othmar erzählte von seiner Arbeit auf zwei Sägewerken in Spital am Pyhrn, die er als gut Zwanzigjähriger mühsam mit seinem Waffenrad erreicht hatte. In der Früh hatte er gegen den Fallwind vom Pyhrnpass zu kämpfen, und am Abend hatte er sich mit dem Gegenwind aus der Windischgarstner Richtung angelegt. Nach der Arbeit war er zum aus der Eiszeit stammenden Gleinkersee hochgefahren, um dann über den Seegraben zur Dümlerhütte hochzugehen, wo seine Freundin als Köchin und Kellnerin gearbeitet und auch übernachtet hatte. Nach einem geselligen Beisammensitzen mit Linzern und einem kurzen Beischlaf mit seiner Freundin hatte er die Hütte lange nach Mitternacht wieder verlassen, um sich im Haus seiner Eltern auszuschlafen und dann gegen den „Pyhrnerwind" zu kämpfen. Er meinte zu seinen beiden jungen Freunden, dass er die Sache mit der Dümlerhütte nie mehr wiederholen würde, und hätte seine Freundin einen goldenen Arsch, diese Plackerei und den Schlafentzug könnte er für eine Frau einfach nicht mehr aufbringen.
Eine andere Geschichte aus Othmars Leben handelte von seiner Zeit als Schaffner. Nachdem er es weder zum Förster noch zum Sägewerksmeister gebracht hatte, tourte er mit den Zügen durch Oberösterreich,

Salzburg und die Steiermark. Da er seinen Lohn unfreiwillig bei einer diebischen Hure gelassen hatte, hatte er sich vierzehn Tage lang von nur einer Gulaschsuppe pro Tag ernähren müssen, was ihm, der ohnehin schlank und zäh gewesen war, einige Kilo gekostet hatte.
Othmar lebte nun schon ein paar Monate auf dem Hof, zu dem er eines regnerischen Abends durchnässt Zuflucht gesucht und gütige Aufnahme gefunden hatte. Er hatte das letzte Jahr in einem Geschleif in Rosenau am Hengstpass mit zwei anderen Alkoholikern gehaust, die Nikolaus´ Familie wohlbekannt waren. Der eine hatte jahrelang am Hof als Knecht gearbeitet, war jedoch mit Erhalt der Pension vor jeglicher Arbeit in das enge Tal des Dambaches in die Rosenau geflüchtet, um sich völlig der Schnapstrinkerei hinzugeben. Der andere war der ehemalige Holzknecht Franzerl, der zumindest ein Moped besaß, nur mäßig trank und des Öfteren auf ein paar Gläser Most vorüberkam. An jenem regnerischen Abend war es zur bitteren Auseinandersetzung zwischen Othmar und dessen Mitbewohnern gekommen. Das Resultat war der tätliche Rauswurf Othmars in die finstere, wolkenbrüchige Nacht hinaus gewesen. In triefender Försterkleidung hatte er dann in einem Eck der Stube gesessen und sein Leid geklagt, dass er nun keine Bleibe hätte, die ihm dann Nikolaus´ Eltern großherzig zugesichert hatten. Die Freizeitkleidung ließ in Othmar einen Möchtegernjäger oder Möchtegernförster erkennen. Ins Wirtshaus ging er nur mit grüner Knickerbocker, Bergschuhen, grünem Jagdsakko und grünem Hut mit Bussardfeder. Er wurde von vielen nicht anerkannt und nur spöttisch „Oberförster“ geheißen. Nichtsdestoweniger war er Nikolaus´ und Berts Freund, der bis spät in die Nacht hinein, wenn sonst schon alles schlief, mit ihnen in der Stube saß und seine Sauf- und Weibergeschichten erzählte. Othmar und Nikolaus verqualmten dabei die Stube gehörig mit ihrer Raucherei.

Am meisten rauchte Nikolaus im Zug zur und von der Schule, sowie an jenen Abenden, an welchen Othmar aus seiner Lebensschule vortrug. In der Schule bestand die Möglichkeit des Rauchens draußen vor der Tür zum Sportplatz, wo die Schüler auf den Gittern über den Schächten zu den Kellerfenstern standen. Seine gutherzige Mutter, die an seiner Kleidung den Zigarettengestank bemerkte, empfahl ihm, sich im Zug ins Nichtraucherabteil zu setzen und nur mehr im Freien zu rauchen, da

er somit nicht einer stundenlangen Rauchbelastung ausgesetzt gewesen wäre. Er spürte ihre gütige Permissivität in Bezug auf sein Rauchen und entgegnete ihr ebenso warmherzig, aber auch halbherzig, dass es für ihn wirklich besser wäre, würde er nicht im Raucherabteil rauchen, wo alle anderen auch rauchten. Zwischen Nikolaus und seiner Mutter, die stolz auf seine gut benoteten Deutschschularbeiten war, gab es den denkbar besten Kontakt. Wenn er so gegen 15:00 Uhr nach Hause kam, kredenzte sie ihm stets einen guten, warmen Happen. Von drei bis vier Uhr hörte er die Musicbox auf dem Ö3-Sender im Hintergrund zu seinen Aktivitäten des Essens und Hausübung-Machens.
Die fast ausgedienten grünen Waggons der Züge waren innen mit ebenfalls grünen gepolsterten Sitzgelegenheiten ausgestattet. Nikolaus galt unter den anderen Reisenden Schülern wohl als unnahbarer Einzelgänger, der immer nur alleine saß. Eines Morgens zog ihn ein etwas älterer Schüler aus seiner Heimatgegend von hinten an einem Haar und riss es aus. Als Draufgabe spuckte er dem zurückgezogenen und beschämten, verhöhnten Nikolaus das Wort „Psychotyp“ über die Kopflehne, was ihn zutiefst in seiner Würde traf. Ohne eine Reaktion auf diese Beleidigung zu zeigen empfand er sich gegenüber den anderen, oft in Gesellschaft von Mädchen stehenden Burschen, die ihn zwar in jenem Moment nicht sahen, ausgestoßen und verkannt, gedemütigt und entwertet. Vermeintlich angesprochen wurde er von einem langen, Sakko tragenden Snob beim Zusteigen in den grünen Zug. Jener, der sich als Beau sah, meinte: „Tollpatschige Leute erkennt man an den Händen!“. Nichtsdestoweniger war Nikolaus stolz auf seine schlanken, weißen Hände und blickte im Zug oft und oft auf seine die Zigarette haltende rechte Hand und auf seine linke, am Schenkel ruhende Hand, wollte er doch Hände, wie es die Linke Jim Morrisons am Mikrophon des Absolutely-Live-Albums war.

Die langen Locken von Nikolaus machten Schule, insofern sich sein zwergenhafter Sitznachbar Günther Dauerwellen zulegte. Noch Wochen zuvor war er Nikolaus immer wieder durch die Haare gefahren, um diese zu zerzausen. Günther kam immer mit dem Moped zur Schule und prahlte mit seinem Leben auf großem Fuß. Seine finanziellen Zuschüsse seitens seiner Eltern gab er beim Fortgehen aus. Er bekam wöchentlich fünfhundert Schilling auf die Hand, die er am Wochenende in Cafes und

Diskotheken auslegte. Er war für die anderen vier Burschen der Klasse kein großer Sympathieträger, aber umso mehr bei manchen, auch sehr klugen Mädchen, bei denen er seinen Charme spielen ließ und die seinen knackigen Arsch unter den engen Jeans mehr als nur bemerkten. Als schlechter Schüler hänselte er Nikolaus für dessen sehr gute Deutschaufsätze mit einem: „Pah, der Hund lernt!", worauf Nikolaus nur meinte, für einen Deutschaufsatz nicht einen Strich lernen zu müssen, denn dafür benötige man nur ein gewisses Maß an Phantasie.

Als Religionslehrer fungierte der Schlierbacher Zisterziensermönch Pater Engelhard. Er wurde in Gschwandt bei Gmunden als Sohn eines Eisenbahners geboren und besuchte im Stift Schlierbach acht Jahre Gymnasium, wo er zwar als nicht sehr lerneifriger, aber dennoch sehr guter Schüler auffiel. Auch als Religionslehrer hatte er den Ruf als sehr intelligenter Mensch, der niemals den Kirchenfanatiker heraushängen ließ, immer aber den Trinkfesten im Cafe Bachalm unter Beweis stellte. Er stand auf Marlboro und Rotwein und liebte die Frauen auf eine platonische und dennoch innige Weise. Mit zehn wurde er von seinen Eltern ins Stiftsgymnasium gesteckt, von dem aus er ins Priesterseminar – wahrscheinlich in Heiligenkreuz – eintrat. Da die Zisterzienser als viertes Ordensgelübde die stabilitas loci, die Ortsgebundenheit an das einmal gewählte Kloster, hochhalten, blieb er im Stift Schlierbach als Lehrer hängen. Das Klosterleben dürfte trotz der weitgehenden Freiheiten (Lokalbesuche, Mitglied des Lyons Clubs, Nachhilfe in Privathäusern) als Lehrer in Schlierbach und in den Schulen der Umgebung, die er mit seinem gelben Renault heimsuchte, nicht sein Herz ausgefüllt haben, denn er griff mehr und mehr zur Flasche und zu den Zigaretten. Sein Körper war aufgeschwemmt und das Weiße in seinen Augen tönte sich in ein zunehmendes Gelb und Grün, da seine Leber nicht mehr konnte. Der Pater aus dem Stift Schlierbach unternahm es eines Tages, mehrere Schüler vor der versammelten Klasse psychologisch unter die Lupe zu nehmen. Nach mehreren Charakterbestimmungen votierte die Blondeste und Zweitschönste der Klasse, er solle Nikolaus´ Charakterbild nachzeichnen. Nikolaus fühlte sich als An-die-Reihe-Gekommener zuerst geehrt und dann nach der Einstufung Pater Engelhards als stolzer und pessimistischer Eigenbrötler entlarvt und noch einmal geehrt, da er sich gerne in der Rolle des Außenseiters sah. Außerdem bezeichnete er Nikolaus mit seiner Mähne und dem athletischen Körper als griechischen Gott, was Nikolaus dann aber eher beschämte. Nikolaus wurde zwar schubladisiert, doch die Qualifikation eines studierten, hochintelligenten Theologen als eigenbrötlerischer Adonis rückte ihn in die Nähe Jim Morrisons, mit dem er eine Seelenverwandtschaft pflegte. Letztlich war die Einstufung Pater Engelhards nur eine Bestätigung dessen, was Nikolaus eigentlich vor der Klasse sein wollte: anders!

Pater Engelhard trug an einem verregneten Vormittag Exuperys „Der kleine Prinz“ vor. Nikolaus konnte der guten, naiven Geschichte von vornherein nichts abgewinnen, hing eigenen Gedanken nach und verfiel immer mehr in einen oft unterbrochenen, aber erholsamen Schlaf, bis es die ganze Klasse mitbekam. Er erntete von Pater Engelhard keinerlei Rüge, umso mehr jedoch das wohlgefällige Lachen seiner Klassenkameraden.

Auf seinen morgendlichen Fußwegen vom Bahnhof Kirchdorf zur Schule hinauf begegnete ihm immer wieder eine junge, doch reif anmutende Frau, die er stets grüßte. Sie grüßten sich oben am Stadtplatz, nachdem er auf ein Auslagenfenster zugegangen und sich, stolz auf seine Erscheinung, eitel darin gespiegelt hatte. Die Frau schien immer gut gelaunt zu sein, und es waren dies stets Grüße mit lächelnden Lippen. Nach den jeweiligen Begegnungen mit ihr pfiff er so manche Melodie auf seinem weiteren Gang, der meist ohne jede Begegnung blieb, da er die Peripherie Kirchdorfs betrat. Als er im Nebel die Melodie der Kleinen Nachtmusik Mozarts rauchend vor sich her pfiff, überholte ihn der Geschichtelehrer, ein Raucher, mit dem Fahrrad, wandte sein Haupt nach hinten und spendierte eine freundliche Geste des Wohlwollens, indem er lächelnd fragte, ob es schmeckt, das Rauchen.

Gegen Ende des Schuljahres besuchte die Klasse mit ihrem Zeichenprofessor einen Malereiwaggon vor dem Bahnhof Kirchdorf. Nikolaus hatte sich längst von seiner Jimi-Hendrix-Mondlandschaft rehabilitiert, indem er zum Beispiel ein Notenblatt aus dem Musikbuch heraustrennte, das Blatt quer durchriss, eine Hälfte auf ein Zeichenblatt klebte und die andere Hälfte so gefühlvoll genau nachzeichnete und nachtönte, so dass eine Einheit zwischen realer Hälfte und gezeichneter Hälfte kaum angezweifelt werden konnte. Der Malereiwaggon enthielt unter Anderen Bilder von William Turner, die Nikolaus sehr beeindruckten und fesselten. Schließlich raunzte Günther wegen seiner Zigarettengier herum, worauf ihn der Zeichenlehrer einen Suchthaufen nannte und ihm das Rauchen untersagte.

Den Musikunterricht leitete ein überaus begabter Lehrer, dessen Symphonie sogar im Brucknerhaus aufgeführt wurde. Er kam als Pianist und Klavierlehrer und nicht zuletzt durch sein Äußeres dem Doors-Keyborder Ray Manzarek sehr nahe. Als er ein sehr neues, schräges symphonisches Werk am Plattenspieler hören ließ und dazu von jedem einen Text wünschte, schlug Nikolaus ganz grausam zu, indem er von Abwasserkanälen und Ratten schrieb. Die Ratten wuchsen nicht auf seinem Mist, denn er entlieh sie dem lyrischen Werk Jim Morrisons. Morrison sang oder schrie auf dem Absolutely-Live-Album als Intro zu „Break on thru" das Stück „Dead Cats, Dead Rats" besonders derb und verkommen.

Nikolaus war ein Spinner, wenn es um die Doors-Texte ging, denn in Ermangelung von gedrucktem Textmaterial machte er sich aus den manchmal schlecht artikulierten Gesängen Jim Morrisons seine eigenen Reime. So erdichtete er sich aus dem Vers „Love hides in molecular structures", aus einer unverfänglichen Zeile also, den verdorbenen Vers „Love hides in my luculous structure", wobei er verstehen wollte, dass sich Morrisons Liebe in seinem Schwanz versteckt. Sehr viel später sollte ihm bewusst werden, dass der Endvers von „When the music´s over" nicht „until the air", sondern „until the end" lautet.

Als Fritz, der Handelsakademiker, dessen Freundin und ein Freund der beiden sich im Zug zu Nikolaus gesellten, konnte Nikolaus angesichts deren Schmuserei nur mit zugeschnürter Kehle dasitzen und Kette rauchen. Fritz sang eine Strophe des Alabama Songs der Doors, was Nikolaus aus seiner Verunsicherung riss. Sah er in ihm einen Morrison-Imitator? Der Song von Fritz erlöste Nikolaus aus seiner gequälten Situation als mit Frauen unerfahrener und gegenüber älteren Typen unterlegener einsamer Eigenbrötler, dessen Menschenscheue kaum zu überbieten war. Er spürte sich selbst kaum mehr bei all seiner Morrison-Besessenheit und war ständig damit beschäftigt, seine Stupsnase etwas hinunterzukrümmen und seiner durch die streng zurückgekämmten Harre erzeugten höheren Stirn einen Wulst über den Augen zu verschaffen, um der Physiognomie Morrisons näher zu kommen. Auf einem Besuch bei seinem Bruder Winfried in der Bad Ischler Villa gab sich Nikolaus besonders Mühe, das Gesicht Morrisons auf dem Greatest-Hits-Album aufzusetzen, was Winfried zur Diktion veranlasste, Nikolaus´ Gesicht mit dem eines Schafes zu vergleichen. Jim Morrison blickt auf dem Greatest-Hits-Album von der Seite in die Kamera und ist mit einiger Phantasie mit einem Schafbock zu vergleichen, während Nikolaus eher nur an ein weibliches Schaf herankam.

Vor dem Kassen- und Warteraum des Bahnhofes Kirchdorf saß er mit zwei Schülerinnen seiner Heimat auf einer Bank. Die eine, die geile Blondine mit den langen Beinen und dem Burschenhaarschnitt, die er auch begehrte und bewichste, ging in die Frauenfachschule und war unmöglich mit seiner stillen Liebe aus Roßleithen verwechselbar. Die andere kümmerte ihn nicht, aber die Geile machte ihn so zum Narren, dass er mit seinem Arsch immer weiter nach vorne rutschte und schließlich auf der Kante zu sitzen kam. Fast wollte er sie anreden, besser gesagt wollte er, dass sie ihn anredete. Sein Verlangen nach ihr trieb Blut in seinen Schwanz, und er genoss es fürwahr, neben ihr mit einem Halbsteifen zu sitzen. Irgendwann saß er dermaßen ausgestreckt auf der Bank, dass es der Geilen auffallen musste und diese meinte: „Na, der hängt da!“. Nikolaus verharrte in seiner Stellung und wollte weitere Reaktionen der Geilen provozieren, was ihm auch gelang. Denn er wurde langsam immer mutiger, der blonden, geilen und derben Schlampe im Stillen etwas zu entlocken. Nicht lange, und sie kam seiner Absicht, sie haben zu wollen, ganz nahe, indem sie meinte: “Ich glaub´, der steht auf mich!“, was Nikolaus dann eine rote Birne verschaffte, er aber wie gefesselt in seiner offenen Haltung auf der Bank zu verharrte. Ab ihrem Bonmot wünschte sich Nikolaus weg von deren Derbheit und Oberflächlichkeit, konnte aber nicht aufstehen und einfach gehen, denn damit hätte er eine Reaktion gezeigt, und noch schlimmer, er hätte die Flucht angetreten. Vielmehr tat er so, als höre er sie nicht. Seine Befreiung kam erst durch den einfahrenden Zug.

Im Zug gesellte sich immer wieder der um vieles reifere Fritz zu ihm und bat ihn um Zigaretten. Nikolaus war in der Früh immer sehr geschlaucht und fand es peinlich, wenn sich dieser Mann von Welt, der ehemalige Sängerknabe, der bei den Frauen gut ankam, zu ihm setzte. Fritz äugte bis 1:00 Uhr Früh in die Glotze, da er ein Tennisfreund war. Wenig Schlaf war ihm nicht abträglich, ganz im Gegensatz zu Nikolaus, der im Zug und in der Klasse verschlafen herumhing. Eines Nachmittags am Gang im Zug (Nikolaus stand lieber, als sich zu vermeintlich böswilligen Jugendlichen zu setzen) trat Fritz an ihn heran und begann eine Unterhaltung, wobei dieser ganz offen und locker daherredete. Fritz fragte ihn, was er denn so am Wochenende mache, was Nikolaus die Lüge erwirkte, er gehe mit seinen Brüdern in die Disko P17, deren Besitzer mit der Schwester von Fritz ging. Fritz meinte nur, er hätte ihn noch nie dort gesehen, was Nikolaus wie ein Messer in die Seele fuhr. Fritz fragte weiter. Überhaupt fragte er viel zu viel. Er fragte Nikolaus, wie es dessen Tante am Hof erginge. Nikolaus´ Tante bekam das in den Fünfzigerjahren von seinem Vater erbaute Haus am Rande der Edlbachebene als Auszahlung. Die Tante bewohnte jedoch dieses Haus nie, sondern vermietete es an die Eltern von Fritz. Deshalb kannte Fritz die Tante von Nikolaus, und die Frage, wie es seiner Tante so gehe, empörte sein Inneres in einem Maß, dass er seine Tante, die praktisch nichts anderes als eine Magd am Hof war und somit nicht einmal dem Bauernstand angehörte, am liebsten verleugnet hätte und nur meinte, dass der Kalk schön langsam dahinriesle. Verleugnet hätte er am liebsten auch seinen Bruder Bert, als dieser mit ihm im Zug nach Kirchdorf fuhr, um auf die Bezirkshauptmannschaft zur Gesundenuntersuchung zu gehen. Da ein dicklicher Typ aus Hinterstoder immer öfter die morgendliche Gesellschaft von Nikolaus suchte, um sich auf dialektverleugnende Weise wienerisch zu unterhalten, kam der Tag, an dem Nikolaus mit seinem bäuerlich redenden Bruder bei ihm saß. Nikolaus wollte vermeiden, Wörter zu verwenden, die ihn einerseits vor dem Dickerl als Bauernbuben und anderseits vor seinem Bruder als Dialektverleugner entlarvt hätten.

In der vorletzten Schulwoche der 5C war ein Wandertag von Hinterstoder nach Klaus angesagt. Nikolaus und vier Mädchen aus seiner Heimat stiegen also um etwa 6:45 Uhr in Hinterstoder aus dem Zug. Er ver-

mied es entschieden, mit den Mädchen bis zum Eintreffen der anderen Schüler aus dem Alpenvorland geschlossen zu warten, sondern er ging im Bahnhofsgelände auf und ab. Der Kontakt zu den pubertierenden Gören war ihm viel zu blöd, da gab es nichts zu reden. Auf der Wanderung selbst hängte er sich an seine Kumpels von der ersten Reihe. Als der weibliche Klassenvorstand Zipfer in die Burschengruppe eindrang und über Noten zu sprechen kam, machte Nikolaus kein Hehl aus seiner Einstellung, ihm seien Noten völlig egal, soweit es sich um positive handle. Zipfer rang sich eine halbherzige Kritik an Nikolaus´ Einstellung ab, dass es wohl nicht das Wahre sei, immer nur mit einem Ach und Krach in die nächste Klasse aufzusteigen. Nikolaus stand dabei fest in seiner fatalistischen Haltung, dass ihm ohnehin alles egal sei, denn für die Lerninhalte könne er ohnehin kein Interesse aufbringen. In Geschichte hatte der Klassenvorstand Nikolaus mit der Aufgabe gequält, die Weltnachrichten der vergangenen Woche zu wiederholen oder Teile aus dem Geschichtebuch zu erzählen. Dabei betitelte er die Landung der Alliierten vor der französischen Küste als 40-jähriges Jubiläum, was der Klassenbesten einen Lachkrampf bescherte.
In Klaus angekommen, wartete die Klasse entweder auf den Zug ins Gebirge oder ins Voralpenland, wobei Nikolaus peinlichst die Nähe von Mädchen mied, da er diese zum einen als das geistig Unmögliche, zum anderen als das sexuell Unreife einstufte.

Am letzten Schultag vor den Sommerferien verlangte Nikolaus am Sportplatz in Gesellschaft der anderen Kumpels der ersten Reihe die geliehenen fünfhundert Schilling von Günther zurück. Günther war sehr erbost und wies ihn darauf hin, dass eine Schuld, die unter Beisein der Öffentlichkeit erinnert wird, sofort verfalle. Auch Nikolaus war erbost, hart und bestimmt in seiner Forderung, denn diese Gepflogenheit einer Ehrenrettung war ihm nicht bekannt. Er war nicht gewillt, sich um Ehrbegriffe zu kümmern, sondern meinte nur, er hätte, da es der letzte Schultag sei und er Günther wegen dessen Abgang von der Schule (er war abermals sitzen geblieben) nicht mehr sehen würde, keine andere Möglichkeit der Schuldeneinholung gesehen. Günther wand sich in seiner beschmutzten Ehre, musste dann von Nikolaus gefragt werden, ob er Mann genug sei, die fünfhundert Schilling zu berappen oder ob er

noch länger damit warten wolle. Schließlich hätte er bis zum letzten Tag darauf gewartet, die Schuld, die Günther als Saufgeld genützt hatte, einzutreiben. Günther war zutiefst getroffen und griff tief in die Geldbörse. Zumindest hatte er daran gedacht, den Schein auszuhändigen, war er ehrlich und wachsam genug, Nikolaus nicht zu betrügen.
Zum Abschluss posierte die Klasse mit deren Lehrern auf dem Rasen des Sportplatzes vor der Kamera. Nikolaus stand ganz rechts außen und wurde in seiner ganzen Länge fotografiert. Er war darauf bedacht, eine hohe Stirn zu haben, strich seine halblangen Haare zurück und neigte seinen Kopf zur Seite. Sein schwarzes Hemd, seine Aufstellung als Freistoßabwehr und die halbgeschlossenen Augen machten aus ihm nicht nur den Außenseiter, sondern genauso das Aushängeschild der Klasse. „Die Schönen nach Außen!", hatte die Zipfer gemeint und auf ihn gezeigt, als er noch in der Mitte gestanden hatte.
Da er länger auf den Zug hätte warten müssen, verwarf er die Bahnfahrt und stellte sich autostoppend an die Straße, wo er nicht lange warten musste. Er hatte von Jakob eine Musikkassette mit einer Aufnahme von „Made in Japan" der Hardrocker Deep Purple in der Tasche, zückte diese aber auch während des Gesprächs mit dem Hardrockfreak, der ihn zusteigen lassen hatte, nicht. Das Gespräch mit dem Grazer Autofahrer drehte sich nur um Musik. So hatte dieser in Graz ein Konzert der Iron Maiden gesehen, einer Band, die Nikolaus von vornherein zu hart und verdorben war.
Zuhause hörten Nikolaus und sein Bruder Bert in dessen kleiner Tischlerwerkstatt Deep Purple und fuhren völlig darauf ab. An die Feinheiten der Doors kamen sie jedoch für Nikolaus nicht heran.

In den Sommerferien arbeitete sein Bruder Winfried, Schüler der Hotelfachschule Bad Ischl, in der Küche des Kurhauses. Bei einem Besuch des Vaters und der vier Brüder auf seinem Zimmer fielen Nikolaus dessen auf dem Bett verstreuten Doors- und Jimi Hendrix-Platten auf. Nikolaus war deshalb Bruder Winfried sehr gewogen. Eine Gewogenheit, die nicht lange hielt, aber zumindest bis zur Aussage Winfrieds, es gäbe wirklich scheußliche Musik auf dieser Welt, und dass er viel lieber Barock, Klassik und Romantik höre. Unser Hippiefreund Nikolaus fühlte sich verletzt, sah er doch die Integrität der Rocker aufgehoben.

Zuhause begannen sein Vater, der Knecht Othmar und die vier zuhause gebliebenen Brüder mit der Durchforstung eines Jungwaldes in Oberweng. Die Brüder waren nur mit Äxten zur Entastung bewaffnet, während der Vater und Othmar mit ihren Motorsägen die Bäume fällten. Als sich Nikolaus mit seinem Vater zu Beginn der Durchforstung von der Hangoberseite durch Brennnesseln und Brombeerdornen dem Jungwald näherten, um von oben eine Gasse bis an den Hangfuß zu schlagen, verletzte Nikolaus seinen vor ihm gehenden, Hut tragenden Vater beinahe mit der Sapine am Kopf. Wenn der Hut nicht auf seines Vaters Kopf gewesen wäre, hätte er ihm doch glatt mit der Sapine ein Loch in den Hinterkopf geschlagen, als er mit dieser das dichte Geäst hinter seinem Vater zu Seite geschoben hatte. Noch heute leidet Nikolaus bei der Vorstellung, seinem geliebten Vater fast Schaden zugefügt zu haben.
In den Mittagspausen wurde unten auf der Almwiese gerastet und gegessen, wobei die Jungs stets um eine Verlängerung der Pausen gebeten hatten, um im nahen Bächlein zu fischen oder einfach nur faul herumzuliegen…., um nur nicht zurück in den heißen Wald zu müssen und eine schweißtreibende Arbeit voranzutreiben. Auf der schattigen Almwiese unterhalb des Fichtenwaldes ließ sich gut ausharren und rauchen, und Nikolaus wünschte sich vor Hitzequal zurück ins kühle Klassenzimmer, auch wenn es dort viel langweiliger gewesen wäre. Sein jüngster Bruder Hans erging sich im flinken und erfolgreichen Handfischen am nahen, mäandrierenden und tief in die Almwiese eingegrabenen Bächlein. Die damalige Holzknechtgesellschaft war auf das mühevolle Arbeiten im Wald und das mittägliche Auf-der-Wiese-Liegen zusammengeschweißt, wo es kein böses Wort zu hören gab.

Das zweite Jahr: Müde Nachahmungen

Zu Beginn der sechsten Klasse begab es sich, dass zwei Schüler aus anderen Klassen hinzukamen. Herbert war in der sechsten Klasse des Bundesoberstufenrealgymnasiums sitzen geblieben und Hildegard kam von einer fünften Klasse des Bundesrealgymnasiums. Die zwei besetzten die hinterste Bank diagonal gegenüber des Katheders, waren also vom Lehrer immer am weitesten entfernt. Herbert entpuppte sich nach ein paar Schularbeiten und Stoffwiederholungen als wahrer Hinterbänkler. Eine Ausnahme machte seine Deutschschularbeit, in der er seine Banknachbarin Hildegard beschrieb und mit einem „Sehr Gut" reüssierte. Nikolaus hingegen beschrieb seinen Banknachbarn Jakob als Radikalisten und Zyniker, was mit einem Gut bewertet wurde. Immer wieder musste er sich ungläubig zu Herbert umwenden, den er scheinbar etwas unterschätzt hatte und der ihn mit einem breiten, selbstgefälligen Grinsen über die Diagonale grüßte.

Ende Oktober fuhr die Klasse mit dem Zug nach Villach auf eine Schullandwoche. Nikolaus kam zu Fuß die drei Kilometer über die Umfahrungsstraße zum Bahnhof, wobei er sich mit der schweren, an der Hüfte baumelnden Reisetasche abmühte. Als der Zug in Richtung Selzthal kam, sah er mehrere Schüler seiner Klasse aus den Fenstern lehnen. Sogleich geriet Nikolaus in einen Geschreitaumel. Er schrie so hoch und so laut, wie es eben seine Stimme vollbringen konnte. Das Geschrei hatte er wenige Wochen zuvor kritiklos von Herbert übernommen, um diesem zu gefallen und den wilden Hund zu spielen. Im vier Kilometer langen Bosrucktunnel erhoben Herbert und Nikolaus ein ausgelassenes, gellendes Geschrei, da sie wegen der Stockdunkelheit nicht auszumachen waren, sich quasi durch die absolute Finsternis Anonymität verschaffen konnten.

Die beaufsichtigenden Autoritäten des jugendlichen Haufens waren der weibliche Klassenvorstand Denk und Pater Engelhard, der Religionslehrer vom Stift Schlierbach. Der Zisterzienser hatte in den großen Ferien einen Alkoholentzug in einem Sanatorium über sich ergehen lassen und war am Beginn des Semesters tatsächlich als neuer Mensch erschienen, das heißt, er war entgegen seiner Heruntergekommenheit des Vorjahres sauber und gestriegelt in die Klasse gekommen. Sein Gesicht war das eines Nüchternen geworden, sein ganzes Auftreten hatte etwas Gesundes und Würdevolles an sich gehabt. Er war voller Elan in seinen Vorträgen vor der Klasse gewesen, und er hatte wirklich den Eindruck gemacht, es wieder einmal geschafft zu haben. Die Entgiftung hatte seinen Geist und Körper frisch erscheinen lassen. Seine Kleidung war neu und straff gewesen, und sein Gemüt war wach und viel ernster gewesen, wenn auch nicht völlig ohne Humor. Der Ernst in ihm war die Wirkung eines würdevolleren Innenlebens gewesen, ja, man könnte fast sagen, da hatte ein Mensch den Kampf zwischen Gut und Böse bestanden und wahre Heiligkeit ausgestrahlt. Jener Zustand seiner Selbstbeherrschung hatte zumindest bis knapp vor der Schullandwoche angehalten. Im Zug nach Villach verschwand Pater Engelhard immer wieder in den Speisewagen, um Bier zu trinken. Nikolaus leistete dem meist stillen Trinker für ein, zwei Stunden Gesellschaft, indem er mit ihm trank und ein tiefer gehendes Gespräch mit ihm führte. Sie kamen auf den Zölibat zu sprechen, den Nikolaus kategorisch ablehnte und als Perversion bezeichnete. Pater Engelhard hatte seit ein paar Monaten Nachhilfeunterricht bei den zwei Töchtern einer Witwe geleistet und sich bald in die allein stehende Frau verliebt. Er war hinsichtlich seiner Ewigen Profess ins Wanken geraten und musste letztlich dem jungen Nikolaus gegenüber zugeben, dass er auf seinem Weg als Mönch keine Freude mehr empfinde. Die beiden ließen die Gegend an sich vorüberziehen und sprachen dem Bier zu. Nikolaus erkannte im Gespräch die Notlage des armen Paters und wollte diesem mit Gutherzigkeit und Ernst beistehen, wollte ihn aus dessen Sackgasse herausführen und Mut für einen Neuanfang zusprechen. Natürlich war Nikolaus sich damals nicht im Klaren, dass sich Pater Engelhard, mit dem er auf Du war, durch seinen Alkoholismus sowohl den Weg als Klosterheiliger als auch als Ehemann versperrte.

In Villach waren sie in einer Pension mit Vierbettzimmern untergebracht. In solch einem Zimmer lagen Nikolaus, seine beiden Banknachbarn und damals besten Freunde Jakob und Jochen und der Muskelprotz Herbert. Herbert hatte sich mit der größten Schönheit der Klasse zusammengetan. Seine Freundin war jedoch auf dieser Woche nicht zugegen, ein Umstand, der ihn in die Gesellschaft zweier anderer Mädchen trieb, die ihrerseits die besten Freundinnen waren. Es waren dies die Klügste einerseits und die Blondeste anderseits, mit denen er eine Sitzgarnitur im Zug okkupiert hatte. Er war der Typ, der seine Klassenkameraden auf dominante und manipulatorische Weise in der Hand hatte. Keiner getraute sich seinen Psychospielen entgegenzustellen, vielmehr war jeder, ihm seine Diktionen nachahmend, in seinem Bannkreis gefangen. Auf dem Zimmer beklagte sich Nikolaus bei seinen Freunden über die überhand nehmende Schlechtigkeit des Humors in der Klasse, eine Tatsache, die jede gutmütige und harmlose Spaßmacherei abwürgte. Besonders Jochen musste Nikolaus Recht geben, denn dieser war eine Zielscheibe für den Hohn Herberts. Ganz im Gegensatz zu Jochen und Nikolaus hatte es Jakob irgendwie geschafft, bei Herbert einen Stein im Brett zu haben. Wenn Herbert ihn auch „den mit den langen Ohren nannte“, so hatte es Jakob gut unter der Tyrannei Herberts. Als Arztsohn konnte er als Einziger unter den Burschen Herberts Frage beantworten, wie viele Löcher denn eine Frau habe. Das wisse wohl nur Jakob, meinte Herbert, auf dem Katheder sitzend und seinen Spott kultivierend.

Auf einer Busfahrt zur Ausgrabung der Römersiedlung am Magdalensberg wurde Nikolaus plötzlich bewusst, dass Pater Engelhard wieder völlig auf dem Alkoholtrip war, denn dieser stolperte über seine Zunge, als er da mit den Mädchen und Herbert herumalberte. Seine lauthalsen Meldungen waren ziemlich tief angesiedelt, auch wenn er nicht unbedingt schmutzige Witze erzählte, so konnte man doch immerhin einen geistigen Niedergang ganz im Sinne von banaler Wortwahl bemerken, dies sehr im Gegensatz zum Beginn des Semesters, wo er als neuer, frischer Mensch oder überhaupt erst als Mensch die Klasse unterrichtete. Am Magdalensberg war eine lebensgroße Bronzestatue des nackten David aufgestellt. An dieser nahmen die Mädchen keinen Anstoß, sondern kicherten in sich hinein. Ein sehr atraktives lehnte sich weich an Nikolaus, womit dieser nichts anzufangen wusste, denn er konnte damals noch nicht ahnen, dass es eine Anmache sein sollte. Möglicherweise war sie durch den Blick auf die Genitalien Davids paarungswillig geworden und nicht, wie Nikolaus es auffasste, durch ihr Lachen schwach und anlehnungsbedürftig. In einem Wirtshaus nahe den Ausgrabungen aß Nikolaus im Kreise seiner Klassenkameraden Kärntner Kasnudeln, die ein Leibgericht werden sollten.

In Klagenfurt stopfte er Unmengen Essbares in sich hinein, um von seinen siebzig Kilo wegzukommen und den üppigen Körperbau Jim Morrisons in dessen Studentenzeit anzupeilen. Nikolaus war in den Besitz des von Jim Morrison verfassten Gedichtbandes „An American Prayer“ gekommen. Er hatte zu Beginn des Semesters damit begonnen, mit seinem Bruder Bert, der nun den Polytechnischen Lehrgang besuchte, am Wochenende die weiße, an den Film „Clockwork Orange“ erinnernde Milchbar-ähnliche Diskothek im Ort unten aufzusuchen, um Bier hinunterzuschütten. Bert trank immer nur Mineralwasser und bezahlte dank seiner Lehrlingsentschädigung immer die ganze Zeche. Nikolaus kam jedes Mal auf seine sechs bis acht Biere. Eines Abends lernten sie das in Liezen eine Handelsakademie besuchende Mädchen Elsa kennen, mit dem sie dann Wochenende um Wochenende zu scherzen und zu trinken pflegten. Sie brachte schließlich den Gedichtband mit, in dessen Anhang ein kurzer Lebenslauf Jim Morrisons abgedruckt war. Jim Morrison hatte sich als Filmstudent auf der UCLA mit seinen neunzig Kilo wie ein Tank durch die Korridore geschoben und enorm stark gefühlt. Dorthin wollte Nikolaus auch kommen, besuchte mit seinen Freunden ein Fischrestaurant und aß, ohne wirklich Appetit, geschweige denn Hunger zu haben. Es ging ihm nur darum, den Lebensstil Morrisons nachzuahmen, und er hoffte, mit achtzehn oder neunzehn Jahren zwanzig Kilo mehr auf die Wage zu bringen. Zur gebackenen Scholle schlürfte er missmutig sein Bier, da es ihm ohnehin nicht schmeckte. Zeit seines Lebens war sein Trinken immer zwanghaft und ohne Genuss gewesen, ging es ihm doch nur um eine Imitation einer bestimmten, an den Rockstar erinnernden, dionysischen Lebensphilosophie.

Am Weg zur Miniaturausstellung unter freiem Himmel begann es zu regnen, und Pater Engelhard war wie immer halb betrunken. Er meinte, er werde nicht allzu nass werden, denn er ginge einfach zwischen den Regentropfen hindurch.

Auf den Spaziergängen durch Klagenfurt waren die Schüler frei, konnten also frei gewählte Routen nehmen und frei Gruppen bilden. Nikolaus war mit Jakob und Jochen unterwegs. Als sie in einer engeren Gasse eine Mädchengruppe auf sie zukommen sahen, schrie ihnen Nikolaus entgegen, seine Freunde und er wollen die rechte Abzweigung wählen, und sie sollen in die linke Abzweigung abbiegen, denn es war ihm zu blöd und peinlich, mit einem Haufen Mädchen herumzustreunen. Die eine hatte ein hängendes Augenlid, die andere einen langen Zopf, die eine war dick, die andere hatte keine Titten usw. Die drei Freunde suchten ständig heruntergekommene, verwunschene Innenhöfe und Hinterhöfe auf, um Kunstfotos zu schießen. Dabei posierten sie abwechselnd an abbröckelnden Mauern, Mauerbrunnen oder in aufgelassenen Toiletten. Unser Freund setzte sich auf die Klomuschel, und Jakob schoss ein Foto von Nikolaus, der den Pressenden spielte, durch die offene Tür hindurch. Auch imitierten sie Besoffene, die mit gesenkten Köpfen an Türen lehnten oder auf der Schwelle saßen.

Bis in die Nacht hinein saß Pater Engelhard im Essraum beim Bier und unterhielt sich mit Herbert, dem mit seinen achtzehn Jahren wohl sexuell Reifsten der Klasse. Immer wieder setzte sich Nikolaus dazu und wollte mitreden, kam jedoch kaum zu Wort und lauschte den Ausführungen Engelhards über dessen Beziehung zur Mutter seiner beiden Nachhilfeschülerinnen. Damals war noch nicht klar, dass ausgerechnet seine Geliebte dem Alkohol zusprach und ihn abermals in den Strudel der Selbstzerstörung hinunter zog. Engelhard sprach mit Herbert über Liebe und Körperlichkeit, ein Thema, das Nikolaus überforderte und in betretenes Schweigen bannte. Von beiden wurde Nikolaus links liegen gelassen, wenn er schon nicht weggeschickt wurde.

Immer, wenn die drei Freunde in den Städten Villach oder Klagenfurt durch die Gassen schlenderten, waren sie bedacht darauf, alleine gelassen zu werden, um ihren produktiven Unfug treiben zu können, das heißt Motive zu suchen und Fotos zu schießen. So war es ihnen auch genehmer, herumzustreunen denn in einem Kino auf eine Biografie Mozarts zu glotzen. Viel lieber schlürfte der langhaarige Nikolaus in den Gassen aus einer Bierflasche und wieder aus einer Bierflasche, um in eine rauschhafte Welle zu geraten. In einem Freilichtmuseum schossen sie gar komische Fotos, während die anderen Klassenkameraden gelangweilt herumstanden und jahrhundertealtes Interieur betrachteten. Jochen schoss von Jakob, dem Arztsohn, eine Ablichtung, die diesen als Einsteiger zeigte, der seinen Fuß auf eine niedere Tür setzte, ganz in der Absicht, andere, nicht zugängliche Räumlichkeiten zu betreten. Dabei blickte er ertappt zurück in die Kamera. Nikolaus ließ sich unter seinem aufgespannten Regenschirm fotografieren, den Kopf zurückgelegt und somit diesen von unten belichtet, die Hand um den Griff des Regenschirms klammernd wie ein Mikrofon. Wieder wollte er der Ablichtung Jim Morrisons auf der Coverrückseite des Live-Albums „Alive She Cried“ nahe kommen.

In der vorletzten Nacht in Kärnten spazierten Nikolaus, Herbert, die Klassenbeste und deren beste Freundin, die Blondeste der Klasse, hinunter in ein Cafe, wo dann über Musik und Film diskutiert wurde. Nikolaus bezeugte seine Liebhaberei mit den Sechzigerjahren, besonders mit Jimi Hendrix. Auf dem Nachhauseweg wollte Herbert Nikolaus den Namen eines Sängers entlocken, welcher auf der Bühne die Hose runtergelassen hatte. Nikolaus machte mehrere Vorschläge, konnte Herbert jedoch keineswegs befriedigen, hielt er umso kategorischer mit dem Vorschlag „Jim Morrison“ zurück, je mehr Herbert diesen Sänger beschrieb, nämlich als „geile Sau“, als „Drogentoter“, oder als „geilster Mann, der je eine Bühne betreten hatte“. Herbert gab vor, der Name würde ihm auf der Zunge liegen, Nikolaus hingegen solle angestrengt nachdenken, um den Exhibitionisten zu benennen. Daraufhin saß Nikolaus im Zimmer der beiden Begleiterinnen vom Cafe und bekannte sich dazu, auf einem Bauernhof zu leben, wo es eine Hühnerfarm mit fünftausend Hühnern gab. Die Hühner seien bei Gott nicht glücklich in ihren Käfigen, worauf die Klassenbeste vorschlug, hinunter zu gehen, um in der Hollywoodschaukel den Sternenhimmel zu betrachten. Der scheue Nikolaus saß alsdann bald mit zwei attraktiven Mädchen auf der Hollywoodschaukel und war ob seiner krampfhaften Zurückhaltung nicht fähig, ein lockeres Gespräch zu führen. Tatsächlich war ihm diese Lage damals zu intim. Er saß inmitten der beiden Mädchen und hätte am liebsten seine Arme um diese gelegt, konnte aber in seiner Feigheit nicht einmal eine freundschaftliche verbale Geste herauslassen.

Am letzten Abend in Villach zechte die Klasse in einer Pizzeria. Die Standardgerichte Pizza und Spagetti füllten die Bäuche der Schüler, während sich Pater Engelhard mit Schafkäse, schwarzen Oliven und Weißbrot, dazu Weißwein in Menge begnügte. Für Nikolaus war dieser Ausreißer Engelhards schwer verständlich, konnte er sich damals noch nicht vorstellen, dass er selber Jahrzehnte später dieser Speise immer mehr zusprach. Er hielt den langsam Schafkäse und Oliven essenden Engelbert für einen ausgefuchsten Gourmet, der einerseits sparen wollte, anderseits

aber genau wusste, was bekömmlich und zugleich lukullisch ist. Engelhard dürfte es bei all seiner Körperfülle egal gewesen sein, ein schlichtes, ganz und gar nicht opulentes Mahl zu verzehren, hatte er doch zumindest Wein und Wasser in Karaffen dabei.
Die Heimreise nach Oberösterreich wurde mitunter von einer Wartezeit auf dem Bahnhof Selzthal unterbrochen. Die Klasse setzte sich zum Behufe des Wartens auf den Anschlusszug in die Bahnhofskantine, wo Engelhard seinem allabendlichen Gesprächspartner Herbert eine gefüllte Kalbsbrust und ein paar Biere spendierte, da dieser Engelhards Trenchcoat aus dem Zug gerettet hatte. In seinem Dusel hatte nämlich Engelhard seinen Mantel beim Aussteigen im Zug hängen lassen und war deshalb Herbert für dessen Aufmerksamkeit mehr als dankbar. Herbert schlug natürlich die Einladung Engelhards nicht aus, sondern fühlte sich bei Tisch als König unter Vasallen, die gerne die saftigen Kalbs- und Knödelteile gehabt hätten, welche Herbert bei seinem zügellosen Ess- und Trinkakt, bei den von Engelhard begleiteten ausgesprochenen Dank- und Lobausbrüchen unter den Tisch fielen. Besonders Nikolaus bedauerte seine Nebenrolle bei Tisch, die ihn zwang, seine Bierzeche selbst zu bezahlen.

Unser Held begann, mit seinem Bruder Bert, dem Tischlerlehrling, und Othmar, dem Hofknecht, die Wirtshäuser im Ort zu frequentieren, wobei Nikolaus der Nutznießer der Finanzkraft der beiden anderen war. Sie gingen wöchentlich an Samstagabenden hinunter nach dem Luftkurort Windischgarsten, um in mehreren Lokalen einzufallen. Die beiden langhaarigen Brüder kleideten sich in abgetragenen Schnürlsamtsakkos, Hippiehemden und engen Jeans. Othmar, der verhinderte Förster und Jäger, trug eine grüne Jagdausstattung mit einem Jagdmesser am Schenkel. Er war klein und muskulös gebaut, wodurch ihm seine Waden unter den Knickerbocker hervorquollen, geradeso, als hätten dies die engen Bünde seiner Knickerbocker bewirkt. Den Jagdrock trug er stets offen. Als sie da so im Laternenlicht des Ortes von einem Lokal zum anderen wankten, gab es besonders komische Schattenwürfe von Othmar, die Bert mit Musketieren verglich. Tatsächlich warf Othmar die lustigsten Schatten mit Hut, tief hängendem Jagdsakko, aufgepumpter Knickerbocker, gequollenen Waden und mächtigen, wenn auch kommoden Bergschuhen. Die Diskussionen zwischen den dreien rankten meist um Othmars Erlebnisse mit Mädchen und Frauen bzw. seinen Abenteuern als Holzknecht oder Schaffner. Im Cafe Mayr, einer Bauerndisco, schlürften Nikolaus und Bert flaschenweise Erdbeerwein, während sich Othmar immer ans Bier hielt. Nikolaus driftete mit Bert gerne in halbintellektuelle Diskussionen ab, denen Othmar nicht folgen wollte oder konnte. Eines Abends saßen sie vor dem Fernseher und bekrittelten eine Fernsehserie, wo nur Reiche und Schöne gezeigt werden sollten. Sie zogen diese Serie dermaßen in den Dreck, sodass sich Othmar nicht mehr halten konnte und seine Aversion gegen Nikolaus´ und Berts fremdwortgespickte Diktionen auf das Tapet brachte. Er verstehe ohnehin nichts von dem, was sie sprechen, kein normaler Satz käme mehr aus ihren Mündern, immer kritisierten sie herum, darum wollte er auch nicht mehr mit ihnen fortgehen. Die beiden auf dem Sofa waren schockiert über Othmars Ungehaltenheit und entschuldigten sich bei ihm, da ihnen selbst gar nicht bewusst war, wie abgehoben ihre Themen und Kritiken waren. Irgendwie besänftigten sie den wutentbrannten Othmar, der ihnen obendrein Überheblichkeit und Schulmeisterei vorwarf.

Später zogen es Nikolaus und Bert vor, Samstagnacht zu Hause zu bleiben und dafür sonntags das Bauernwirtshaus „Schaffelmühle“ am Dambach zwecks Frühschoppen aufzusuchen. Sie erreichten das Wirtshaus meist schon gegen neun oder zehn Uhr morgens, tranken vier oder fünf Bier und fanden sich daraufhin wieder zuhause am Mittagstisch ein. Als Siebzehnjähriger siegte Nikolaus beim Armdrücken gegen einen dreißigjährigen Maurer, worauf ihn die Wirtin freundlich bat, Bierfässer ins Lager zu schaffen. Natürlich waren sie immer angeheitert und konnten mit ihrer alkoholbetäubten Zunge das Essen nicht mehr wirklich genießen. Als eines Sonntagmittags der fern verwandte Jagdfanatiker Benno auftauchte, hatte Nikolaus bereits fünf Bier im Bauch. Benno bat Nikolaus, sich gemeinsam zum nahe und auf einem Hang gelegenen Wirtshaus zu begeben, um Zigaretten zu kaufen. Nikolaus aß die Köstlichkeiten seiner Mutter hastig und stieg mit Benno ins Auto. Im Wirtshaus lehnten sie an jenem heißen, wolkenfreien Nachmittag an der Bar und spülten sich ihre Kehlen mit Bier und Schnaps bis zur völligen Desinfektion. Der Rausch in Nikolaus wuchs ungehindert, während Benno dem Jungwirt einige Taschenmesser feilbot. Benno arbeitete in den Steyr-Werken und hatte

Zugang zu den besten Jagdmessern, die er sich dann um den Werkspreis kaufte. Der Rausch zeigte sich bald auch bei Benno. Dieser spöttelte über Nikolaus, dass er immer noch keine Freundin hatte und mit seinen Klamotten und den langen Haaren wohl auch keine finden würde. Nikolaus schüttete die Feindseligkeiten Bennos mit Bier und Schnaps hinunter, ging immer öfter auf die Toilette und musste sein Ausgeliefertsein an einen nicht mehr zu kontrollierenden Rauschzustand mit Seemannsgang zur Kenntnis nehmen. Die beiden stiegen nach Stunden an der Bar besoffen ins Auto und kurvten die schmale Straße zum Hof hinunter, wo die Familie Nikolaus´ auf der Sonnenbank vor dem Haus saß. Bert konnte die Besoffenheit Nikolaus´ bereits erkennen, als dieser noch im Auto saß. Nikolaus hatte eine rote Birne und ein verrücktes Grinsen im Gesicht. Mit Mühe stieg er aus dem Auto, musste sich dann an der offenen Autotür festhalten, um zu einem geraden Gang anzusetzen. Der Gang vom Auto zur Sonnenbank war ein einziger angestrengter Schleuderkurs. Hochrot und mit schwerem Blick setzte er sich auf die Sonnenbank, wobei er Glück hatte, diese mit dem Arsch zu treffen. Nicht lange, und die Mutter kam zu ihm, baute sich vor ihm auf und ohrfeigte ihn schimpfend und scheltend. Was er sich als „Rotzpipe“ überhaupt einbilde, mit einem Rausch nach Hause zu kommen und dazu noch zu lachen. Nikolaus war ohnehin völlig vergiftet und müde. Er blieb nicht lange sitzen und stieg hinauf in sein Zimmer, schlief bis zum frühen Morgen und begab sich dann furchtbar verkatert zum Bahnhof, um sich einem knechtenden Unterricht zu unterwerfen.
Noch auf dem Bahnhof traf er den Bruder des Jungwirts, der ebenfalls mit dem Zug nach Kirchdorf fuhr, um die Handelsakademie zu besuchen. Das ganze Jahr über hatten sie sich nicht gesprochen, waren sie sich immer nur schweigend begegnet, nun aber fielen die Mauern, da ihn Herwig auf die Sauferei am Tag davor ansprach. Nikolaus meinte, er sei furchtbar vernichtet, und beide stiegen gemeinsam in den Zug, wo sie eine Sitzgarnitur teilten und sich unterhielten. Von nun an sollten sie immer gemeinsam fahren, und eine dreijährige, intensive Freundschaft sollte sie verbinden.

Im Laufe seiner Schülerkarriere hatte er immer wieder Tante Fanni aufgesucht, die bereits lange vor seiner Zeit im Haus des Notars eine Mansardenwohnung bezogen hatte. In der Zeit als Volks- und Hauptschüler hatten er, seine Brüder, seine Kusinen und der Großneffe Tante Fannis aus Spital am Pyhrn bei ihr zu Mittag gegessen. Stets hatte sie ein großzügiges, ja schier opulentes dreigängiges Menü für ihre kleinen Gäste bereitgehalten. Seine Kusinen hatten meist gelangweilt, reserviert und appetitlos auf den guten Brocken herumgekaut, während sich die Knaben voller Lust und Lebendigkeit den lukullischen Genüssen aus Tante Fannis Wohnküche hingegeben hatten. An ihrer Küche war nicht das Geringste auszusetzen gewesen, wie dies die Knaben ja bewiesen hatten. Die beiden Mädchen hatten immer gleich nach deren Mahl die Wohnung verlassen, aber die Knaben waren bis kurz vor dem Nachmittagsunterricht bei ihr geblieben, um sich am großen, wuchtigen Biedermeiertisch angeregt zu unterhalten, sich zu necken oder die gemütliche Wohnung zu genießen. Des Öfteren hatten sie sich den Unmut Tante Fannis über die appetitlose Kauerei der Kusinen Nikolaus´ nach deren Abgang ins Freie anhören dürfen und hatten nicht anders gekonnt, als ihr zuzustimmen.

Tante Fanni war die Taufpatin der Mutter Nikolaus´ und eigentlich auch die einzige wahre Freundin seiner Mutter. Die geistig jung gebliebene, ins Alter gekommene Tante Fanni war alle zwei, drei Wochen mit dem Autobus an die Westseite des Edlbachtales gekommen, war dann etwa einen Kilometer zu Fuß zum Hof ihres Patenkindes gegangen, wo sie stopfend Ausbesserungen an Kleidungsstücken jeder Art vorgenommen hatte. Auch hatte sie kaputte, nicht mehr sinnvoll auszubessernde Kleidungsstücke in schmale Streifen geschnitten und diese zu fußballgroßen Kugeln zusammengerollt, die dann nach Liezen gebracht worden waren, wo diese an den Enden zusammengenähten, endlos anmutenden Streifen zu Fleckerlteppichen verarbeitet worden waren. Die alte Dame hatte sich während ihrer Arbeiten als Stopferin und Näherin stundenlang beim Kaffee mit Nikolaus´ Mutter unterhalten, die aufgrund ihrer Sehschwäche dankbar für die arbeitsame Gegenwart ihrer Taufpatin gewesen und dann nicht von deren Seite gewichen war.

Nun besuchte Nikolaus bereits die sechste Klasse, ohne auf Tante Fanni vergessen zu haben. So etwa wöchentlich einmal kam er zu ihr auf koffeinfreien Kaffee und Kuchen und trank so manches Stamperl Schnaps. Sein Verzehr dieser guten Dinge erfolgte immer auf der Bettbank beim Fenster, von dem aus sie ihm immer die in ein Zeitungsblatt gewickelten

Haustürschlüssel hinunterwarf. Auf einem niedrigen, zierlichen Tischchen, welches sonst immer unter dem klobigen Biedermeiertisch stand, kredenzte sie ihm Kaffee in großen Tassen, dazu reichlich Milch in einer kleinen Kanne aus Gmundener Porzellan, eine Schale mit Zucker und nicht zuletzt ihre selbstgebackenen Kuchenvariationen.

Noch in der sich wiederholenden fünften Klasse war er mit dem Bus vom Bahnhof aus den halben Kilometer hinein auf den Hauptplatz gefahren, um dann die paar Schritte zur Tante Fanni zu gehen. Es hatte einen Busfahrer gegeben, der Nikolaus beim Einsteigen immer unsympathischer, ja widerwärtiger geworden war, indem er ihn zusehends blöder und schlecht gesinnter angeschaut und seinen Gruß immer seltener erwidert hatte. Eines Nachmittags um etwa drei Uhr hatte es wiederum geschehen sollen, dass ihn Nikolaus, auf dem Hauptplatz angekommen, gebeten hatte, die hintere Bustür zu öffnen. Der Busfahrer hatte ihm diesen Wunsch verweigert und vorne die Schulkinder ins Businnere strömen lassen. Nikolaus hatte noch einmal freundlich um das Öffnen der hinteren Hydrauliktür gebeten und war langsam ungehalten geworden. Da war der Busfahrer aufgestanden und zu ihm nach hinten gekommen und hatte ihm, dem Langhaarigen, eröffnet, dass er das Recht habe, ihm den Freifahrtschein ohne Vorbringung eines Grundes zu entziehen. Nikolaus hatte sich grundlos angegriffen gefühlt von diesem Spießbürger und ihn etwas geschockt gefragt, was er falsch gemacht habe. Der Busfahrer hatte seinen Affront damit erklärt, dass der Freifahrtschein nur für die Strecke vom Bahnhof bis zu seiner dem Wohnort nächsten Haltestelle gelte und dass seine Fahrten vom Bahnhof bis zum Hauptplatz Windischgarstens eigentlich nicht zulässig seien. Unser Freund hatte im Busfahrer deutlich einen zutiefst persönlichen Aggressor erkannt und gemeint, er werde sich seine Ausführungen merken und nur mehr zu Fuß vom Bahnhof in den Ort hinein gehen. Der Aggressor hatte gekontert, er, Nikolaus brauche sich das Gesagte überhaupt nicht merken und solle nur ja nicht frech werden, worauf ihn Nikolaus gefragt hatte, warum er, der Busfahrer sich dermaßen *alteriere*, worauf der Busfahrer, scheinbar in Kenntnis dieses Fremdwortes, gemeint hatte, er alteriere sich überhaupt nicht, lasse sich aber nicht von einem die Österreichischen Bundesbahnen gratis nutzenden Schüler auf die Schaufel nehmen, lasse nicht zu, dass die Österreichischen Bundesbahnen und deren Mitarbeiter über den Tisch gezogen würden und hatte noch einmal seine Macht bekräftigt, ihm den Ausweis zu entziehen. Er, Nikolaus, sollte nur ja nicht glauben, dass er sich in einer Rechtsposition befände, denn er als Busfahrer und Mitarbeiter der Österreichischen Bundesbahnen habe die Macht und obendrein das Recht der willkürlichen Einziehung des Ausweises. Nikolaus war durch die Bosheit dieses Menschen derart weg von den Socken gewesen, dass er sich absolut nicht mehr gegen den Busfahrer hatte stellen wollen, um den Ausweis zu behalten. Der Fahrer dürfte die Schwäche und das Ausgeliefertsein unseres Helden gespürt haben und hatte sich wieder auf den Fahrersitz begeben, nachdem Nikolaus betreten ausspuckte, er wolle nicht aussteigen, sondern nach Hause fahren. Nikolaus hatte sich wieder gesetzt und also den Besuch von Tante Fanni verschoben.

Doch siehe da, wer kam in den Bus gestiegen?! Es waren Tante Fanni und deren Enkel Bernd aus Wien gewesen, der für die Semesterferien auf das Land gekommen war. Bernd war verblüfft über die Anwesenheit Nikolaus´ im Bus gewesen, da er diesen immer noch im Schülerheim Bad Aussees vermutet hatte. Worauf unser Sitzenbleiber unumwunden seinen Misserfolg in Bad Aussee und seine Position als Heimschläfer und Gymnasiast in Kirchdorf an der Krems eingestanden hatte. Bernd hatte ihn darauf des Lebens in einem Bauernkaff bezichtigt und gefragt, ob er denn völlig den Verstand verloren habe, daheim zu leben. Natürlich hatte Bernd selbst zu jener Zeit nichts anderes getan, als zuhause zu leben und sich von seinen Erzeugern aushalten, ernähren zu lassen….., jedoch in der Weltstadt Wien. Bernd war ein Jahr jünger als Nikolaus gewesen und hatte gerade die fünfte Klasse Gymnasium besucht. Zuhause angekommen hatte Nikolaus mit seinem Best-Of-Album von Jimi Hendrix aufgetrumpft und war auf Bernds offene Ohren gestoßen. Dieser hatte gerade auf Prince gestanden und diesen über Hendrix gestellt, was Nikolaus absolut nicht verstehen wollte. Gegen Hendrix war Prince doch nur eine kasperlhafte Kunstfigur. Beim Abspielen von Voodoo Chile hatte er Hendrix goutiert und sogar gemeint, dass Prince ebenso ein Jimi wäre, da dieser Voodoo Chile gecovert hätte.

In der Tenne im Hof waren sie dann auf das Thema Sex gekommen. Nikolaus hatte Bernd seinen sexuellen Traum der vergangenen Nacht gebeichtet. Wo er von einem Hengst mit überlanger Rute vor einer Frau geträumt hatte. Bernd hatte ihn darauf verwiesen, dass er womöglich sexuelle Komplexe betreffend seiner eigenen Rute hätte.

Mit Herwig hing er von jenem verkaterten Morgen am Bahnhof an jeden Tag in den Sitzen der Früh- und Nachmittagszüge herum. Sie hatten doch glatt einen guten Draht zueinander, das ergab sich sehr schnell. Früher, als beide noch die Hauptschulbänke gedrückt hatten, waren sie stets Feinde gewesen. Herwig hatte eine Bande mit zweien der Brüder von Nikolaus gegründet und hatte im Gebälk des heimatlichen Heubodens herumgeturnt und dabei keine Schande über sich gebracht, da er dabei flink und gelenkig gewesen war. Nikolaus dagegen hatte seine eigene Bande mit seinen nächst jüngeren Brüdern Winfried und Bert unterhalten, hatte jedoch gegen die zusammengeschweißte jüngere Bande Herwigs gerade wegen dessen Flinkheit wenig auszurichten gewusst. Herwig war es auch gewesen, der auf dem Rücken eines Pferdes auf Nikolaus´ Hof kam, sich dort vor Bert herrisch aufführte und diesem mit der Gerte von oben herab ins Gesicht geschlagen hatte. Er kam durch die Gemeinde Edlbach geritten, egal, ob es von der Sonne herunterbrannte, regnete oder schneite. Stolz und unnahbar, sicher nie feige, hatte er auf seinem Haflinger gethront und die Jugend erst erzürnt und kurz später gedemütigt.
Nun begab es sich, dass Nikolaus und Herwig zum ersten Mal zueinander fanden und die trennende Vergangenheit ohne Kommentar abschüttelten. In den Zügen rauchten sie und genossen sie zum fünfzigsten Mal die vorbeiziehende Landschaft mit ihren zivilisatorischen Elementen der Bahnhöfe und Gehöfte. Es waren dies stets schleichende Trips von der Hochgebirgslandschaft in die Voralpenlandschaft und umgekehrt, stets Trips durch Engen und Weiten der von Gletschern geprägten, einmal abgerundeten, ein andermal schroffen Morphologien. Besonders die tief in Schottern eingefräste grüne Steyr, über welche die Züge bei Pankraz und Steyerling auf den einhundert Jahre alten Steinbrücken übersetzten, war immer wieder eine neue Augenweide.

In den Pausen fiel ihm immer wieder ein vollbärtiger Jeans-Anzug-Träger mit halblangem Haar auf, von dem es hieß, er vertrage Unmengen Alkohol. Der Typ aus Grünau im Almtal hatte etwas von Jim Morrison, zumindest war Nikolaus in dem Glauben, er höre gerne die Doors. Die Musik der Doors wurde eines Nachmittags in der Musicbox gespielt. Nikolaus saß im Bahnhofsrestaurant bei einem Kaffee und hörte „Die komplette LP", diesmal „Morrison Hotel" von den Doors. Das Radio war leider so leise gedreht, dass Nikolaus nur wenige Worte verstand und der Musik nur angestrengt wenige Melodien abgewinnen konnte. Er verstand eigentlich nur die Worte „oftmaliger Wohnungswechsel" deutlich und blieb sitzen, obwohl die ganze Radiosendung nichts hergab. Er nahm sich vor, den ORF anzurufen, um in den Besitz der Musikbox-Sendung jenes Tages zu kommen.

Inzwischen hatte der aus der Schule ausgetretene Günther eine Lehre als Sportartikelverkäufer begonnen und fuhr einen alten Opel Rekord. Am Hauptplatz stieg Nikolaus zu ihm in den Wagen und sie fuhren zur Schule. Günther war jedoch sehr unsicher und viel zu schnell unterwegs und fuhr an einer Kreuzung über den Randstein, eine Tatsache, die Nikolaus, der den Führerschein noch nicht hatte, zu denken veranlasste, dass ihm das nie passieren könnte, wo er doch mit seinem Vater wöchentlich über den Hengstpass fuhr und dabei am Steuer saß. Der zwergenhafte Günther mit seinem viel zu großen Wagen kam ihm vor, wie ein Kind auf dem Sitz eines Traktors.

Die um Zigaretten bittende blonde Schönheit setzte sich zu ihm ins Abteil, rauchte mit ihm eine Zigarette und brachte den Wunsch vor, Volksschullehrerin zu werden, denn einen anderen Beruf könnte sie sich gar nicht vorstellen. Nikolaus entgegnete ihr, dass es eine Lehrerschwemme gäbe und dass man es sich heutzutage gar nicht mehr aussuchen könne, was man werden wolle. Eigentlich kam es Nikolaus so vor, als wollte sie mit ihm ein tieferes Gespräch führen, er blieb jedoch kalt und rational. Bei der Stellung in Linz hatte er ihren Freund nackt unter der Dusche gesehen, und es war ihm aufgefallen, dass dieser einen eher gar nicht so großen Schwanz getragen hatte. Diese Tatsache machte ihm die Blondine sympathisch. Einen gar so guten Bock dürfte sie nicht unbedingt brauchen, dachte er.

Nikolaus, seine Brüder Johann und Bert, als auch der Knecht Othmar, hatten bei Hans, einem Bauernsohn in Edlbach und überdies langjährigem Banknachbarn in der Hauptschule, gesoffen. Sie hatten Most und Schnaps gesoffen, was bald dazu geführt hatte, dass Bert auf der Wiese vor der Sonnenbank zusammengebrochen war und nach seinem Reißverschluss gegriffen hatte, um Harn zu lassen. Nur hatte er es in seiner Vergiftung nicht mehr geschafft, diesen zu öffnen. So war ihm Nikolaus zur Seite gesprungen und hatte seinen Schwanz ausgepackt, damit sich dieser ergieße. Nikolaus und Bert, nicht jedoch der dreizehnjährigen Johann und der Gastgeber Hans waren stockbesoffen gewesen. Hans hatte sich bald bereit erklärt, die drei mit dem Traktor nach Hause zu bringen. Bert und die zwei anderen hatten auf der ladenähnlichen Vorrichtung hinter dem Traktor gehockt und versucht, den bewusstlosen Bert munter zu kriegen, doch der hatte so tief wie das Meer geschlafen.

Am nächsten Tag waren Bert und Nikolaus besoffen aufgestanden, um ihren Pflichten nachzukommen. Der eine war nach Spital/Pyhrn zum Polytechnikum gefahren, und der andere war vom schimpfenden Vater zum Bahnhof gebracht worden. Nikolaus hatte den schrecklichsten Gestank im Zug um ihn verbreitet, hatte sich aber rücksichtslos und stark in seiner Ausdünstung und seiner Flatulenz gefühlt und mehrere Zigaretten geraucht. In der Schulbank hatte er die Kritisiererei seines Banknachbarn Jochen über die Alkoholausdünstung zu ertragen. Nikolaus war dennoch stolz auf seine Säuferqualitäten gewesen und hatte gute Miene zum bösen Spiel gemacht.

Die drei Brüder hatten ihrem Freund Hans versprochen, ihm für den verabreichten Alkohol auf der Alm zu helfen. So waren sie am Samstag mit Traktor und Anhänger auf die Alm in der Nähe der Hengstpasshöhe gefahren und hatten liegen gebliebene Fichtenäste auf Haufen gelegt. Es war dies am 28. Mai gewesen, wo sie die Sonne gequält und im Gesicht verbrannt hatte. Zur Stellung war Nikolaus am Montag darauf rot wie ein Hummer angerückt gekommen. Die Stellungskommission hatte entschieden, Nikolaus nach der Matura hinter einen Schreibtisch zu setzen, worauf sich dieser herausgenommen hatte, unbedingt bei den Jägern bleiben zu wollen, da Othmar das Leben im kriegerischen Feld als sehr spannend beschrieben hatte. Die Kommission hatte jedoch auf die Schreibtischtätigkeit beharrt, worauf Nikolaus mürrisch abgezogen war.

Am Ende des Schuljahres wurden die Schüler wiederum um eine Aufstellung für ein Klassenfoto gebeten. Nikolaus kam auf einer Mauer oberhalb aller Köpfe zu sitzen. Er wurde von der Seite, mit angezogenem Knie, auf das Bild gebracht. Dabei grinste er auf dem ersten Bild breit von der Mauer herunter, auf dem zweiten Bild äugte er im rechten Winkel zur Kamerarichtung blasiert in die Luft. Bei der Verteilung der Fotos wurde er von einem Mädchen der Klasse als durchwegs fotogen gewürdigt, von der Klassenbesten jedoch als arroganter, über den Dingen und seinen Klassenkameraden Stehender bewertet.

In den Sommerferien kam viel körperliche Arbeit auf Nikolaus zu. Sein Vater hatte vom Benediktinerstift St. Lambrecht einen Durchforstungsauftrag auf der Grebenzen entgegengenommen. Die Fällungsorte befanden sich auf etwa 1500 Meter Seehöhe, ein Umstand, der es dem siebzehnjährigen Nikolaus, seinem im Urlaub befindlichen fünfzehnjährigen Bruder Bert, dem Tischlerlehrling, seinem dreizehnjährigen Bruder Johann, dem achtundvierzigjährigen Hofknecht Othmar, dem fünfzigjährigen ehemaligen Schlägerungsunternehmer Franzerl und Nikolaus´ sechsundfünfzigjährigem Vater erlauben sollte, nicht nur Höhenluft zu atmen, sondern überdies vor sengender Hitze zu bewahren.
Im auf 1100 Meter Seehöhe gelegenen Ort St. Lambrecht bezogen sie ein zum Stift gehöriges altes Haus für Holzknechte. Es gab eine Küche mit Holzofen, und die Zimmer waren mit Schiffböden und Stockbetten ausgestattet. Innerhalb dieser uralten steinernen Gemäuer gab es als Waschgelegenheit keine Dusche, sondern nur ein Brunnenhaus mit eiskaltem Fließwasser. Die Fahrt von Zuhause war über Liezen und den Sölkpass gegangen. Franzerl hatte sich vom Verkauf seines Häuschens einen Erlös von 220000 Schilling erwirtschaftet, war aber durch die monatelangen Wirtshaustouren mit Othmar, der der Arbeit am Hof entflohen war, schon fast abgebrannt und hatte neben seinem Moped nur mehr eine neue Motorsäge der Marke Husquarna in seinem Besitz. Franzerl und Othmar sollten einen fixen Stundenlohn bekommen, wegen eigener Motorsäge jedoch etwas mehr als Othmar. Am ersten Arbeitstag wurden an der Tankstelle im Ort Motorsägengemisch und Motorsägenkettenöl gekauft. Die Jausen im Wald bestanden aus Brot, eigenem Geselchten, Tomaten, Paprika und Käse. Das Abendessen bestand meist aus in der

Küche gekochtem Geselchten, Kartoffeln und Sauerkraut, während das Frühstück aus von Nikolaus am Herd überwachten Fünfminuteneiern, Butterbroten und Tee bestand. Alles in Allem wurde immer eiweiß- und fettreiche Kost aufgetischt, die für die harte Arbeit im Wald unabdingbar und förderlich war.

Nikolaus war zwei Monate lang nur mit der Asthacke zur Entastung der von Franzerl gefällten Bäume unterwegs, oder er entastete die zu fällenden Trassenbäume bis in Kopfhöhe, eine Arbeit, die Gefühl für eine gerade, etwa vier Meter breite und hunderte Meter lange Trasse für den Seilkran verlangte. Er war ständig mit heraushängendem und hochgekrempeltem Hemd unterwegs und machte mit seiner Löwenmähne und dem Fichtenpech auf dem Körper den Eindruck eines Waldhippies. Jedoch lag er als Waldhippie mit Axt nicht auf der faulen Haut, sondern war immer im ehrgeizigen Einsatz, eine hohe, an die Leistungsgrenze gehende Arbeit zu erbringen.

Das dritte Jahr: Verlorene Ehren

Im neuen Semester traten einige Sitzenbleiber hinzu, die sich zu einem großen Teil cliquenartig in der Klasse zusammensetzten. Es waren dies ganze Mannsbilder und reifere junge Frauen, die begannen, die Klassengemeinschaft aufzubrechen, die Stammschüler erst zu kategorisieren und dann entweder an sich zu ziehen oder von sich zu stoßen. Es gab jede Menge Überläufer zu diesen dominanten Neuen, um mit der Zeit die Werte und Normen dieser zu übernehmen und zu kultivierten. Einige Stammschüler wurden unter dem Joch der Neuen und der Überläufer schlichtweg terrorisiert und entwürdigt. Rädelsführer dieses Aufruhrs war der kopflose Muskelprotz Herbert, der mit seinen beleidigenden, entwürdigenden, plumpen und derben Psychotricks die ganze Klasse terrorisierte. Auf seiner Seite standen entweder die Klügsten oder die Hübschesten, die ihrerseits eine Kameradschaftsspaltung herbeiführten. Im Chemiesaal klebte Herbert zum Beispiel seiner Bankvorderen einen Zettel auf den Rücken, auf dem er, von weitem leserlich, „Sau“ geschrieben hatte. Die arme Sitzenbleiberin, die erst ein paar Wochen in der Klasse war, ging nach der Chemiestunde mit diesem Zettel auf ihrem Rücken aus der Chemiestunde auf den Gang hinaus und in die Klasse zurück, wo sie von einer treuen, rührseligen Freundin des zutiefst beschämenden Zettels entledigt wurde. Die Arme begann zu weinen, nicht nur über sich, sondern wahrscheinlich auch über die totale Bosheit Herberts, der immer öfter besoffen in die Schule kam und vielleicht mit Ohnmacht seiner Stümperhaftigkeit gegenüberstand, wenn es um die Schwierigkeit des Lernstoffes ging. Es mag sein, dass Herbert damals der schlechteste Schüler der Klasse war. Vielleicht konnte er seinem schulischen Untergang nur mit offener Rebellion zusehen. Irgendwie dürfte er damals am Beginn des Semesters schon gespürt haben, dass er die Klasse nicht schaffen werde. Blöd auftreten getraute er sich nur gegenüber den Underdogs der Klasse, das waren schlechtere, unsichere Schüler oder Schüler mit unvorteilhaftem Äußeren. Gegen diese Leute wurde er groß, und er genoss den eifernden Applaus seiner Fans.

Aus dem Gedichtband „An American Prayer“ Jim Morrisons lasen Nikolaus und sein Bruder Bert das enorme Talent und Interesse für Literatur, und für Sprache im Allgemeinen, ihres Idols heraus. Das führte beide dazu, sich zwanghaft um Literatur zu kümmern. Sie gingen in den Buchladen des Ortes und kauften zuerst Hermann Hesses „Steppenwolf", den sie, ohne es wirklich zu wollen, herunterlasen, nur um ihrem Idol Respekt zu erweisen und es nachzuahmen. Etwas später fielen sie an einem herbstlichen Sonnentag wieder in die Buchhandlung ein und drehten an den Ständern mit Weltliteratur. Bert fiel ein Buch mit zerdrückter Coca-Cola-Dose auf und rief Nikolaus zu sich. Der Name des Autors, Charles Bukowski, erinnerte Nikolaus an eine Abbildung des Dichters in einem Buchkatalog. Charles Bukowski posierte auf diesem Foto mit verlebtem Charaktergesicht und Schnürlsamtsakko mit dem Rücken an die Wand gelehnt. Sogleich wusste Nikolaus, dass dieses Buch ein Treffer sei, las einige Zeilen und war angenehm überwältigt. Die Sprache war zwar derb, aber klar und kraftvoll, voll von Sex und Alkohol, das musste den beiden gefallen. Zuhause las Nikolaus das Buch zur Hälfte durch, las dann am nächsten Morgen im Zug weiter und zückte es während der Pausen aus dem Bankfach, um besessen wie auf einem Rodeopferd auf der Sprache und den Inhalten Bukowskis zu reiten.

Immer wieder ging Nikolaus in die Buchhandlung des Ortes, und die Dirt-Speach-Literatur Bukowskis schien kein Ende nehmen zu wollen. Bald waren Charles Bukowski und nicht mehr nur Jim Morrison die Idole von Nikolaus und Bert. Bald standen sie auf die abgetragenen Schnürlsamtsakkos und das exzessive Saufen von Bier, Wein und Schnaps Bukowskis, eine Parallele zu Jim Morrison. In einem Buchkatalog traf Nikolaus im Spätherbst auf den Gedichtband „The Lords and the New Creatures. Notes on Vision." von Jim Morrison. Es wurde im Katalog erwähnt, dass dieser Band von William S. Borroughs, Charles Baudelaire und Arthur Rimbaud beeinflusst wurde. Neben dem Lesen der neuen Literatur Jim Morrisons legte sich Nikolaus „Die Blumen des Bösen" von Baudelaire zu. Baudelaire war ab dieser Zeit sein besonderer Liebling, und er war sich sicher, noch nie etwas Kunstvolleres, Vollkommeneres und zugleich Böseres gelesen zu haben, als die bösen Blumen. Nun war er sich im Klaren, nicht mehr zwanghaft, sondern vielmehr lustvoll und gedanklich aufgelöst zu lesen, wenn er die Verse Baudelaires vor sich hatte. Diese Verse konnte er gar nicht oft genug wiederholend lesen, immer wieder taten sich vor ihm neue Abgründe, neue Schönheiten und neue Lustbarkeiten auf.

Da Nikolaus bereits im September achtzehn geworden war, konnte er seine Fehlstunden selber entschuldigen, war also nicht mehr auf Mutters Unterschrift der selbstverfassten Fehlstundengründe angewiesen. Mit Herwig, dem Bürgermeistersohn aus Edlbach, seinem tagtäglichen Begleiter im Zug und engstem Freund, begann er in diesem Herbst, die Schule zu vernachlässigen, die Schule zu belächeln und nicht mehr ernst zu nehmen, die Schule nach bestem Wissen und Gewissen zu schwänzen. Beide kamen zwar frühmorgens zum Zug, stiegen auch in diesen, kamen nach Kirchdorf, gingen dann zu Fuß in die Stadt hinauf und blieben dann entweder im Kaffeehaus sitzen oder starteten zur Schule durch, je nach der Wichtigkeit der anstehenden Fächer. Oft fehlte Nikolaus nur beim Turnen, soff so manchen Whiskey und ging dann in die Mathematik-, Physik- oder Chemiestunde, Stunden, vor denen er Respekt hatte und die er nach bestem Wissen und Gewissen nicht versäumen konnte. Es gab jede Menge nicht ernst zu nehmende, den Schulerfolg nicht beeinträchtigende Fächer, die mit einem Grinsen oder mit einem gleichgültigen Wink der Hand vernachlässigt und geschwänzt wurden. Wenn Nikolaus dann nach dem Turnunterricht oder dem Religions- oder Philosophieunterricht etc. in die Klasse kam, entschuldigte er sich im Falle des Herbstes mit Übelkeit, im Falle des Winters darauf mit dem Zu-spät-Kommen des Busses. Oftmals beratschlagte er mit Herwig schon im Zug, ob sie die die Schule sausen lassen sollten oder nicht. Diese Gespräche hatten etwas erleichternd Lustvolles, etwas abwägend Befreiendes an sich. Meist entschieden sie sich in solchen Erwägungen gegen die Schule und gingen hinauf in die Cafes des Stadtplatzes, oder sie nahmen den nächsten Zug zurück ins Gebirge, um zum Beispiel ins Hallenbad von Spital/Pyhrn zu gehen, wo sie sich Badehosen und Handtücher liehen, wo Nikolaus auf seiner Liege die bösen Blumen Baudelaires las und wo sie nach dem Baden in der zum Bad gehörigen Schenke mit Blick auf das Schwimmbecken Whiskey tranken und Kette rauchten. Es passierte auch einmal, dass sie um halb acht Uhr Früh im Cafe Weiermeier vor der Vitrine standen, um sich Mehlspeisen für die Schuljause zu kaufen. Während Herwig suchend in die Vitrine starrte, glotzte Nikolaus unentwegt auf die Wanduhr, wobei er wieder einmal eine böse Erwägung hegte…, der Leser weiß Bescheid. Nikolaus wusste, dass sie beide wichtige Fächer vor sich hatten und die Schule nicht missen sollten. Doch der Drang nach Freiheit und der finstere Gräuel vor dem Langweiligen drang in Nikolaus, der es dann wieder, so stark wie nie zuvor, einmal darauf ankommen lassen wollte. Schließlich standen beide vor der von der Wand starrenden Uhr und fühlten spürbar das Gleiche, nämlich das Abenteuer und die Flucht vor der lästigen Pflicht. Nikolaus wusste, dass ihn dieser eine schulfreie Tag trotz des fehlenden Hauptfaches Mathematik nicht umbringen werde, hatte aber große Bedenken um das Weiterkommen seines Freundes, der bereits ein „Nicht Genügend" nach dem anderen geschrieben hatte. So stellte er Herwig vor die Wahl, entweder mit Gewissensbissen zu Faulenzen und dabei in höllische Schwierigkeiten zu gelangen oder die ungeliebte, aber doch heilsame Schwere der Pflicht auszuhalten. Unser Held meinte, von ihm aus könnten sie schwänzen, drängte aber Herwig dazu, sich ehrlich zu besinnen, um nicht in eine gefährliche Falle zu tappen. Herwig begann zu grinsen, als Nikolaus vorschlug, er, Herwig, solle sich entscheiden. Der Uhrzeiger zog während des langen Hin und Her seine Bahn in Richtung Osten, also hatten sie nur mehr eine Viertelstunde bis zum Unterrichtsbeginn, wohin sie die Füße in die Hände nehmen sollten. Die Entscheidungslosigkeit der zwei, wobei es in einem ernsten Maß nur um Herwig ging, dauerte und dauerte, solange, bis sich diese Entscheidungslosigkeit soweit verfestigte, bis sich von selbst eine Entscheidung einstellte. Der Uhrzeiger stand schließlich….und endlich auf Norden, der Zeiger hatte entschieden, dass sie sich dem Flanieren hingeben sollten, denn um zwanzig Minuten zu spät im Fach „Rechnungswesen" zu erscheinen hielt Herwig dann für unnütz. Der Würfel war gefallen, und die gewonnene Zeit für das Herumhängen und Flanieren, die Zeit für das bessere Leben stand voll zu ihrer Verfügung.

Noch im Herbst unternahm die Klasse eine Reise nach Südtirol. Ein Bus brachte sie auf eine Burg oberhalb von Weingärten in der Nähe Bozens, wo sie in einem großen Saal schlafen, das Abendessen in einer geräumigen, gut ausgestatteten Küche selber kochen und auf einer langen Tafel essen sollten. Die Begleiter waren der Klassenvorstand Denk und der Religionslehrer Wassermann, der die bekannten Zecher der Klasse knapp vor der Schullandwoche gewarnt hatte, nur ja keine Alkoholexzesse durchzuziehen, um nicht nach Hause geschickt oder mit anderen Disziplinarstrafen belegt zu werden.

Der Bus brachte sie auf die Seiser-Alm. Auf dieser mehrere hundert Höhenmeter zu überbrückenden Fahrt verschlug es Nikolaus dermaßen schmerzhaft die Ohren, dass er an seine Kreislaufschwäche erinnert wurde. Jakob machte auf der Alm ein paar Fotos von Nikolaus, die ihn mit seinem blauen Mustang-Hemd, den hellblauen Jeans und der Bierbottle in der Hand zeigten. Abends kauften sich Nikolaus und sein zuckerkranker, spindeldürrer Freund Johannes stets Weißwein vom Burgverwalter, und es wurde dann bis zum Rausch getrunken. Eines Nachts soff er mit Johannes und Hildegard, einer rechts denkenden, molligen Germanin mit einem bis an ihren Hintern reichenden Zopf. Auch ein Südtiroler war in der Runde, und irgendwann machte Hildegard den Vorschlag, in den nahen, von der Oktoberfrische bereits eiskalten Bergsee schwimmen zu gehen. Hildegard, der Südtiroler und Nikolaus machten sich im Stockdunkeln auf den Weg zum See, wo sie sich bis auf die Unterhose entkleidete und mutig ins Wasser ging, dann zügig die paar hundert Meter auf das andere Ufer kraulte und zu den beiden Burschen zurück lief. Ihre Nacktheit machte Nikolaus an, doch blieb er zugeknöpft, als sie in ihrer Pracht vor ihm stand und sich abtrocknete. Der Südtiroler verbrachte dann ein paar mitternächtliche Stunden mit ihr, und es war ihr nicht mehr möglich, durch das Burgtor in den Schlafsaal zu gelangen, weshalb sie die etwa fünf Meter hohe Burgmauer hochklettern musste, um ins Innere der Burg zu kommen. Dieses Mädchen war wirklich das abenteuerlustigste der Klasse. Die Fugen der Steinmauer ausnützend, konnte sie den Mut und das körperliche Geschick jedes Burschen der Klasse überbieten. Sie dürfte trotz seiner Reserviertheit und generellen Kälte gegenüber Mädchen ein wenig auf ihn gestanden sein, da sie gerne mit ihm sprach und ihn für sein Mustang-Hemd lobte. Jakob machte ein Foto, worauf Nikolaus ihren Zopf waagerecht in der Hand hält und mit der anderen Hand auf ein Schild zeigt, auf dem „Hunde bitte an der Leine führen!“ steht.

Auf dem Rückweg zum Bus nach einer Besichtigung des Schlosses Tirol forderte Nikolaus seinen Banknachbar und Freund Jochen lauthals auf, doch auf die „alte Frau“ vor ihm aufzupassen, wonach dieser in ein zutiefst amüsiertes Lachen ausbrach. Die Diktion „alte Frau“ fasste dieser nämlich als Hohn auf diese Person auf, kriegte sich kaum noch ein und konnte Nikolaus nicht zum Lachen bringen. Nikolaus war sich seines Fehltrittes gegen das Alter bewusst und machte künstlich auf ernst, obwohl er innerlich wieherte. Er gehörte beileibe nicht zu jenen, die über ihre eigenen Blödheiten am meisten lachen, sondern gab sich dann immer kalt, berechnend und rationell. Überhaupt war er zu jener Zeit ein Eisklumpen in Sachen Meldungen, war ein Zyniker durch und durch und konnte nie herzhaft lachen.

Am letzten Abend wurde nicht wie sonst immer gruppenweise gekocht, sondern die etwa dreißig Leute besuchten eine Pizzeria, wo dem Alkohol hemmungslos zugesprochen wurde. Seine engeren Freunde waren längst nach Hause gegangen, als Nikolaus mit dem Kern der Säufer sitzen blieb und auf den Schalk von Herbert, Tobias und Florian hereinfiel, nach bestem Wissen und Gewissen soff und in seinen Lachkrämpfen Rotwein spie. Herbert rief immer wieder: „Hose runter!“ und zog sich den Missmut der Nachbartische zu, bis eine reife Schönheit meinte: „Ja, lass die Hose runter, wir wollen ja sehen, was darunter ist!“

Florian hatte beim Gehen zum Nachbarlokal Schlagseite bekommen und musste von Nikolaus gestützt werden, während Herbert in seinem übermütigen, gutgelaunten Vandalismus eine Verkehrstafel umbog. Im Nachbarlokal wurde von einer Trachtengruppe Volksmusik gespielt. Die vier Burschen bildeten eine Kette, wobei der jeweils Hintere seine Hände an die Hüften des Vorderen legte, und so gingen sie, das Arschficken andeutend, durch das Lokal, soffen dann mit Gewalt noch ein paar Viertel Rotwein und schrien durch die Menge, bis sie vor die Tür gesetzt wurden. Nikolaus stützte Florian bis in die Burg, wo sie vom Religionslehrer Wassermann empfangen und kalt angeschnauzt wurden.

Zum besten Schreiber avisierte er durch eine Deutschschularbeit, deren Thema sich um die Wertigkeit der Kunst in der Gesellschaft drehte. Die Deutschprofessorin hatte seine Arbeit mit der Maschine abgedruckt und fragte ihn, ob es ihm Recht sei, an jeden Schüler der Klasse ein Exemplar auszuteilen. Nikolaus sagte zwar nicht gerne zu, erweichte sich jedoch in Anbetracht der Tipparbeit seiner Lehrerin. Er nahm jedoch gerne das Angebot an, nicht genannt zu werden. Irgendjemand las dann das essayistische Werk eines analytisch denkenden und thementreuen Schreibers, der von einigen als zumindest akademisch geschulter Hellkopf gelobt, von anderen aber als Konformist kritisiert wurde. Am Ende der Deutschstunde war die Klasse aufgewühlt, und Nikolaus hielt fest, dass es gut sei, in einem Land zu leben, wo Rede- und Pressefreiheit herrsche.

Im Frühling ging er nach der Schule wieder einmal die schmale Hofzufahrt hinauf. Diesmal kam er, wie immer, am Gemüse- und Blumengarten vorbei, wurde jedoch auf die Alten des Hofes, auf seinen Vater, seine Mutter, den Knecht Othmar und seine Tante aufmerksam, die da mit Schaufeln den Garten umpflügten. In seiner edlen Kleidung, die aus schwarzen Jeans und einem weiten weißen Pullover bestand, und mit seinen langen Haaren drückte er sich arbeitsscheu am Garten mit den Arbeitenden vorbei, ohne diese zu grüßen. Er wollte sich partout nicht die Hände schmutzig machen, wollte aber auch noch nicht mit den Hausübungen beginnen. So ging er als eine saubere Prinzenfigur hinunter zum Garten und lehnte sich mit den Unterarmen auf den Gartenzaun, wobei ihm nichts anderes einfiel, als zuzuschauen, wie sich die vier Alten mit dem Umstechen der über den Winter hart gewordenen Beete bemüßigten. Sein Vater war damals immer ziemlich grantig, und Nikolaus hatte die denkbar kalte und verhasste Beziehung zu ihm. Sein Vater forderte ihn auf, nicht untätig herumzustehen und ihnen nicht bei der Arbeit zuzusehen, sondern in den Garten zu kommen, wo es eine Menge Arbeit gäbe. Nikolaus meinte kurz angebunden und verkrampft, dass er ins Haus hinaufgehen werde, um sich Arbeitskleidung anzulegen und bald zu ihnen zu kommen. Wieder unten im Garten zeigte ihm sein Vater, wie das Umstechen der platten Erde zu Schollen vor sich zu gehen hätte und drückte ihm die Schaufel in die Hand. Unser kleine Prinz machte es dem Vater zuerst gar nicht richtig und wurde scheltend von ihm berichtigt, worauf die Mutter meinte, er solle nicht ständig so bissig und ungut sein, denn das kenne sie schon zu gut. Seinem Vater kam in jener Zeit kein Lacher mehr aus. Nur wusste Nikolaus nicht, wieso nicht, wieso er alle immer nur anherrschte und mit Moralpredigten und verfahrenen politischen Äußerungen daherkam Er war deutlich unzufrieden mit allem, vielleicht kochte in ihm die Wut über den Untergang seines Hotelprojektes. Er und seine Angetraute hatten beim Notar die

Großjährigkeit Nikolaus´ durchgesetzt und auf ihn das Bauernhaus geschrieben, damit die Bank, welche das Hotel in ihren Besitz gebracht hatte, nicht auch noch den Hof kassieren konnte. Nun war Nikolaus der formale Hofeigentümer. Doch Nikolaus interessierte sich für nichts, was auf dem Hof vorging, sondern kümmerte sich nur um seine Rockmusikidole und den schulischen Schlendrian, das Herumhängen mit Herwig und um Charles Bukowski, Jim Morrisons Gedichte und um den Gott Baudelaire. Es war ihm egal, ob der Traktor funktionierte oder nicht, ob die dreitausend Hühner ihre Leistung brachten oder nicht, Hauptsache er konnte in den Traumwelten seiner Dichterhelden schwimmen. Er hatte sich nun schon mit einer illusorischen Gedankenwelt angelegt, und es galt nun, sich darin zu vertiefen und zu perfektionieren, da ihm das alles mehr einbrachte, als das Denken an materielle Kostenträger, die für ihn zu sehr am Boden standen. Vielmehr wagte er es, rücksichtslos abzuheben und frei wie ein Vogel am Firmament zu segeln.

Den Französischunterricht schwänzte er selten, da er nicht der Beste in der Übung dieser nasalen Sprache war. Der Lehrer Gösser war nicht einmal noch dreißig und versuchte mit Heiterkeit, seinen Schülern ein Alltagsfranzösisch beizubringen, was ihm in der Regel auch gelang. Von Salzburg waren zwei Brüder in die Klasse gestoßen, mit denen Nikolaus die letzten beiden Jahre eine herzliche Freundschaft in Kirchdorf unterhielt. Auch sie wählten den Französischunterricht als Alternative zu Latein. Im Grunde prostituierten auch sie sich, indem sie mit dem Dummvogel Herbert liebäugelten und bald zu dessen Clique gehörten. Der Französischlehrer schäkerte meist nur mit den Mädchen herum, die auch die besseren Franzosen abgaben, währenddessen er zu den Burschen eine ernstere, mitunter strengere, nichtsdestoweniger aber verarschende Atmosphäre aufzubauen imstande war. Er witzelte mit den Mädchen gerne auf Kosten der Burschen, die er vielleicht wegen seiner Jugendlichkeit als kümmerliche, aber doch zum verarschen verfügbare Konkurrenz auffasste. Nikolaus spürte die spöttische Macht dieses Lehrers und konnte kaum positiv mitarbeiten, da er ständig seine Ausgesetztheit gegenüber Fehlern und die darauf folgenden Herablassungen spürte. Immer wenn er zur Mitarbeit aufgerufen wurde, indem er zum Beispiel einen Satz bilden sollte, verengte sich sein Herz und seine Kehle, worauf er unumgängliche Fehler machte, die der Lehrer selbstgefällig verbesserte oder die Mädchen zur Verbesserung einband, die Nikolaus auslachten. Eines Tages war wieder einmal Nikolaus an der Reihe, aus einem Bild mit Zwetschken einen Satz zu bilden, brachte es jedoch nicht einmal auf die Reihe, diesen blauen, nur schwer undefinierbaren Früchten einen deutschen Namen zu geben. Somit musste er laut denken, indem er fragte: „Was sind denn das?!“, worauf eine Schülerin aus seiner Gebirgsheimat ins Lachen ausbrach, ihre Umgebung mitriss, immer wieder „Was sind denn das?!“ herauslachte und schließlich die halbe Klasse zum Kichern verführte. Der Lehrer machte bald auf ernst und fragte den völlig beschämten und verunsicherten Nikolaus unbarmherzig nach dem französischen Namen der Früchte. Nikolaus würgte ein „plumes“ heraus, konnte aber nicht den erwünschten Satz bilden. Die Mädchen genossen Nikolaus´ bäuerliche Plumpheit. In Deutsch konnte ihm keiner das Wasser reichen, das wusste ziemlich sicher auch der Französischlehrer, der Nikolaus an seine psychischen Grenzen bringen wollte. Er wollte ihm zeigen, dass er gar nicht so gut war, wenn es um Sprachen ging und wollte seine sozialen und sprachlichen Schwächen voll ausreizen. Besonders Anne aus seiner Gebirgsheimat war es, die unter den Mädchen gegen ihn stand. So rutschte ihr während des Französischunterrichts in Anbetracht des Gesäßes unseres Nikolaus, der an der Tafel stand, folgendes heraus: „Diese breitarschigen Jungmänner!“. Der Lehrer fragte Anne amüsiert, ob sie das laut wiederholen könne, denn er habe wohl nicht ganz richtig gehört. Sie meinte darauf, dass diese Jungmänner wirklich das Letzte seien und dass mit diesen absolut nichts anzufangen sei. Nikolaus drehte sich nicht zur Klasse, sondern versuchte, den Satz zu Ende zu schreiben, so, als hätte er den peinlichen Einwurf Annes nicht gehört, er war sich aber völlig im Klaren, dass er mit seinen breiten Hüften kein Magnet für Frauen sein konnte. An der Tafel versuchte er meist, seine Arschbacken zusammenzupressen, was jedoch die Breite seines Untergestells nicht schmälern konnte.

Wenn er mit Herbert alleine war, vernachlässigte dieses größte Arschloch der ganzen Schule die Affronts gegen ihn und sprach ganz banal mit ihm. In der Klasse und somit in der Masse war er jedoch der Unausstehlichste und Unmöglichste, dem Nikolaus je begegnete. In der Pause nestelte diese Drecksau an Nikolaus´ Reißverschluss herum oder bewarf ihn mit Zündhölzern. Nach einigen Treffern von Herberts Zündhölzern auf den Kopf des jausenden Nikolaus wurde es diesem zu bunt, und er meinte nicht ganz ernst: „Jetzt haue ich aber zurück!“, worauf Nikolaus ein paar Zündhölzer in die Richtung Herberts schleuderte, was ihm eigentlich zu blöd war, aber er wollte nicht immer nur der mit Dreck und Schmach Beworfene sein. Diesen Satz „Jetzt haue ich aber zurück!“ verstand dann das völlige Geistes- und Seelenkrüppel Herbert so zu verdrehen, dass er zum monatelangen Spott auf Nikolaus gereichte. Herbert hatte im Nu die Benennung „Nikolaus“ in die Benennung „Der Haut-zurück-Nikolaus“ geschmiedet, die viele der Klasse an Nikolaus anwendeten und sich daran köstlich weideten. Nikolaus war ab jenem Tag wirklich für einige der „Haut-zurück-Nikolaus“. Es müsste dem schlauen Leser nicht beigebracht werden, dass Nikolaus mit dieser Anrede als Wichser getroffen wurde.

Auch die Germanin Hildegard mit dem langen Zopf nannte ihn so, und damit war nur mehr Eis zwischen ihnen. Die Germanin hatte nämlich mit Nikolaus und einer zusammengewürfelten Gruppe von Schülern anderer Klassen eine von einem Lateinprofessor geführte Felsbilderschau auf der Wurzeralm in der Gemeinde Spital am Pyhrn genossen und hatte mit Nikolaus in einer Grotte Schutz vor dem stark aufkommenden Regen gesucht, wobei Nikolaus deutlich spürte, dass nun eine Gelegenheit zur körperlichen Annäherung an sie gegeben sei. Er reagierte auf diese Tatsache jedoch nur mit Peinlichkeit und Verklemmtheit und ließ diese Chance zu gerne ungenützt. Zuvor noch hatten sie im Berggasthof abseits der Gruppe gesessen und geschäkert.

Herbert schaffte es auch, seinen Turnkameraden, die sich aus zwei Klassen zusammensetzten, im Umkleideraum mit voller Wucht auf den bloßen Rücken zu klatschen, sodass sein Handabdruck für mindestens zehn Minuten zu sehen war. Er hatte das Hirn in den Armen und im Schwanz, den er als einundzwanzig Zentimeter lang verriet. Als Nikolaus beim Basketballspielen das Kreuzband riss und er sich schmerzvoll ächzend am Boden krümmte und alle ernst um ihn standen, krümmte sich Herbert hinter dem besorgten Kreis vor Lachen und Grimassenschneiderei, wobei er sich zwischen den dicken, baumelnden Seilen an der Wand zu verstecken suchte. Nikolaus´ Blicke hingen dabei meist an Herbert, diesem größten aller je ihm bekannt gewordenen Arschlöcher. Nikolaus verfiel in dieser Farce selbst in augenblickliches Lachen, um sich darauf weiter schmerzverzerrt zu krümmen und zu winden. Tage später kam Nikolaus etwas humpelnd in die Schule, wo sich Herbert schleimend an ihn heranmachte und ihm erklärte, dass seine Seilspielerei nicht persönlich zu werten sei und er den Ernst der Lage nicht abschätzen hatte können. Herbert war ein Produkt und ein Gefangener der Masse, die es ihm erlaubte, gemein zu sein. Alleine war er ein Würstel. So waren vor Nikolaus´ Unfall beide wenige Minuten nebeneinander zum Zug gegangen. Ein paar Hundert Meter vor dem Bahnhof hatte Nikolaus erkennen müssen, dass sein Zug eingefahren war, und er hatte Herbert eröffnet, dass er sicherlich nicht laufen werde, worauf ihn Herbert gefragt hatte, ob das gegen seine Position sei. Nikolaus entgegnete ihm, dass er einfach zu faul dazu sei, so beschleunigte er seinen Schritt absolut nicht und wartete bei einem Verlängerten im Bahnhofscafe auf den nächsten Zug.

Die Klasse machte mit der Deutschprofessorin Wehrmann einen Tagesausflug nach Salzburg, wo sie das Georg-Trakl-Museum und das Spielzeugmuseum besuchten. Der Vormittag und der frühe Nachmittag wurden den Schülern zu freien Aktivitäten eingeräumt. Nikolaus kaufte das erste Album der Doors aus dem Jahre 1967. Er war voll Vorfreude, endlich die Studioversion der Weill-Brecht-Nummer „Alabama Song (Whiskey Bar)“ zu besitzen und noch am selben Abend anzuhören. Der Bauerndepp Herbert war neugierig auf das Album, nahm es jedoch nicht aus der Plastiktüte, sondern verbog ihm die Scheibe mehrmals mit Böswilligkeit und neidischer Attitüde. Er war besoffen und brunzte im Spielzeugmuseum auf den Boden der Arkade, wobei eine lange Lache entstand, deren Ausbreitung nicht abbrechen wollte. Nach dem Brunzen bildeten Herbert und dessen Gefolgsleute, das waren der dicke Tobias, der blonde Hüne Florian und der hünenhafte, aus Salzburg gekommene Konstantin, eine Arschfickerkette und gingen tausendfüsslerartig durch das Spielzeugmuseum, grölten und kreischten herum und waren überdies bis über die Binde besoffen.

Ein andermal wanderte die Klasse auf schmalen Straßen durch die Natur nach Oberschlierbach, wobei Nikolaus die Nähe Herberts und dessen Freundin Nathalie, die Schönste der Klasse, suchte. Nikolaus bat Natha-

lie, seine Jause in ihrem Beutel deponieren zu können. Herbert hielt ihm ihren Beutel auf, wobei Nikolaus dessen kräftige, mit Muskeln durchzogene Unterarme auffielen. Wie konnte Nikolaus nur so dumm sein, die Akzeptanz oder den Respekt von Herbert zu erschleimen? Es lag daran, dass Nikolaus eine schwache Persönlichkeit war, keine authentische Persönlichkeit sein konnte und sich gegen niemanden stellen wollte. Vom Klassentyrannen die Gunst zu erheischen, das war schon immer das Seine. Er wollte zu den Starken, wenn auch nicht zu den Klugen gehören.
Im Gastgarten einer Jausenstation trank Nikolaus mit Herbert zwei große Biere und klagte beim Weitergehen über seine volle, entleerungsbedürftige Blase, worauf Herbert meinte, einen Liter müsse er schon halten können. Am Biertisch hatten Herbert und seine Anhänger von der Alkoholvernichtungsmaschine Fox, dem Jim-Morrison-Ebenbild mit dem Jeans-Anzug und dem Vollbart aus der achten Klasse gesprochen, der an einem Wandertag achtundzwanzig Bier hinter die Binde goss. Fox war ein kräftiger, interessanter Typ aus dem Almtal und eine Respektsperson für Herbert. Nikolaus sollte später mit Fox Forstwirtschaft studieren und 1997 im Studentenlokal ein überaus tiefes Gespräch mit ihm führen, was dieser nie mehr vergessen wollte, so Fox als dreißigjähriger, erfolgloser Student im Trachtenjanker.
Der aus Hinterstoder kommende Klassenkollege von Fox kam im Zug immer noch gerne zu Nikolaus, besonders, um zu politisieren und zu philosophieren. Die beiden kamen zu dem Punkt, wo sie den Kommunismus zur idealen Gesellschafts- und Wirtschaftsform erklärten. Nikolaus meinte, in Russland würde ein Arzt nicht mehr verdienen als ein Facharbeiter, was beide für richtig befanden. Der Hinterstoderer war aus der Unterstufe des Gymnasiums Kremsmünster nach Kirchdorf gekommen. Florian, ein ehemaliger Mitschüler des Hinterstoderers in Kremsmünster erzählte von ihm als einem nicht scheuen, vielmehr rabaukenartigen Schüler, der die Lehrer zur Weißglut brachte. In der sechsten und siebenten Klasse in Kirchdorf sank jedoch die selbstbewusste Haltung des Hinterstoderers ganz tief ab. Grund seines sozialen Abstieges in der Klasse waren die damaligen Herren der Klasse. Dies waren der aufmüpfige Herbert, der charismatische Florian und der Säufer Fox. Gegen dieses Pack konnte der unter einem Sinneswandel vom Rabauken zum guten Schüler stehende Hinterstoderer nicht mehr ankommen. Er wurde

von ihnen gehänselt, geschnitten und letztlich sogar tyrannisiert.
Auch der Jeansträger Heinz mit dem Schlurf kam im Zug immer wieder zu Nikolaus, um zu philosophieren. Immer wieder gelang es Nikolaus, im Gespräch mit Heinz auf den Punkt zu kommen oder den strapazierten Nagel auf den Kopf zu treffen, wofür er von Heinz geachtet und bestaunt wurde. War ein Gespräch in der Sackgasse angekommen, dann fand Nikolaus stets den richtigen Ausweg oder Anknüpfungspunkt. Nikolaus sozialisierte sich im Zug mehr und mehr, sodass auch ein jüngerer Schüler aus der Mühlreitsiedlung zu ihm kam, um über Rockmusik zu reden, denn er spielte in einer Teeny-Band Gitarre. Der Gitarrist sprach offen über seinen Zugang zur Kirche, zur Messe und endlich zu Jesus, womit Nikolaus nicht das Geringste anzufangen wusste, aber diese Tatsache auch nicht in den Dreck zog. Der Junge sah im Fernsehen einen Amateurfilm, wo Jim Morrison seinen zum Mythos gewordenen Schwanz auspackte. Damit bestätigte sich für Nikolaus der nicht zu verleugnende Exhibitionismus Jim Morrisons auf dem Cover des Live-Albums „Alive She Cried". Nichtsdestoweniger wollte Jim Morrison im Miami-Konzert im März 1969 den schon um ihn gebildeten Mythos zerbrechen. Dazu eine kurze Geschichte: Der in der siebenten Klasse vom Gymnasium Kremsmünster kommende Hartwig kam mit Jakob immer zuerst in die Klasse, denn sie kamen mit dem Bus von Pettenbach. Als einer der beiden aus dem Fenster blickte, musste er einen splitternackten Mann in der Wiese umher gehen sehen. Die zur Schule Kommenden, an der Wiese Entlanggehenden reagierten entweder mit Gleichgültigkeit oder Verstörtheit. Nicht lange, und der Flitzer wurde von der Polizei ordnungsgemäß beamtshandelt und sofort abgeführt.

Da Nikolaus einen pochenden, von einem Stockzahn ausgehenden Schmerz verspürte, suchte er das Dentistenehepaar im Ort auf. Die Zahnärztin begann in Eile mit der Operation an seinem Zahn, denn sie stieß immer wieder aus, dass *der Bus kommt.* Ihm war es völlig egal, mit welchem Bus er heimfahren werde, denn als Trostpflaster auf das Warten auf den Bus gab es Tante Fanni, die ihm Kaffee und Leckereien kredenzte und wo er einen Sitzplatz auf der Bettbank mit Blick auf die Kirchturmuhr hatte. Die Zahnärztin ließ sich mit dem vollen Gewicht ihres Oberkörpers auf Nikolaus und bohrte nach der Anästhesie mit vollem

Druck auf dem Zahn herum. Nikolaus begann, aus Angst vor dem Abrutschen des Bohrers in sein Zahnfleisch, kalt zu schwitzen. Nach dem Eingriff bekam der Zahn ein so genanntes Provisorium, eine schützende Einlage bis zum nächsten Eingriff. Sie meinte, er werde möglicherweise ein paar Tage leichten Schmerz verspüren. Er hatte Schmerzen und nahm tagelang hohe Dosen Aspirin zu sich. Zwei Wochen vergingen, und Nikolaus konnte wegen der nicht abklingen wollenden Schmerzen nicht mehr bis zum vereinbarten Termin warten. Darauf verging sich ihr Mann an seinem Zahn, der plötzlich eine Wurzelbehandlung nötig hatte. Er war viel vorsichtiger im Umgang mit dem Bohrer, tötete die Wurzel und versorgte den Zahn mit Amalgam. Nie mehr sollte er später zu Frauen gehen, und es brauchte insgesamt drei Zahnärztinnen, bis er zur Erkenntnis gelangte, dass Frauen den Bohrer eher nicht in die Hand nehmen sollten. Der Bohrer gehört zu den Männern!

Das Sommernachtsfest wurde von den siebten Klassen veranstaltet und diente der finanziellen Besserstellung der Mitarbeitenden. Das daraus erlöste Geld sollte ein Jahr später für die Maturareise herangezogen werden. Nikolaus fuhr am späten Nachmittag eines Samstages mit der kirchennahen Lore aus der Parallelklasse im Zug nach Kirchdorf, um beim Fest als Barmann mitzuarbeiten. Sie unterhielten sich angeregt, wobei er kurz seine Aversion gegen die katholische Kirche auf das Tapet brachte. Sie hatten sich während des Jahres immer wieder gesprochen und waren nie Feinde geworden, ganz im Gegenteil, er schien ihr sympathisch gewesen zu sein. Nie jedoch hatte er Ambitionen, sich bei ihr einzuschleimen, geschweige denn, um sie zu freien. In seiner nonchalanten, aber dennoch amikalen Attitüde Mädchen gegenüber kamen ihm nie Gedanken der Eroberung einer Frau. Frauen hielt er vielmehr für unerreichbar und unüberwindbar. Und wenn es in diesen Jahren zu einer Anmache seitens eines Mädchens kam, dann war es entweder eine, auf die er nicht stand oder eine, die ihm in Sachen sexuelle Erfahrung überlegen war.
Als sich Nikolaus schwitzend in der Bar abmühte, kam auch der protzige Herbert mit seiner Clique daher, um sich sinnlos zu besaufen und unflätige Reden zu schwingen. Herbert behauptete gegen den frühen Morgen zu, alle Frauen müssten ordentlich befriedigt werden, und er schüttete dem unterlegenen Jochen ein Glas Bier ins Gesicht, wonach

dieser zu heulen begann. Jochen war schon immer von Herbert gedemütigt worden, was dieser nun auf die Spitze trieb. Herbert hatte eine fette, ordinäre, aber nicht ungute Speckschwarte an seiner Seite, die ihn anhimmelte, egal, wie gemein und quälerisch er war.

In Mathematik hatte Nikolaus über das Jahr gesehen zwei Hausübungsbeispiele gelöst, die sonst keiner gelöst hatte. Er ging zwei Mal hinaus und malte seine Zeichen und Zahlen der Vektor- und Integralrechnung in richtiger Reihenfolge an die Tafel. Als dann zu den Schularbeiten die gleichen Aufgabenstellungen mit veränderten Zahlenangaben kamen, konnte sie Nikolaus vor Nervosität nicht lösen und schrieb jeweils ein „Nicht Genügend". Am Ende des Jahres stand er in Mathematik auf einem „Nicht Genügend" und hatte eine Nachprüfung vor sich. Wenige Tage nach Festlegung der Mathematiknachprüfung fragte ihn die Banknachbarin Annes, was er tun wolle, wenn er die Nachprüfung nicht schaffen würde. Das brüskierte Nikolaus ziemlich, jedoch konnte sie ihn keineswegs verunsichern oder ins Wanken bringen. Er antwortete ihr, dass er über diesen Fall eines negativen Ausganges der Nachprüfung gar nicht erst nachdenke, sondern sich ganz sicher sei, die Prüfung zu bestehen, worauf sie ihre blöde, manipulierende Klappe hielt. Später hielt er in einer kleineren Runde fest, dass er die Sitznachbarin Annes für deren blöde Meldung hasse und erhielt dafür von der Runde Zuspruch und Verständnis. Die blöde Kuh verließ dann mitten in der achten Klasse in Tränen aufgelöst die Schule, da sie Gott sei Dank zu ihrem Vater nach Deutschland zog. Sie und Anne hatten Nikolaus ohnehin immer nur von hinten belächelt und geschmäht.

Bevor Nikolaus mit dem Lernen für die Mathematiknachprüfung begann, fuhr er mit einem großen Rucksack am Rücken nach Pettenbach ins Haus seines Banknachbarn und Freundes Jakob. Dessen Eltern und Bruder machten irgendwo Urlaub, und so hatten sie das Haus für eine Woche für sich alleine. Sie verbrachten viel Zeit im Swimmingpool mit Ballspielen, aßen einen bleiverseuchten Wildhasen, fuhren mit dem Moped zu einem Gasthof, dessen Besitzer mit seiner Familie bekannt war und wo sie die Zeche nicht zahlen mussten. Nikolaus hatte das erste Album der Doors zu Jakob mitgenommen, und Jakob war von den ihm fremden Tönen angenehm überrascht. Nikolaus bat ihn, dem besten Mathematiker der Klasse mit einem Intelligenzquotienten von 145, ihm die Wahrscheinlichkeitsrechnung nahe zu bringen, denn er stand ziemlich auf der Seife. Jakob erklärte ihm die Wahrscheinlichkeitsrechnung anhand von Spielkarten, wozu er dem begriffsstutzigen und nur durchschnittlich intelligenten Nikolaus lange zuredete wie einem kranken Pferd, bis diesem endlich der berühmte Knopf aufging. Nach der Woche im Arzthaus, von wo aus sie immer wieder längere Spaziergänge mit dem Rottweiler machten, wollten sie eine dreiwöchige Österreichrundfahrt machen. Sie fuhren mit dem Österreichticket und steuerten zuerst die Stadt Salzburg an, wo sie in einer Jugendherberge unterkamen und im Zimmer mit blasierten und zugleich pöbelhaften Engländern zwei Nächte schliefen. Ein Weißheitszahn in Nikolaus´ Mund hatte begonnen sich zu entzünden und pochte die zweite Nacht lang durch, wodurch Nikolaus keinen Schlaf mehr fand. Er besorgte sich Aspirintabletten und versuchte die Entzündung und Schwellung um den Zahn einzudämmen. Nach jeder Zigarette schmerzte die Entzündung mehr. Nachts besuchten sie Cafes und lauschten der Musik. Sie saßen im Zug nach Innsbruck, und Jakob klagte über Nikolaus´ Raucherei. Alle beide waren nicht gut drauf, und die Reise nahm ihren Lauf in Zwistigkeiten und Feindseligkeiten. In Innsbruck angekommen nahmen sie einen Bus zum Campingplatz, wo sie ihr kleines Zelt aufschlugen und im Clubhaus eine Billardpartie nach der anderen spielten. Die fesche, kurz- und schwarzhaarige Kellnerin im Clubhaus und der langhaarige Nikolaus sahen sich gerne, sprachen über den Zahn und begannen sich zu begehren. Am nächsten Morgen wartete Nikolaus so lange mit dem Wichsen auf die Kellnerin, bis Jakob aus dem Zelt draußen war und das Dosenfrühstück zubereitete. Er hielt den Schmerz nicht mehr länger aus und konnte nur eine immer größer werdende Schwellung beobachten, was ihn dazu bewegte, in das Zahnambulatorium Innsbrucks zu fahren. Dort wurde die Schwellung aufgeschnitten, der Eiter abgesaugt und ein mullartiger Stoff in die Wunde gelegt, um den restlichen Eiter aufzusaugen und die Wunde zu desinfizieren. Der Stoff sollte über ein paar Tage die Wunde versorgen und dann von einem Zahnarzt entfernt werden, jedoch löste sich der Stoff bereits beim Abendessen aus der Wunde. Nikolaus war schmerzfrei, was die Hauptsache war, und er sollte trotz fehlender Stoffeinlage über die Zeit der Österreichrundfahrt, ja über Jahre keine Probleme mehr mit dem Weisheitszahn haben. Das absolute Highlight von Innsbruck war für Nikolaus ein Kinobesuch, wo sie Francis Ford Coppolas „Apocalypse Now“ aus dem Jahre 1978 sahen. Der Soundtrack war bestimmt von der Doors-Nummer „The End“, wozu der ein Sitznachbar, das Schlagzeug nachahmend, auf die Schenkel klatschte. Der Film war getragen von Wahnsinn, Gewalt und Ritualen, von Schnaps, Napalm, Tier- und Menschenopfern. Für Nikolaus sollte er der beste und originellste Vietnamfilm bleiben. Von Innsbruck fuhr er mit wehem Herzen ab, denn er musste die nette Kellnerin verlassen, die überdies einen älteren langhaarigen und bärtigen Freund hatte. Sie fuhren nach Klagenfurt und Villach, wo sie in Jugendherbergen übernachteten. Ihr festes Ziel war immer das gute Futter an Würstelständen, wo meist die Augen größer waren als der Bauch. In Villach nahmen sie sich vor, anstatt in das Griechische Lokal zum Würstelstand zu gehen, wo sie zum gleichen Preis vier Hot Dogs verschlingen hätten können. Nikolaus hatte mit zwei Hot Dogs genug im Magen. Nachmittags gingen sie in den Fernsehraum der Herberge und sahen sich die Kinderspielreihe „Knight Rider“ an, da sie sonst nichts zu unternehmen hatten. Auf dem Zimmer beschmierten sie sich Brote mit Leberpastete zum Abendessen, Jakob war stets ein wenig gereizt und nörgelte sarkastisch herum. Die Fahrt ging weiter nach Graz, wo sie wiederum, wie sollte es anders sein, in einer Jugendherberge unterkamen und den alltäglichen Trott von Fernsehen und Leberaufstrichschmiererei fortsetzten. Seit Kärnten gab es keinerlei Highlights mehr. In Wien wohnten sie bei der Tante Jakobs, und zwar in Klosterneuburg. Das Arztehepaar bewohnte ein villenartiges Haus mit Labor im Keller. Jakobs Onkel war Oberarzt im Wilhelminenspital in Wien. Das Ehepaar und auch deren Sohn und deren Tochter waren sehr angenehm und zugänglich. Nikolaus rauchte beim Fernsehen die Mentholzigaretten des Ehepaares, besoff sich dabei mit einer Menge Weißwein aus Doppelliterflaschen und spielte mit Jakob auf dem Zimmer ein Wissensspiel. Immer war er beim Spielen mit Jakob etwas zu betrunken und verspielte meist, weil er den Doppler mit hinauf nahm und den Wein verehrte. In Wien schenkte Nikolaus seinem Freund Jakob, der den siebzehnten Geburtstag beging, das Album „Backtrackin´“, ein historischer Abriss des Schaffens Eric Claptons und dessen Bands. Mit dem fünfzehn-jährigen Sohn des Arztes besuchten sie ein Freibad. Nikolaus war beim Liegen in der Wiese immer auf den Halt seiner Haare und das Verstecken seines Miniaturschwanzes in der viel zu engen Badehose bedacht, war verspannt und unglücklich und konnte nur mit einem muskulösen Körper, der ihm nicht über seine knopfgroßen Genitalien hinweghelfen konnte, auftrumpfen. Auf einer Autofahrt zu einem Gratisessen in einem Gastgarten einer Pizzeria in Klosterneuburg hörte Nikolaus das erste Mal in seinem Leben die Doors-Nummer „Hyacinth House“ mit einem gealterten, raukehligen Jim Morrison. Der Doors-Sound und die Stimme waren unverkennbar und eindeutig dem letzten Album „L.A. Woman“ zuzuordnen. Diese Scheibe und ein paar andere der Doors fehlten noch in Nikolaus´ Plattensammlung. Er war gespannt darauf, musste aber noch eine ganze Weile warten, bis er in den Plattenläden der Bauernkaffs zuhause an die noch ausstehenden Alben der Doors herankam. Auf dem Rücksitz des Arztautos war ihm, als ob diese Doors-Nummer das Erhabenste der ganzen Österreichrundfahrt sein sollte.

Wieder zuhause auf dem Bauernhof begann er intensiv und konsequent mit der Rechnerei aller Beispiele aus dem Mathematikbuch. Er kam gut voran und wurde durch die praktische Rechnerei immer sicherer, bis ihm alles in das so genannte Fleisch und Blut überging. Die Zuversicht auf einen guten Ausgang der siebenten Klasse nahm laufend zu, während er da am klobigen, abgenutzten Tisch der Bauernstube und hinter dicken Mauern dahinrechnete.

Mit seinem vierzehnzehnjährigen Bruder Johann, der die Hauptschule abgeschlossen hatte und auf den Beginn des Konviktsdaseins und die Baufachschule in Krems/Donau wartete, machte Nikolaus eine Radtour nach Vorderstoder. Am Rückweg sahen sie am Badeteich von Roßleithen vorbei, schlüpften in ihre mitgeführten engen Badehosen und schwammen so manchen Zug durch das eutrophierte Wasser. Am Ufer trafen sie auf einen Schulkollegen von Nikolaus, der die Matura hinter sich gebracht hatte und sich im Herbst für das Studium des Maschinenbaus in Wien einschreiben wollte. Nikolaus war ob seiner kleinen Genitalien wieder einmal völlig komplexbehaftet, und das ausgerechnet vor dem sichtlich gut bestückten, um vier Monate jüngeren Universitätsanwärter, der ihm bildungsmäßig um ein Jahr voraus war. Sogar der pubertierende

Bruder Johann war besser bestückt als der fast neunzehnjährige Nikolaus. Welch eine Schmach! Und diese Schmach sollte sich ein paar Jahre später wiederholen, als der Maschinenbauer beim Stammtisch im „Gasthaus zum Sengsenwirt“ in Roßleithen Nikolaus unter all den Freunden und Brüdern als einen mit einem Knopf Bestückten hinstellte. Der Maschinenbauer konnte ihn doch tatsächlich Jahre nach dem Gespräch am Teich auf seinen Miniaturschwanz festnageln!

Die Nachprüfung konnte nur gut gehen. Er bekam auf den schriftlichen Teil ein „Gut“ und war auch mündlich nicht ganz blank. Somit stieg er in die achte Klasse auf, die vom Sitzenbleiber Herbert verschont bleiben sollte. Herbert hatte gegen Ende der siebenten Klasse immer mehr gesoffen, hatte im Chemiesaal seinen Schwanz belüftet und ausgestoßen, dass es verdammt stark „fischelt“. Er war nämlich nicht der Treueste gewesen und hatte die verschiedensten Frauen von der Schlampe bis zur kultivierten, wenn auch naiven Frau gebückt.

Das vierte Jahr: Literarische Träumereien

In der siebenten Klasse war der 1914 im Alter von siebenundzwanzig Jahren an einer Kokainüberdosis verstorbene Salzburger Lyriker Georg Trakl in das überschwängliche und nicht weniger verschlafene Leben von Nikolaus getreten. Nikolaus hatte bis zu diesem Zeitpunkt nichts von diesem Dichter gehört oder gelesen. Trakls morbide, verwunschene und dennoch in Licht getauchten Gedichte hatten ihn sofort in ihren Bann geschlagen. Sofort hatte er das selbstzerstörerische Leben Georg Trakls und dessen Gedichte auf das Podest eines Charles Baudelaire oder Jim Morrison gestellt. Doch damit nicht genug: er hatte das ruchlose, rauschhafte Leben Georg Trakls sofort beschworen und sich daran ergötzt, als er im Deutschunterricht von dessen Neigung zu Rausch, Bordell- und Friedhofbesuchen und letztlich zum Tod gehört hatte.
In der achten Klasse kaufte er sich eine Georg-Trakl-Biografie, die er in den Warteräumen der Bahnhöfe, im Zug oder in den Schulpausen las. Es entstand in ihm eine Besessenheit von Georg Trakl, mit dem er von dessen Kindesbeinen an bis zu dessen Lebenszenit im Tod lebte, dessen von Todessehnsucht geprägtes Leben er feierte wie eine Hochzeit. Tatsächlich vermählte er sich weniger mit der Seele Georg Trakls selbst als vielmehr mit dem ständig in Begleitung von Trakl gehenden Sensenmann. Vom Anfang bis zum Ende der Biografie schwang das unausbleibliche, schon bekannte Ende Trakls mit, wie die Arme beim Gehen mitschwingen. Wurde Georg Trakl unter keinem guten Stern geboren? War er ein Unglücksrabe? War er ein Kind der Nacht? Georg Trakl kam aus gutem Haus und bekam Französischstunden. Er bildete blutjung einen Dichterzirkel in Salzburg, experimentierte als Pharmazeut mit Drogen, schrieb in seelischer Umnachtung die besten Gedichte, die je ein Österreicher hervorbringen konnte und starb in einem Lazarett in Schlesien. Als Pharmazeut war er als Freiwilliger in den 1. Weltkrieg gezogen, um den Verletzten, Schuldlosen, Vergewaltigten als Sanitäter zu helfen. Er war eben deshalb kein Kind der Nacht, weil er an Jesus und dessen Licht glaubte. Diesem Licht Gottes folgte er gegen Ende seines Lebens, indem er sich den Hilflosesten zuwandte. Waren denn nicht seine egoistisch und finster anmutenden Bordellbesuche Hinwendungen an

die Gebrandmarkten und Aussichtslosen? Fand er auf seinen besoffenen Friedhofbesuchen nicht jene Ruhe, die ihm seine gequälte Seele nicht geben konnte? Das Licht ist in seinen Gedichten nicht wegzudiskutieren, sondern leuchtet sanft wie die Spiegelungen an den Blättern nach einem Starkregen im Frühling oder Herbst, nicht so, wie das grelle hochsommerliche Mittagslicht. Das Licht in seinen Gedichten wirft lange Schatten und blendet nicht, wenn man die Sonne im Rücken hat. Vielleicht kommt der Wunsch Jim Morrisons nach dem Lichte einer „scattered sun" (zerstreuten Sonne) am Frühlingsbeginn in seinem Song „Waiting for the Sun" dem Licht in den Gedichten Georg Trakls nahe. Georg Trakl dürfte nicht gerne direkt in die Sonne geblickt haben. Viel lieber waren ihm die Sonnenstrahlen, die ihn von hinten einholten. Es sah nicht gegen die Sonne, sondern mit ihr. Er liebte vielleicht das indirekte, reflektierte milchige Licht von den von ihm beschriebenen Dingen, wie von den Kirchtürmen, von den Pferden, von den Gassen, von den Pflanzen……
Es sei unternommen, ein lichterfülltes Gedicht Georg Trakls, nämlich „Verfall", zu interpretieren, um die Farben seines Lichtes apodiktisch sprechen zu lassen.

Verfall

Am Abend, wenn die Glocken Frieden läuten,
Folg ich der Vögel wundervollen Flügen,
Die lang geschart, gleich frommen Pilgerzügen,
Entschwinden in den herbstlich klaren Weiten.
Hinwandelnd durch den dämmervollen Garten
Träum ich nach ihren helleren Geschicken
Und fühl der Stunden Weiser kaum mehr rücken.
So folg ich über Wolken ihren Fahrten.

Da macht ein Hauch mich von Verfall erzittern.
Die Amsel klagt in den entlaubten Zweigen.
Es schwankt der rote Wein an rostigen Gittern,

Indes wie blasser Kinder Todesreigen
Um dunkle Brunnenränder, die verwittern,
Im Wind sich fröstelnd blaue Astern neigen.

Der Herbst ist ernüchternd klar und hell, doch in der Dämmerung plötzlich voller Verfall. Der Herbst zeigt hier im Dämmerlicht die deutlichen Farben des Rot der absterbenden Weinblätter, des Blau der noch lebenden Glockenblumen, der Amsel mit ihrem impliziten, nicht ausgesprochenem Schwarz als dem Tod in den am Boden liegenden Blättern des entlaubten und deshalb toten, weil nicht mehr zur Photosynthese und zum Wachstum befähigten Baumes oder Strauchs, jedoch auch die nicht ausgesprochenen Farben des Gitterrostes, der blassen Kinder und der dunklen Brunnenränder. Mit den blassen Kindern, die aufgrund ihrer Blässe krank oder dem Tode nahe sind, verleiht Trakl dem Frost des Herbstes, der die wärmebedürftige Vegetation der mittleren Breiten abtötet, eine vage Färbung. Während die Fauna und Flora eindeutige Farben zugesprochen bekommen, verleiht Trakl dem Menschen und den von diesem erschaffenen anorganischen Kulturgegenständen (unbestimmte) Tönungen. Der sterbliche bleiche Mensch blickt hier auf seine starren, verwitternden rostigen Gitter und dunklen Brunnenränder, während die Amsel lebendig klagt, die Weinblätter lebendig schwanken und sich die Glockenblumen lebendig fröstelnd im Wind neigen. Alles von Gott Geschöpfte und zugleich Willenlose erhält hier eine eindeutige Farbe und Lebendigkeit, während der Mensch als Wesen mit freiem Willen im Tanz um seine Dinge erblasst und sein Geschaffenes fahl und starr dahinstirbt. Im Falle der entlaubten und sich in Winterruhe befindlichen Zweige liegt eine Ausnahme vor, da mit deren (braunen) Farbgebung eine Redundanz vorliegen würde. Die Amsel, der Totenvogel, blickt mit Wehmut auf den Sommer zurück, beklagt in den entlaubten Zweigen die Kahlheit ihres Standplatzes, den kommenden Winter und als Standvogel ihr Unvermögen, diesem zu entkommen. Durch die Absenz einer redundanten Farbgebung der Amsel wollte Trakl vielleicht auf eine Farbgebung ihres Standplatzes, der entlaubten Zweige, verzichten, um die Schwärze der Amsel in den Gehirnen der Leser hervorzuheben. Im Falle einer weiblichen und deshalb braunen Amsel verzichtete Trakl deshalb auf die Farbgebung, weil er konsequenterweise die Farbgebung

der entlaubten Zweige hätte anschließen müssen und möglicherweise wiederum auf die Farbe braun gekommen wäre, wodurch sich unvorteilhafter Weise eine zweifache Nennung der Farbe Braun und somit kein Kontrast ergeben hätte. Gemäß der Farbsymbolik steht das Schwarz der Amsel für Trauer und Tod, das Rot des Weines für Liebe, das Blau der Astern für Treue und die Todesblässe der Kinder für Schuld. Die Amsel beklagt möglicherweise die schwindende Liebe, die blassen, schuldigen Kinder werden möglicherweise mit wachsendem Alter immer mehr an die böse, weil dunkle und verderbliche Sünde (am Rande des Guten, des Lebensspenders, des Brunnens) ausgeliefert, aber wegen ihrer Treue zu Gott mit geneigtem Haupt beten, bereuen und beichten.
Zurückkommend auf das besondere Licht in Trakls Gedichten bezieht er sich in „Verfall" nie auf wärmende, freundliche Sonnenstrahlen, da der Abend und der Herbst längst hereingebrochen sind. Ab der zweiten Strophe ist die Stimmung schockierend und deshalb kurzweilig, da ist kein Platz für den goldenen Lichtspender Sonne. Vielmehr nimmt Trakls Auge die Umgebung minutiös wahr und vergibt an sie Farben, solange noch ein wenig Licht zur Reflexion vorhanden ist. Er erzittert unter einem Hauch von Verfall, wie er schreibt, und korrespondiert mit den sich fröstelnd neigenden blauen Astern. Die spärlichen Bewegungen der Szene des zweiten und maßgeblichen Teiles von „Verfall" leben vom Hauch, vom Wind und vom Frost, also von Bewegungen, die von außen, von der Natur bewirkt werden und endlich in der Erstarrung stecken bleiben.

In jenem Herbst saß Nikolaus mit dem Bürgermeistersohn Herwig immer wieder einmal in der Fleischerei neben dem Gebäude der Bezirkshauptmannschaft. Dort breiteten sie auf ihrem Tisch die Lernunterlagen aus. Nikolaus befasste sich mit Physik, wo er schwach war und Schularbeiten schreiben musste, und Herwig befasste sich hauptsächlich mit Rechnungswesen. Sie saßen dort mit ihren Heften und Büchern in gepflegter Kleidung, so, als würden sie als Schatzmeister Abrechnungen für ihren Herrn leisten. Immer stand eine Tasse Tee oder Kaffee bei ihnen, und zum mittäglichen Beuschl wurde ein Achtel Weißwein getrunken, denn so, wie Jim Morrison es hielt, konnte ihr Mahl nur mit einem Glas Bier oder Wein abgerundet werden. Jim Morrison meinte, dass Leute, die

mit Cola oder Milch ihr Mahl begleiten, sein Trinken ruinierten. Nikolaus hatte stets Kassetten mit klassischer Musik bei sich. Während der Zugfahrten hörte er nämlich die Rolling Stones, Brahms, Dvorak und Tschaikowski über die Kopfhörer. Da ein Kassettenrekorder in der Fleischerei ganz in der Nähe ihres Tisches vorhanden war, baten sie die Chefin um dessen Nutzung. So spielten sie ihre Romantiker ab und hielten sich für besonders gut und schlau. Regelmäßig vor Mittag mussten sie jedoch den Tisch räumen und ins Hinterzimmer gehen, da die Leute von der Bezirkshauptmannschaft zum Essen herüber kamen. Sie hatten die Cafes am Hauptplatz mit der Zeit immer mehr gemieden und der Fleischerei zusehends mehr und mehr Umsatz beschieden, da sie sich vor streunenden, vielleicht auch kontrollierenden Lehrern hüten mussten. Wenn sie aber doch die Cafes am Hauptplatz frequentierten, so holten sie sich zu Mittag Schinkenwurstsemmeln mit Majonäse von einer Fleischerei am Hauptplatz, um diese dann im jeweiligen Cafe zu verzehren.
Der schulische Ehrgeiz schwand in jenem Herbst auf Null, und sie lungerten an den selbst erwählten, sich gönnenden schulfreien Tagen nur mehr Karten spielend und Whiskey trinkend in Wirtshäusern und Cafes Kirchdorfs oder Windischgarstens herum. Nikolaus trug einen Schladminger Lodenjanker, auf den er besonders stolz war und der ihn mitsamt seinen langen Haaren auf einer Welle von Bourgeoisie, gemischt mit Boheme reiten ließ. Herwig und Nikolaus nahmen sich sowohl die Narrenfreiheit von der Schule als auch den Anschein von Betuchtheit. Immer hatten sie Geld genug, stundenlang bei einem einzigen Getränk zu sitzen und die Wirte oder Kellner bei Laune zu halten.
Eines Morgens hockten sie wieder im Cafe Weiermeier am Kirchdorfer Stadtplatz, der eigentlich eine einzige breite Straße ist, und sie beschlossen, die Schönheit der herbstlichen Farben und das milde Licht auszunutzen und sich auf den Weg in Richtung Gebirge zu machen. Sie gingen entlang des nach Westen ausgerichteten Mittelhanges in Richtung der südlich gelegenen Gebirgsheimat, kamen auf die Höhe der Schule und rümpften ihre hoch getragenen Nasen vor dem Unterricht und den Schülern, die sich gefangen nehmen ließen und der Pflicht gehorchten. Nikolaus und Herwig genossen das trockene Laub auf den Bäumen und stapften durch das schon gefallene Laub am Boden. Es war dieses Gehen durch das rauschende Laub und vorbei an den Lichtpunkten ein

Gehen in Eintracht mit sich selbst und mit dem anderen. Da waren keine Schuldgefühle oder Gewissensbisse wegen des Fehlens in der Schule, da waren nur das Selbstverständnis, die Freiheit und die Aufmerksamkeit der Flaneure in ihrem Gehen. Sie ergingen sich außerdem in blödsinnigen Gesprächen, die ihnen Lachkrämpfe entlockten. Nikolaus hatte den Suff Charles Bukowskis, von dem er ein Buch nach dem anderen las, er hatte die kranken Blumen Charles Baudelaires, das milchige Licht Georg Trakls, die beschwörende, ekstatische Dichtung Jim Morrisons und nicht zuletzt den Hedonismus Oscar Wildes, den er im Englischunterricht kennen gelernt hatte. Er wollte nur mehr für die Schönheit und die Freiheit in der Kunst leben, und Kunst war für ihn in erster Linie in der symbolistischen Dichtung und in zweiter Linie in der romantischen Musik zur Vollkommenheit gebracht worden. Oscar Wildes Hauptwerk „The Picture Of Dorian Gray" und nicht zuletzt sein Bestreben, der unbedingten Forderung von „l´art pour l´art" nachzukommen und ein Leben ohne die Fesseln des damaligen Anstandsbegriffes zu führen, geleiteten Nikolaus auf den Pfad der Lebens- und Todesbejahung, das heißt der Eitelkeiten und des Exzesses. Auf der Höhe von Micheldorf verließen sie den Hang in Richtung der Kremsebene, wo sie sich zum Micheldorfer Bahnhof begaben. Da sie im Cafe Weiermeier ein paar Biere getrunken hatten und auch während des Gehens ein paar Flaschen Bier mitführten und leerten, waren sie schon um die Mittagszeit etwas angeschlagen und legten sich auf die Wartebänke etwas abseits vom Bahnhofsvorplatz, auf denen dann beide rasch einschliefen. Aus dem Schlaf herausgerissen wurden sie dann durch das Einfahren des Nachmittagszuges, mit dem die meisten Schüler ins Gebirge hinein fuhren. Etwas torkelnd erreichten sie gerade noch den Zug und fuhren in ihrer Gier nach noch mehr Bier nur bis Klaus, wo sie sich in die Bahnhofskaschemme setzten. Die Kneipe war auf das Notwendigste eingerichtet, die Tischflächen bestanden aus Pressspanplatten mit einem harten, hellgrün-dunkelgrün gefleckten Überzug, wie sie Nikolaus besonders mochte. Im Raum spürte man Geschichte, denn die Einrichtung stammte aus den Fünfzigerjahren. Nicht nur in den Bauernkaffs, auch in Linz gab es damals, zur Zeit Nikolaus´ und Herwigs, noch Kneipen, wo man die Luft vergangener Jahrzehnte atmen konnte. Nichts war besser als so eine Kneipe, wo an die Schank noch eine Vitrine mit abgestandenen Torten und Kuchen und Ladenhütern von Bonbons und Kaugummis angeschlossen war. In der Klauser Bahnhofskneipe waren sie, wie zu erwarten, die einzigen Gäste. Es fiel ihnen eine Jukebox in die Augen, die sie bald mit Münzen fütterten und die ihnen J. J. Cales „Cocaine“ und „After Midnight“ vorspielte. Die WCs solcher Kneipen waren und sind in der Regel unter jeder Kritik, und sogar diese Tatsache kam Nikolaus immer entgegen. Um in solche WCs zu kommen, muss man meist einen verwinkelten Gang entlanggehen, und es erscheint einem allzu oft als kleines Wunder, den kleinen Herrn im Anzug auf dem Türblatt zu erhaschen, der einen zu befreienden Orten voll Uringestank führt. Lieber verbrunzte, gelbe Pissoirs und angeschissene Klomuscheln, als die sterilen Örtchen in Touristenhotels, noblen Restaurants und Cafes. Leider wird heutzutage in der Gastronomie viel zu sehr auf den überstrapazierten Begriff „Qualität“ gesetzt, und die uralten, preisgünstigen Pinten gehen vor die Hunde, um von China-Restaurants oder Pizzerias ersetzt zu werden. Diese gestandenen alten, abgenutzten Kneipen sollten mit Planketten versehen werden, die auf ein Kulturgut hinweisen. Erhebt die heruntergekommenen Wirtshäuser zum Weltkulturerbe!

Die beiden Trinkfreunde stiegen in der Dämmerung in den Zug, stiegen in Windischgarsten aus und fuhren mit dem Moped, das Herwig gehörte, nach Hause, wo Nikolaus eine Menge Arbeit im Hühnerstall erwartete. Besoffen nahm er die Eier von den Gittern und legte sie in die Kartons. Nach der Arbeit saß er in der Stube auf der Bettbank und las Jim Morrisons Gedichtband „An American Prayer“. Dazu trank er billigstes Flaschenbier der Marke „Hubertus Bräu“ und musste bemerken, dass die Arterie an der Daumenwurzel stark pochte. Natürlich litt er seit Jahren an überhöhtem Blutdruck, der vom Rauchen, Trinken und den opulenten Mahlzeiten aus Mutters Küche herrührte.

Um seinen Blutdruck unbeabsichtigt zu erhöhen, traf er mit ein paar Schulkollegen seinen Französischlehrer im oberen Stock des Cafes Bachalm. Der junge Franzose drehte sich seine Zigaretten selber und amüsierte sich mit Nikolaus´ Begleitern, während er Nikolaus links liegen ließ und keinen Blickkontakt zu ihm aufbaute. Es wurden billige Schmähs abgezogen, mit denen Nikolaus in seiner verklemmten Sprachlosigkeit nicht konkurrieren konnte. Warum waren die anderen so anders? Warum konnte er nicht bequem dasitzen und sich in die Unterhaltung mischen?

Es war ihm einfach alles zu platt und alltäglich, es war der oberflächliche alltägliche Dreck, mit dem sie daherkamen, da konnte er nicht Schritt halten. Der Hauptgrund, warum der Franzose nicht mit ihm sprechen wollte, war wohl, dass Nikolaus einer seiner schlechteren Schüler war.
Nikolaus war überdies kein Deutschass mehr, sondern seine Deutschschularbeitsnoten rutschten in den Keller. Er schrieb nur noch „Genügend" und „Nicht Genügend", vielleicht weil er immer mehr die Schule schwänzte, seinen analytischen und kreativen Geist mit Charles Bukowski verplemperte und zu sehr an den obig genannten Dichtern hing, die seinen kleinen Genius überschatteten. Es war für ihn einfach keine Herausforderung mehr, essayistische Texte zu schreiben, da er primär der Lyrik anhing und seine Dichter zu unerreichbaren Göttern machte, die ihm den Sinn für eigenes Schaffen raubten. Nichtsdestoweniger wandelte sich sein essayistisches Gespür und Interesse in ein primär lyrisches, und es wurde in ihm die Freude groß, englische und deutsche Kurzgeschichten zu schreiben. Er erfand darin einen eigenwilligen Stil, der die mordlustigen, blutrünstigen und schmutzigen Inhalte verpackte. Mit seinem Banknachbarn und Freund Jakob erfand er das umtriebige Morgensternchen, die Ritterwaffe, die sich selbständig gemacht hatte und viel Unheil unter dem Menschengeschlecht anrichtete. Die morbiden Storys wurden lyrisch verpackt, und es war ihnen ein Anliegen, nicht nur Spaß an der Dichterei zu haben, sondern obendrein anspruchsvoll zu schreiben. Die dichterische Arbeit bereitete ihnen ein dermaßen großes Vergnügen, dass sie schreibend den Unterricht an sich vorüberziehen ließen, die Gedichte untereinander austauschten und sich in leisen Lachkrämpfen ergingen. Neben den Morgensternchengedichten verfassten sie Ritterschlachten, deren Protagonist der Turnlehrer und ehemalige Jagdkämpfer Ulli war. Mit der Zeit schöpften sie ganze Oden an das Morgensternchen und an Ulli.
Er schrieb auf seine Englischschularbeiten stetig ein „Befriedigend", und das sowohl nüchtern als auch angesoffen. Es passierte, dass er bis in die Morgenstunden in der Diskothek verbrachte, nur zum Frühstück heimkam und dann um 8:00 Uhr die Schularbeit schrieb. Sein Bruder Bert, der Tischlerlehrling, und er hingen nächtelang mit dem lustigen, sensiblen Mädchen Elsa aus dem Ort herum. Sie war Absolventin der Handelsakademie Liezen, hatte ein kleines Zimmer gemietet und arbeitete in

einer Bank. Irgendwann kam es zu einer kurzen Knutscherei zwischen Nikolaus und ihr, doch das nur deshalb, weil sie schon angesoffen war. Nikolaus verliebte sich kurzzeitig in sie, doch es sollte nichts Ernstes aus den beiden werden, da er sich nicht emotional geben konnte, geschweige denn sich in seiner inneren Verhärtung zu seiner Liebe zu ihr bekennen konnte. Beim Billardspiel ohrfeigte er sie leicht mit einem Klaps, weil sie sich zu viel mit seinem emotional viel gesünderen und damit offeneren Bruder unterhielt. Sie meinte darauf in der Runde, Nikolaus sei grob, was ihn dann völlig reserviert und unterkühlt ihr gegenüber werden ließ. Zur Begrüßung war es unter ihrem Freundeskreis üblich, dem anderen Geschlecht ein Bussi auf die Wangen zu geben, was er bei ihr zwar ausnützte, aber nur mit egoistischen und frivolen Gedanken koppelte.

In der Zehnuhrpause saß er gerne zur Klasse gerichtet auf seinem Tisch und aß seine Jausenbrote. Zwei Mädchen von den seitlichen Tischen kamen nach vorne in die zweite Reihe, um mit Jochen und Jakob zu sprechen. Nikolaus hatte zu diesen zweien so gut wie keinen Kontakt, trotzdem musterten sie Nikolaus und nuschelten sich in die Ohren, wonach die eine zur anderen laut aussprach, dass er zwar attraktiv sei, aber Plomben im Mund habe, eine Tatsache, die von unten leicht eingesehen werden konnte, wenn er lachte.

Im Zug sah er beim Gehen im Waggon ein ihm noch fremd gewesenes Mädchen alleine in ihrem Abteil sitzen. Sie sah ihm sehnsüchtig und irgendwie Hilfe suchend in die Augen, er jedoch konnte ihrem Blick nicht standhalten. Er dachte sich, sie komme sicher aus Spital am Pyhrn und fühle sich neu und unsicher. Sie hatte kein uninteressantes Gesicht, jedoch jede Menge Pickel im Gesicht, was ihn davon abhielt, sich für sie zu interessieren. Ihr Liebe und Hilfe suchender Blick sollte ihm das ganze Leben lang begleiten, auch wenn er sie nur noch wenige Male zu Gesicht bekam, da sie sich am elterlichen Hof bald mit Benzin übergoss und anzündete. Diese Nachricht quälte Nikolaus einige Zeit lang, und er hatte Gewissensbisse, sie nicht angesprochen oder ihre Nähe gesucht zu haben. Hätte er ihr Retter sein können? Vielleicht war sie ganz alleine mit ihrem Schmerz, der nicht mehr auszuhalten war.

In seine siebente Klasse war ein Mädchen aus Windischgarsten gekommen, das er schon von der Hauptschule flüchtig kannte. Es war die rotblonde Roswitha, die auf Nikolaus zuging und bald eine platonische Freundschaft mit ihm pflegte. Sie war herzlich, gerade und hatte ein sehr positives, lustiges Wesen, was ihm gefiel. Sie war die ihm nächste Schülerin der Klasse, und er liebte den Umgang mit ihr. Als Nikolaus in einer Zehnuhrpause am Fenster stand und in die Gegend schaute, kam sie mit ihrer ebenfalls neuen Sitznachbarin zu ihm und lehnte sich lachend an seine Seite, was er als Anmache wertete und deshalb als unangenehm empfand, weil er nicht scharf auf sie war. Sie war ihm ein guter Kumpel, er freute sich jedes Mal, sie zu sehen und mit ihr zu reden, jedoch hatte er nur Sehnsucht nach seiner Zugfahrerin der ersten Stunde, mit der er noch nie geredet hatte. Roswitha hatte ihn auch auf den Stiegen des Kirchdorfer Bahnhofes gestützt, als er sich das Knie beim Basketballspielen ruiniert hatte. Der Ungustl Herbert hatte die beiden, mit den Armen ineinander gehängt, gesehen und ein böses, spöttisches Lachen gelacht, sie aber hatte gewusst, dass ihr Nikolaus näher als Herbert gestanden hatte und hatte ihn nicht verleugnet. Eines schönen Nachmittags nach der Schule bat sie ihn noch in der Klasse, auf sie zu warten, um gemeinsam zum Bahnhof zu gehen. Nikolaus wartete etwa zehn Minuten, ging dann alleine zum Hauptplatz hinein und setzte sich im Cafe Weiermeier zu ein paar Schulkollegen. Roswitha kam später auch dazu und meinte nicht ganz unernst, wieso er „Weh" nicht auf sie gewartet habe. Er antwortete ihr schroff vor der ganzen Runde, dass er sicher nicht ewig auf sie warten würde. Er wollte um keinen Preis den Eindruck vermitteln, dass da etwas zwischen ihnen laufen könnte und wählte die harten Worte deshalb, um ihr zu verstehen zu geben, dass er auch ohne sie könnte. In so ferne verlor er bei ihr an Sympathieträgerschaft.

Mit Johannes, dem Insulin spritzenden Hippie, hatte er in der sechsten Klasse den Musikunterricht dem Zeichenunterricht vorgezogen. Die nächsten Jahre sollte bei ihnen in diesem Fach immer ein „Sehr Gut" im Zeugnis stehen. Die Musiklehrerin war mit seinem Geschichtelehrer verheiratet und genauso wie dieser politisch extrem linksorientiert. Noch während des Studiums in Salzburg ließ sie mit einer Gruppe von linken Studenten eingeölte Schweine in einen Militäraufmarsch laufen. Die Schweine waren wegen der öligen Haut nicht greifbar und brachten die defilierenden Soldaten völlig aus dem Schritt, bis alles mehr als nur ein

sprichwörtlicher Sauhaufen war. In der achten Klasse entschied sich Nikolaus dazu, in Musik zu maturieren, da es unmöglich war, bei dieser Matura durchzufallen. Es war nämlich Sitte, Leuten mit einem „Sehr Gut" im Zeugnis bei der Matura nicht durchfallen zu lassen. Als die Musiklehrerin von seinem Vorhaben erfuhr, legte sie ihren Kopf in die Hände und meinte, es wäre ihr unangenehm, die mühevolle Vorbereitungsarbeit zur Matura nur für einen einzigen Musikmaturanten der Klasse machen zu müssen.
Beim Geschichtsunterricht ihres Mannes begann Nikolaus schließlich doch noch, sein voll gestopftes Bankfach zu lüften. Über Wochen war Nikolaus schon der ranzige Geruch in seiner Umgebung aufgefallen, bis er sich eingestand, dass der bestialische Geruch von seinem Bankfach herrühren könnte. Bei seiner Bankentrümpelung stieß er schließlich auf ein schon wochenlang ranziges, blaues Käsebrot und provozierte dabei den nicht ganz ernsten Ärger seiner Banknachbarn Jochen und Jakob.

Im Religionsunterricht, den ein nicht ganz fertig studierter Theologe abhielt, kam von diesem die Aufgabe, in die Rolle eines Passagiers eines abstürzenden Flugzeuges zu schlüpfen und den wenige Minuten oder Sekunden dauernden gedanklichen Inhalt bis zum Aufprall zu notieren und nach vorne zu bringen. Die Aufmüpfigen der Klasse schrieben mit Absicht den größten Blödsinn, während sich Nikolaus wirklich bemühte, ein inneres Szenario zu schildern. Er beschrieb, wie er sich auf den Aufprall zu Boden vorbereitet, wie er sogar den Aufprall mitbekommt, ohne einen Gedanken an Gott oder das Jenseits zu erwähnen. Wie Jim Morrison, der es als absoluten Kick empfunden hätte, in einem Automobil mit 300 km/h auf eine sorgsam gemauerte Wand zu knallen, so beschrieb Nikolaus den Absturz und den Aufprall im Flugzeug als *die* Chance des Lebens. Der Religionslehrer reagierte auf die von ihm vorgelesenen anonymen Studien ziemlich entgeistert und traurig.
Der dünnhaarige Florian diskutierte bei religiösen Themen zwar gerne mit, erging sich jedoch jedes Mal in Resignation und Unmut bezüglich Kirche, Gott, Leben und Tod. Er war ein eindeutiger Existentialist und konnte dem Religionslehrer immer nur widersprechen. In einer Pause beim Zigarettenrauchen vor der Schule meinte der vom Religionsunterricht freigestellte Richard, man solle den Religionslehrer immer nur

damit kommen, dass einem alles egal sei. So könne man dem Religionslehrer am besten den Wind aus den Segeln nehmen, und nicht nur das, so könne man ihn am besten frustrieren. Der Lehrer habe ohnehin keine abgeschlossene theologische Ausbildung und solle nur ja nicht meinen, mit seinen (un)geistigen Anstößen Leute zum Nachdenken bringen zu können.

Nikolaus diskutierte sehr gerne mit seinem Banknachbarn Jochen. Eines Nachmittags ließen sie sich auf dem Weg zum Bahnhof im Cafe Sturmberger nieder und philosophierten über diverse Berufe und vor allem darüber, ob ein bestimmter Beruf aus egoistischen oder doch eher altruistischen Motiven gewählt sei. Da beide knapp vor der Matura standen, drängten sich ihnen Gedanken über die karrieremäßige Zukunft auf. Beide trugen sich mit dem Gedanken an eine gemeinsame Buchhändlerlehre in Wien, zwar halbherzig, denn Jochen äußerte gegenüber Nikolaus, dass dieser erstens nicht das Zeug zum Literaten habe und zweitens keine wahre Liebe zu Büchern aufbringen könne. Die immer schlechter werdenden essayistischen Werke Nikolaus´ brachten Jochen zur Überzeugung, dass Nikolaus nicht einmal in seiner stärksten Disziplin als Essayist, geschweige denn als Romancier reüssieren könne. Tatsächlich soff Nikolaus immer mehr und fand in Kurzgeschichten seine neue Stärke. Die Deutsch- und Englischaufgaben waren immer mehr vom Essay zugunsten der Kurzgeschichte abgerückt, und Nikolaus fand darin seine Leidenschaft. Was er schrieb wurde durchschnittlich benotet und konnte Jochen nicht gefallen, denn seine Geschichten wurden immer blutgetränkter und finsterer. Als sie da so saßen und über die verschiedenen Brotverdienste philosophierten, kamen sie sich sehr nahe und spuckten einen Ansatz um den anderen aus, ohne näher darauf einzugehen. Die gedanklichen Ansätze waren niveauvoll und beherbergten jeder einen solchen Anspruch, sodass dieser wegen des Zeitmangels nicht ausgeführt werden konnte. Kurz vor dem Zahlen ging Nikolaus ein Licht auf, das die Essenz der Debatte zum Leuchten brachte, indem er seinem religiös geneigten Freund einen Schlusssatz hinschmetterte, der bedeutete, dass jeder, auch ein Priester, seine wahre Berufung nur deshalb ergreift, weil diese für diesen das Vorteilhafteste einbringt. So bringt sie dem scheinbar altruistisch denkenden Priester eine größere Nähe zu Gott, die Befriedigung, für das Seelenheil seiner Herde zu sorgen und nicht zuletzt eine größere Glorie im Himmel ein. Er handelt also, zwar in einem gesunden Maße, völlig egoistisch, wenn er auf Reichtum, Familie und Selbstbestimmung verzichtet. Dieser zusammenfassende Endsatz ließ beide freudig aufstehen und aus dem Cafe gehen.

Jochen hatte sich einen Leistenbruch zugezogen und hatte wochenlang im Spital gelegen. Er war dann etwas aufgelöst und träumend wieder in die Schule gekommen, wo er die fürsorglichen Hände der Krankenschwestern entbehrte. Nicht lange, und er lag wieder für ein paar Tage im Spital, und nach ein paar Tagen hinter der Schulbank wusste immer noch keiner, weshalb er das zweite Mal im Krankenhaus gewesen war. Er verschwieg es ganz einfach. An einem der Tage kurz vor dem Ende des Semesters packte er vor Nikolaus aus. Sie gingen zum Bahnhof, und Jochen weihte ihn in seine abgrundtiefsten Bedürfnisse ein. Jochen kam damit, dass er einen Selbstmordversuch mit Medikamenten hinter sich gehabt hatte. Er hatte sich deshalb vergiftet, weil er wieder von den mütterlichen Krankenschwestern hatte umsorgt werden wollen. Er beschwor Nikolaus, diese Tatsache auf keinen Fall an die Ohren Jakobs zu bringen und auch sonst niemandem davon zu berichten. Nikolaus versprach ihm Verschwiegenheit in dieser Angelegenheit, konnte es jedoch nicht dabei belassen und plapperte Jakob, und nur Jakob gegenüber das böse Geheimnis aus. Jochen hatte befürchtet, dass dem unreifen, verspielten Jakob die Geschichte zu abgehoben sei und deshalb zu einer unreifen Reaktion Seitens Jakobs führen könnte. Er wollte die Freundschaft zu seinem spät pubertierenden, siebzehnjährigen, wenn auch in mathematischen Belangen hochintelligenten, computerverspielten Klassenkameraden nicht gefährden und zu guter Letzt nicht dessen Hohn auf sich ziehen. Er befürchtete, seine Verletzbarkeit könnte von Jakob schamlos ausgenutzt werden, und vielmehr noch befürchtete er die Enttäuschung über ihn und die Abkehr von ihm, denn Jakob war in gesellschaftlichen und zwischenmenschlichen Beziehungen radikal, er forderte die Todesstrafe für Mörder und die Brandmarkung für Räuber und Drogenhändler. Jakob war in Sachen Legislative, Justiz und Exekutive archaisch eingestellt und absolut nicht zu besänftigen.
Auf einer Kirchdorfer Bahnhofsbank las Jochen seine Bibel, unterstrich mit Bleistift so manche Besonderheit und wurde dabei von Nikolaus lie-

bevoll geneckt. Auch der Umstand, dass Jochen Mitglied in einem Bibelkreis war, konnte Nikolaus als ein Lustknabe des Bösen nicht verstehen. Natürlich kannte er kaum Bibelstellen und hielt nicht zuletzt deshalb das ganze Buch für das langweiligste auf Gottes Erden. Sein Freund saß mit krummem Rücken auf der Bank und ließ sich bei seiner Lesung und Unterstreicherei nicht im Geringsten aufhalten, so sehr in Nikolaus auch sekkierte. Nikolaus wusste um gar nichts, er warf Katholiken und Zeugen Jehovas in einen Topf, sobald sie sich eingehender mit Gottes Wort oder überhaupt mit Gott beschäftigten. Er hielt solche Leute schlichtweg für dumm und langweilig. Er selber liebte die Werke des Teufels, die Lockungen des Teufels und die Phantasie des Teufels. Lieber mit den Sündern lachen als mit den Heiligen weinen, diesen Ausspruch Jim Morrisons sollte er später im Radio hören. Und Nikolaus war mitten drinnen in dieser Lebenssicht. Für Nikolaus zählten keine Tugenden, sondern nur Untugenden. Faul und genussbesessen lebte er die Lebens- und Todesfreude, das Spiel mit dem Leben und mit dem Tod. Er liebte die lustige Auflehnung ohne Anstrengung. Seine Haupthaare wuchsen ganz von selber den Rücken hinunter, und das Bier, der Schnaps und der Zigarettenrauch luden ihn dazu ein, diese wie Öl die Kehle hinunterlaufen zu lassen. Seine Lust und sein Wille zum Bösen erforderten keinerlei Anstrengung, da er vom Guten viel zu wenig wusste, als sich davon ablenken oder gar einladen zu lassen.

Jochen unterließ es selbst in den Pausen nicht, in seiner Bibel zu schmökern. Es kam deshalb zum offenen Konflikt zwischen Nikolaus dem Kirchenhasser und Jochen dem Kirchenfanatiker. Nikolaus schleuderte lauthals dem oben auf dem Tisch sitzenden Jesusjünger eine eifernde Gemeinheit um die andere hoch. Er war völlig aufgebracht in seiner Kirchenverneinung. Die letzte Gemeinheit konnte der bislang mit entwaffnenden Argumenten konternde Jochen nicht mehr von sich weisen, denn es war dies die historische Tatsache, dass sich die Kirche die von Adolf Hitler eingeführte Kirchensteuer einbehielt und einbehält. Jochen sagte zur von Nikolaus immer wieder wiederholenden Aussage, dass sich die Kirche sogar dasjenige zunutze mache, was ihr ein Terrorregime einbrachte, wenn es nur zu ihrem Vorteil gereiche, seine Schultern hebend und senkend nur: „Na, und?!“ Dieses „Na, und!?“ war zwar nicht entwaffnend, aber immerhin heizte es den aufgebrachten Nikolaus immer mehr auf. Nikolaus konnte nicht verstehen, dass ein Katholik, dessen Liebe auch den Priestern in den KZs gehörte, so gleichgültig gegenüber der Historie sein konnte und der Kirche die Narrenfreiheit ließ.

Im Gang bei den großen, vom Fußboden bis zur Decke reichenden Fenstern hockte Nikolaus mit ein paar Klassenkameraden auf den niedrigen Heizkörpern herum. Dabei sprach ihn die blondeste Schönheit der Klasse darauf an, dass sie Angst wegen ihrer schlechten Noten habe, und darauf, ob auch er wegen seiner Fünfer leide. Da gibt es nicht das geringste Leid und nicht die geringsten Gewissensbisse wegen der schulischen Faulheit, meinte er. Sie müsse nur ein gerüttelt Maß an Wurstigkeitsgefühl entwickeln, dann ginge es auch ihr gut. Sie meinte, das könne sie nicht bei all ihren Anstrengungen für die Schule und die Noten. Sie wolle in einigen Fächern besser werden, worauf er meinte, dass ihm die Noten völlig egal seien, wenn er nur *irgendwie* durchkomme. Immer wieder wiederholte er vor ihr das ihm heilige Wort „Wurstigkeitsgefühl" und wollte ihr einbläuen, dass es die Schule oder die Noten einfach nicht wert seien, sich anzustrengen oder unter dem Druck zu leiden. Ihre Hauptfehler seien eben ihr fehlendes Wurstigkeitsgefühl und ihr Verlangen, besser zu werden. Sie bestaunte ihn zusehends für seine Coolness, seine Gleichgültigkeit und seine Gelassenheit, wonach er festhielt, dass dazu nicht viel mehr gehöre, als genug Selbstwertgefühl und das Verlangen nach Lebensqualität.

Mit Herwig fuhr er nach der Schule auf dem Moped nach Windischgarsten hinein, um im Cafe Mayr an den Spielautomaten zu hängen oder ein paar Bier zu trinken. Nikolaus fuhr auf dem Sozius immer ohne Helm mit. Eines Nachmittags stießen sie in der engen Kurve beim Friedhofseingang mit einem Auto zusammen, und es gab ein paar Schrammen an beiden Fahrzeugen. Herwig war bald auf dem Weg zur Polizei, um den Hergang des Unfalls zu besprechen und zu skizzieren, während sich der helmlose Nikolaus im Kirchenpark verschanzte, um nicht eine Strafe für seinen ungeschützten Kopf einzufahren. Dabei las er eine verbesserte Englischhausübung durch, in der es um die Zerfleischung einer über ein Feld gehenden Frau durch eine Hundebestie ging. Immer wieder las er die kranken, blutigen Zeilen seiner Kurzgeschichte und war stolz darauf, etwas finsteres, blutiges und monströses ähnlich seiner Morgensternchen-Gedichte geschrieben zu haben und die Lehrerin trotz der immer gleichen Masche von Blut und Mord nicht vergrault zu haben.

Ein Trio bestehend aus Nikolaus, dem Krummrücken Richard und dessen Bruder Konstantin (beide waren aus Salzburg kommend in die siebente Klasse eingestiegen) ging immer öfter während fader, ungefährlicher Unterrichtsstunden von der Schule zehn Minuten über die Äcker zum Gasthof Weinzierl oder zur Tankstelle, um Bier zu heben. Das Trio hatte die meisten Fehlstunden in der Klasse und schämte sich ihres Freiheitsanspruches nicht einen Deut. Richard machte gerade den Führerschein auf der Bezirkshauptmannschaft, wo es keine Unterrichtsstunden über den theoretischen, technischen und praktischen Teil gab, sondern nur die Prüfungen dazu abgehalten wurden, wodurch der Führerschein im Gegensatz zu privaten Fahrschulen kostengünstig ausfiel. Eines Morgens kam Richard zu Nikolaus und Herwig ins Cafe Weiermeier, wo die drei dann Whiskey on the Rocks tranken. Richard meinte, der Whiskey könnte vielleicht seine Nervosität vor der Fahrprüfung etwas dämpfen, und tatsächlich, er schaffte den praktischen Teil mühelos, was er auf das Wirken des Whiskeys zurückführte. Da der Teufel auch damals nicht schlief, kam gegen Ende des Semesters der Direktor in die Klasse und schimpfte auf die vielen Fehlstunden der Rabauken, wobei er ihnen direkt ins Gesicht schaute. Nikolaus saß nur gesenkten Hauptes da und starrte auf die Tischplatte, in der Hoffnung, der Kelch gehe bald vorüber. Nach etwa zehn Minuten war der böse Geist der Pflicht und der Unfreiheit wieder aus der Klasse entschwebt und sollte trotz der beibehaltenen Fehlstundenpraxis nie mehr unser Pack belästigen.

Der begnadete Gitarrist Jakob spielte gerne das Intro von „The End“, was irgendwie dem Auslaufen der Gymnasialzeit entsprach. Bei einer öffentlichen Abendaufführung in der Aula spielten die verschiedensten Solisten, darunter Jakob, der einen Joaquin Rodrigo und Manuel de Falla zum Besten gab. Er war in seiner Spielweise derart gereift, dass er gerade vor Publikum am besten spielte und sich selbst überflügelte. Jakob war der beste Akustikgitarrist der Klasse, und, wie er es in der Aula praktizierte, wahrscheinlich auch der ganzen Schule. Als bester Mathematiker der Klasse zierte er sich jedoch nicht mit der Eitelkeit, an Mathematikolympiaden teilzunehmen. Begabt in Zahlen und Musik, sollte er später zum akademischen Computertechniker avancieren und leider immer weniger Zeit für die Gitarre finden. Er hätte sicher auch das Zeug gehabt, Gitarre zu studieren und Konzerte von Bach oder Vivaldi zu spielen. Nikolaus war seit der fünften Klasse ein Arbeiter im Zug aufgefallen, der mit seinem Haarschnitt und seinem Schnauzbart Lee Hazelwood ähnlich sah. Er arbeitete in der Parkettfabrik in Schön, war regelmäßig von den Zechen im Bräuhaus von Windischgarsten verkatert und gab so manches alkoholisches Statement ab, wie: „Es waren eh nur fünf Liter!"

Wenige Tage vor Schulschluss, es war noch im Mai, kam eine Pädagogin von der Landesregierung in die Klasse und motivierte die Schüler zu Leistung für die Matura und für die Stunde Null, das heißt für die Zeit nach der Matura, wo jeder einen neuen Lebensweg einschlagen sollte. Am Ende der Stunde ließ sie jeden den angestrebten Berufswunsch auf einen kleinen Zettel schreiben. Die Zettel wurden gesammelt, geschüttelt und dann von ihr verlesen. Nikolaus schrieb auf seinen Zettel das Wort „Dichter", da dieser Beruf der ihm angenehmste, freiste, kreativste und ehrlichste war. Sein Herz brannte für die Dichtung, und doch schrieb er dieses Wort mit einem gewissen Schuss von Ironie und Gleichgültigkeit, da er sich noch nicht vorstellen konnte, wie er an die Sache herangehen sollte. Jedenfalls war die Pädagogin von Linz verblüfft über diesen Wunsch und fragte nach dem Autor des Wortes. Nikolaus zeigte auf, und die Pädagogin aus dem Provinzkaff Linz fragte, ob er das wirklich ernst nehme. Darauf blieb Nikolaus mit ernster Mine sitzen und sagte ein trockenes, unmissverständliches „Ja!" Es war ihm egal, was die Klasse oder auch nur Jochen von ihm dachten, als sie lachten, und das in Anbetracht seiner Fünfer auf den Deutschschularbeiten. Es war ihm klar, dass das Schreiben für ihn eine Option darstellte, die Mut und Rücksichtslosigkeit erfordern werde, würde er diesen Weg einmal einschlagen. Obwohl er sich bereits als Dichter fühlte, war er doch noch viel zu feige für diesen ihn erlösenden Beruf.

Die Maturazeitung zeigte von jedem ein Foto bis zur Gürtellinie, das von einem kurzen Text begleitet wurde. Der damals noch schlanke Nikolaus wurde mit eitel hochgezogenen Augenbrauen und halblangem Haar fotografiert, ganz in der Manier eines Fin-de-Siecle-Dichters wie sein Idol Oscar Wilde. Der kurze Begleittext stammte von ihm selbst und drückte seine damals selbstgerechte, aber auch selbstkritische Position aus. Es steht geschrieben: philosophischer Hedonist, schwelgt in Unstetigkeit, apokalyptisch, nihilistisch-labil – Baudelaire verehrend – autoritätsfeindlich – sich der unabdinglichen Präsenz von Tat und Nacht stellen müssend – Underground liebend – Velvet Underground 60er versinnlicht – Beethoven-manisch – ein Dvoraks-„Neue Welten“-Suchender

Für seinen Sitznachbarn und Freund Jochen schrieb er: ein auf einem langen Pfad der Schizophrenie dahinstolperndes, in Zwietracht der friedhofsmythologisch-introvertierten Traklschen Lebensphilosophie aufbegehrendes und desperat nach Harmonie ringendes, die endgültige Vision jedoch in walpurgisnächtlicher Fleischeslust findendes Charakteristikum

Nachdem die Zeitung alle Schüler kurz umrissen hatte, folgte das Drama „Ganz Unten“ mit einem Prolog und dreiundzwanzig Szenen. Der Prolog und die erste Szene stammten von Nikolaus und lauteten:

Vor siechenden Unendlichkeiten
  wo du Kind warst
Und Hyazinthenbeete deine Träume schmückten
  dort
wo keine Löwen Mut sich fassten
die Sinne dir zu rauben
  und in Demut dich zu bücken
hast du Luzifer kaum ins Auge noch gesehen
  der dich immer wieder pein´gen und bestrafen wird
Nun willst´ nach Engelsflügeln greifen
  diese Stunde noch zu gehen
Doch – pflückst´ sie nie und nimmer
  weiße Schwingen schwarzer Unschuld
diese Tage noch der Tode zwei du stirbst
Du kennst den Sinn der Dinge nicht
bist als du selber nur Lakai und Knecht
bist ein kleiner Stein in dieser diabol´schen Grube

deine Lethargie ist bleiern wie ein Grabe
  gute Mächte
die Wahrheit und der Teufel frisst
zu aller Letzt du am Ende deiner Wahrheit bist

1. Szene: Physik

Zäh und schwer folgen die Schüler ihren Beinen in den Saal. Nach krampfhaften Versuchen, durch Blödeleien und Missmut die Realität zu betrügen, setzt man sich langsam.

Professor Mösl: „Na, wie schaut´s denn aus, sind schon alle da?"
Konstantin: „Ich glaub´, die anderen sind beim Bachalm!"
Richard: „Geh, halt doch einmal das Maul, die sind doch alle beim Weiermeier!"
Nikolaus: „Geh, Scheiße! Lange mach´ ich das nimmer mit!"
Jochen: „Ich auch nicht. Ja, bist du denn deppert, das muss ein Gefühl sein!"
Nikolaus: „Was?"
Jochen: „Stell dir vor, du gehst ganz normal, als ob überhaupt nichts wär´, zum Fenster hin, machst es auf und springst hinaus. Du, ich glaub´, das tät´ gar nicht so weh!"
Nikolaus: „Na ja, so hoch ist es auch wieder nicht. Aber wenn du mit dem Kopf landest, ist es sicher halb so wild."
Johannes: „Ich wüsste mir trotzdem etwas Besseres."
Nikolaus: „Ein letzter starker Traum vielleicht?" (auf Johannes´ Injektionen anspielend)
Johannes: „Sicher! Man soll aus allem das Beste machen!"
Nikolaus: „Apropos, jetzt merk´ ich´s erst, da stinkt´s ja penetrant-vulgär herinnen. Geh, macht die Fenster auf!"

Nach mehrmaligem lautem Wiederholen dieses Affekts unterhält sich Professor Mösl immer noch ungetrübt und glänzend mit der ersten Reihe bezüglich Klassenbuch und Stoff.

Konstantin: „Wie schaut es denn eigentlich jetzt mit den Noten aus, Herr Professor?“
Professor Mösl (auf Höhenflügen): „Ja, es ist vielleicht ein Bisserl geschenkt, es wird keiner ein Nicht Genügend ins Zeugnis bekommen. Und wenn ihr es nicht ausnützt, dann kann jeder zumindest mit der Note im Endzeugnis rechnen.“
Jochen: „Die Lehrer sind ja auch nicht blöd!“
Professor Mösl: „Was sagst du da?“
Jochen: „War nicht so gemeint. Kleiner Spaß am Rande!“
Professor Mösl: „Jetzt haben wir eh schon ein paar Wochen nicht wiederholt. Was haltet ihr davon?“
Richard: „Geh, Johannes, hol einmal die Pumpgun heraus, das ist ja nicht mehr zum aushalten!“
Konstantin: „Niko, spürst du auch wieder dieses Ziehen in den Füßen?“
Nikolaus: „Das gibt es nicht. Ich spür´s auch, aber mehr in den Knien!“ (darauf folgt nervöses ruckartiges Reißen der beiden an den Tischen und vereinzelt unterdrücktes Kreischen)
Nikolaus zu Jochen: „Ich freu´ mich schon auf die Schinkenwurstsemmeln mit Majonäse. Es lebe der primitive Lebenswandel!“
Jochen: „Du entkommst dem Ganzen einfach nicht. Aber es dauert eh nicht mehr lange…….“

Zum Ausklang des letzten Semesters wurde im Keller eine kleine feuchte Feier abgehalten. Nikolaus soff sich mit Klarem voll und unterhielt sich mit Tobias und dessen zukünftigen Frau Erika, der blondesten Schönheit in der Klasse. Tobias sprach über den in der siebenten Klasse von der Schule gegangenen Rabauken Herbert, den man auf keinen Fall glorifizieren sollte, so Tobias. Er war irgendwie ein Fan von Herbert geworden, der mit Herbert eine Sauftour mit dem Auto unternommen hatte und dem der Fahrer Herbert den rechten Arm um die Beifahrerschulter legte und meinte, er kenne die Strecke wie seine Westentasche, und deshalb brauche er sich wegen seiner Raserei nicht in die Hosen machen.
Die Klasse stellte sich irgendwann während dieser Feier draußen auf dem Schulhof auf, um ein Klassenfoto schießen zu lassen. Nikolaus hatte eine hochrote Birne und war überhaupt voll drauf. Nur noch wenige Wochen waren es bis zur Matura. Die Zeit nützte er nicht zum Lernen, sondern

zum Lesen der ersten Jim-Morrison-Biografie, nämlich „Keiner kommt hier lebend raus". Die Biografie bestand aus einem einzigen Rausch aus Dichtung, Musik, Drogen, Alkohol und Ausschreitungen.

Nach der nicht ganz glatt über die Bühne gegangenen Matura (er war wegen eines Affronts des Vorsitzenden nicht zur Maturafeier gekommen) trafen sich etwa zehn Schüler am Bahnhof Kirchdorf, um mit dem Zug nach Athen zu fahren, während die anderen flogen. Am Bahnhof Linz sah er zum letzten Mal Hans Gressenbauer, den ehemaligen Knecht am Hof. Er lehnte als Betrunkener mit seinen Krücken in einer Ecke und rauchte gesenkten Blickes eine Selbstgedrehte. Die Krücken brauchte er deshalb, weil er Jahre zuvor einen Boxer hänselte, der ihm dann mit Fußtritten die Beine zerschmetterte. Von Linz ging es nach Salzburg und von Salzburg nach Athen. Auf der Fahrt saß Nikolaus mit Sophie, mit deren Freund aus einer anderen Klasse, mit Richard, dessen Bruder Konstantin und Tobias in einem Abteil. Nikolaus war der absolute Außenseiter und unterhielt sich mit den anderen so gut wie gar nicht. Die anderen schmusten entweder herum, was Nikolaus beschämte, oder sie scherzten und alberten, wo Nikolaus nicht mitkam. Irgendwie war er die ganze Zeit befangen und schwieg deshalb, rauchte fünfzig Zigaretten pro Tag und aß so gut wie nichts. Auf der Fahrt durch Ex-Jugoslawien spotteten sie über die slawischen Ortsnamen, was Nikolaus als gemein und überheblich empfand. Auf den Bahnhöfen bettelten Kinder, und Nikolaus musste erkennen, dass die vegetative Armut dieses trockenen Landes ganz seiner Sehnsucht nach Wüste und Stille entsprach. Das Fremde und Wüstenhafte der Landschaften sprach sein Herz an, und die Städte Zagreb und Belgrad mit ihrer typischen balkanesischen Schmutzigkeit luden ihn ein, zu verweilen und zu leben. Die Landschaften und Städte des Balkans entsprachen seiner Herzenstiefe, während die anderen Mitreisenden nur angeekelt waren vom Schmutz und der Armut. Nikolaus spürte, dass dieses Land stark lebte und ehrlich war. Es war eine Ehrlichkeit, die keine Außen-Hui-Innen-Pfui-Mentalität zuließ. Beim Hineinfahren in die Vorstädte zogen Industrien und niedrige Wohnhäuser an ihm vorbei, laufende Bilder, deren versteckte Schönheit die verwöhnten Mitreisenden im Abteil nicht ent- oder aufdecken konnten. Vielmehr mokierten sie sich über den Grind im Abteil und über das mitgeführte Getier in den Gängen - was sie dazu veranlasste, ihre Hände immer wieder mit Frischetüchern zu reinigen. Etwa halbstündlich wurden die zitronengetränkten Fetzen hervorgeholt und damit die feingliedrigen, weichen, natürlich schwielenlosen Hände vom balkanesischen Schmant aufgefrischt. Nikolaus ekelte vor dem verständnislosen und hartherzigen Pack im Abteil, dessen industrielandverseuchtes Äußeres sich mit dem Film vor dem Fenster schlug. Für Nikolaus war in diesem Streit zwischen dem äußeren Wohlstand der Abteilgesichter und der äußeren Armut der Jugoslawen der Balkan eindeutig der Sieger, denn aus dem Fenster blickend sah er im Gegenzug zur verlogenen, verwöhnten und verzogenen zusammengeschweißten fünfköpfigen Rotte im Abteil wahrhaftige Menschen, die im Kampf ums tägliche Überleben am kämpferischen Leben nicht vorbei kamen. Er liebte den geschundenen Balkan mehr als Österreich mit seinen abgetrennten, versteckten Gärten. Der Himmel war für ihn im Balkan zur Realität geworden, ganz im Gegenteil zur Vorhölle des satten, fettbäuchigen, faschistoiden Österreich mit seiner selbstverliebten, das Volk verblödenden Volksmusik, dem hochmütigen Gold in den Hauben der marschierenden Weiber und sogar der vom Volkstum missbrauchten kleinen Mädchen. Diese marschierende, pompöse Volkstümelei in Österreich und Deutschland muss doch jedem halbwegs vernünftig denkenden Menschen die Scheiße aus dem Leib treiben. Die abzeichen- und titelverseuchte Gesellschaft besonders der Österreicher und der Bayern bringt nur Nachahmer und Mittuer zur Welt, die doch angesichts der noch immer nicht realisierten selbst denkenden Menschen in Geburtswehen liegt und klagt.

In Saloniki wurde in einen mit Diesel betriebenen Zug umgestiegen. Nikolaus hatte sich eine Stange jugoslawischer Zigaretten gekauft, rauchte am Gang Kette und ließ sich bei offenem Fenster die Abgase der Lokomotive ins Gesicht wehen. Dort am Gang lernte er einen bereits im Jahre 1970 nach Chicago ausgewanderten Griechen und dessen hoch gewachsene Söhne kennen. In Chicago verdiente er sich das Brot als Eishockeytrainer. Alle paar Jahre flog er nach Europa, um seine Verwandten und sein Land zu sehen. Als Nikolaus Tobias von seiner Bekanntschaft erzählte, meinte dieser nur „Na, und?“ Nikolaus fühlte sich in seiner versuchten Offenheit immer wieder nur verarscht und veräppelt von dem paktierenden Pack im Abteil. Deshalb ging er bald in den noch aus der Kaiserzeit stammenden, noblen Speisewagen, um eiskaltes Dosenbier und Lammspießchen zu konsumieren. In diesem Speisewagen saßen trinkende, zugängliche und höfliche Jungs aus Österreich, die ebenfalls auf Maturareise waren. Nikolaus roch in zunehmendem Maße Meeresluft, und es kam unweigerlich zu seinem ersten Blick auf das Meer, das ihn aus der Depression der vergangenen dreißig Stunden im feindlichen Abteil befreite und mit seiner weiten, offenen Bläue erfreute. Endlich das Meer in seiner weltumspannenden, abenteuerlichen Freundlichkeit. Gedanken an die geblähten Segel der Fischerboote, Handels- und Piratenschiffe, Gedanken an die Hansestädte, die Phönizier und Griechen. Das Meer begann für ihn an irgendeinem Strand und umfing die Weltkugel genau vom Ufer an in unendlichen Umläufen. Das Meer roch nach Einladung, Tiefe, Wogen und Ewigkeit. Stundenlang fuhr er im alten Speisewagen mit den kleinen Glocken an allen Tischen. Er soff sich Athen entgegen und wurde immer berauschter und glücklicher mit dem Nahen des Endbahnhofes, der nicht viel größer ist als der Knotenbahnhof Selzthal. Dann endlich das Verlassen des Zuges mit den Rucksäcken und Koffern. Sie ließen sich am Bahnhof kurz zu einem Rundblick nieder und bestiegen dann zwei Taxis, die sie mit 130 km/h über die Stadtautobahn zum Flughafen brachten, wo sie auf die restlichen zwanzig Maturanten und die Mathematikprofessorin stoßen sollten. Man musste in der Halle nicht lange suchen und man fand schließlich die am Boden auf ihren Gepäckstücken sitzenden oder auf dem Boden kauernden Klassen- und Leidenskameraden, die vier Jahre lang tapfer durchgehalten hatten.

Die Mathematikprofessorin Denk machte den schon am Kirchdorfer Bahnhof von Jochen angekündigten angefressenen, mürrischen Gesichtseindruck, als sie Nikolaus sah. Sie und so manch anderer Lehrer hatten Nikolaus vor dem in Rage geratenen Vorsitzenden von der Landesregierung oder von der Landesschulinspektion oder von der wie auch immer gearteten Institution die Stange gehalten, als er die Chance, bei der Musikmatura nicht durchfallen zu können, schamlos ausgenützt hatte, weil er im Endzeugnis ein „Sehr Gut" in diesem Fach stehen hatte. Ganz deutlich dürfte die Musikprofessorin ihren Sessel wackeln gespürt haben, als Nikolaus nach einem Hörstück von Mozart draußen vor der gesamten Kommission mit den Notenblättern nicht das Geringste anzufangen gewusst hatte. Er hätte anhand des Bündels von Noten über Haupt- und Nebensätze, Kadenzen und Notenschlüssel referieren sollen, wozu es dann nicht hatte kommen können, weil er nicht den blassesten Schimmer davon gehabt hatte und weil der Vorsitzende relativ rasch zu biografischen Inhalten Mozarts übergegangen war, wo Nikolaus auch nicht geglänzt hatte. Im Weiteren hatte er die Namen Weber und Webern, zweier Komponisten ganz verschiedener Epochen, vertauscht, was die Schmierenkomödie draußen vor der Kommission komplettierte. Am ärmsten war dabei zuerst die Musiklehrerin gewesen, erst dann Nikolaus selber, der sich aufgrund seines „Sehr Gut" im Endzeugnis selbstgefällig und tröstend auf die eigene Schulter geklopft hatte. Nach der Matura hatte sich die ganze Klasse im Maturasaal kreisrund aufgestellt und den Händedruck und die Bons Mots des Vorsitzenden entgegengenommen. Als der Vorsitzende zu Nikolaus gekommen war, hatte es nichts als Demütigungen aus dem institutionellen Schöngeist und überhaupt die schlechtesten Vibes zwischen den zweien geben können. Nikolaus lief vor Zorn rot an und folgte dem Vorsitzenden mit einem verkniffenen tödlichen Blick und einem ständigen, leichten Kopfnicken, das hätte sagen können: „Komm´ mir nicht mehr nahe, du gelackter Affe!". Der Vorsitzende hatte tatsächlich eine Menge gepaukte Datenscheiße in sich gelagert, da war kein Intellektueller, kein Free Spirit, da waren nur seine Doktortitel der Musik und der Germanistk. Es war anzunehmen gewesen, dass der Typ, der Nikolaus bei der Deutschmatura mit Trakls Pferdeschwemme in Salzburg aufgemacht hatte, keine eigenen Gedanken in sich getragen hatte. Er war ein widerlicher angepasster Fettbrocken mit einem gerüttelt Maß an Angelerntem in der Birne gewesen.

Nun stand er vor der auf ihrem Gepäck sitzenden Professorin Denk und entschuldigte sich für das Fernbleiben von der Maturafeier, welche in der Aula der Schule abgehalten worden war. Er gab ihr zu verstehen, dass er der Hildegard im Cafe Weiermeier aufgetragen hatte, sie solle ihn doch im Sekretariat von der Maturafeier entschuldigen, da sie sich gerade auf den Weg in Schule gemacht hatte. Hildegard hatte daraufhin zwar die Schule aufgesucht, jedoch seine Bitte nicht erfüllt, was einen Eklat bei der Maturafeier verursachen hatte müssen, da Nikolaus auch nach mehrmaligen Aufrufen nicht aus der Menge getreten war. Außerdem, so meinte Nikolaus zur Professorin Denk, sei er nicht in der Lage gewesen, dem Vorsitzenden noch einmal vor die Augen zu treten, und außerdem sei sein Fehlen ein Zeichen dafür gewesen, dass ihn der Vorsitzende beleidigt hatte und er dem Vorsitzenden zeigen wollte, dass er beleidigt worden war.

Es war mitten in der Nacht, als die Klasse in einem Bus vom Flughafen zum Hafen von Piräus fuhr, wo sich Nikolaus mit dem zuckerkranken Hippie Johannes aus den Zeiten gemeinsamer Musikstunden und dort gemeinsam vorgebrachter Elogen auf Jimi Hendrix bis zum Morgen in den Lokalen zuschweißte. Nikolaus und der Insulin spritzende Johannes hielten sich auf der sechsstündigen Überfahrt nach Naxos auf dem Oberdeck auf, wo Liegen standen und wo sie aus Weinflaschen tranken. Mehrere Male ging Nikolaus hinunter in die Bar, um Wein zu holen, bei dieser Gelegenheit mit Konstantin am Whiskey zu schlürfen und Souflaki zu essen. Die Überfahrt war schwanger vom Rausch, dem Auf und Ab der auf unruhiger See reitenden Fähre, der Mittelmeersonne und dem salzigen Meerwind. Besoffen gingen die Rabauken der Klasse in Naxos von Bord. Am Strand warteten sie wieder auf einen Bus, der sie durch die Wüste an das andere Ufer bringen sollte. Beim Warten kamen Frauen mit Prospekten von Hotels und Bungalows, was den Hippie Paul aus dem Zug dazu bewegte, Nikolaus auf die allgemeine Prostitution im Lande anzusprechen, was Nikolaus nur lakonisch und mit den Schultern zuckend bestätigen konnte.

Im Ferienort waren sie in aneinander gereihten Bungalows mit jeweils zwei Betten untergebracht. Nikolaus belegte mit Jakob einen Bungalow, der wie alle Bungalows einen Wasserspeicher am Dach für das lauwarme Duschen platziert hatte. Das Trinkwasser mussten sie im Laden kaufen. Der Morgen begann für Nikolaus immer erst um die Mittagszeit, da er sich immer saufend, meist philosophierend und Englisch sprechend mit Johannes abgab, der dafür sehr geeignet war. Johannes vertrug trotz seiner 46 Kilo Körpergewicht jede Menge Schnaps, fiel nie aus der Rolle, behielt sozusagen immer die Kontrolle mit seinem kritischen, vielseitigen Geist. Er spielte selber E-Gitarre, schwor auf den Blues, Muddy Waters und Jimi Hendrix. Mit Johannes soff Nikolaus meist bis 2:00 Uhr oder 3:00 Uhr Morgens. Das Frühstück nahm Nikolaus anfangs noch mit Jakob ein, der als Antialkoholiker die Besäufnisse Nikolaus´ nur still murrend hinnahm und diesem immer ferner und unzugänglicher wurde. Jakob hatte sich in ein naives, aber lebens- und liebeslustiges Mädchen verschaut und spottete über Nikolaus bei jeder Gelegenheit, wenn, dann aber nur in der Runde, für eine Auge-in-Auge-Konfrontation mit Nikolaus dürfte er zu feige gewesen sein. Vielleicht hatte das Ansehen von Nikolaus durch dessen schlechte Matura gelitten, oder es waren wirklich die Weiber, die ihm den Kopf verdrehten und vor denen er sich mithilfe eines friedvollen Opfers wie Nikolaus brüsten wollte. Nikolaus war ihm einfach mit seiner bloßen Gegenwart verfügbar und dienlich. Er hatte durch seinen hohen Alkoholgenuss in der Nacht beim Schlaf nie Probleme mit Gelsen, während Jakob vom vielen Orangensafttrinken zerstochen erwachte, ständig die Hautfetzen von Nikolaus im Doppelbett kritisierte, da dieser sich nie eincremte, stundenlang rauchend am Strand lag, die barbusigen Schönheiten der Klasse beäugte und so gut wie nie ins Wasser lief. Es kam der Tag, der kommen musste und zum Gelächter aller außer Nikolaus gereichte. Nikolaus lief eine Eidechse durch die luftige Badehose, er sprang auf und fluchte. Bald wusste jeder von Nikolaus´ kurzer Reptiliengesellschaft, denn besonders Jakob sorgte für dieses Wissen. Nichtsdestoweniger trieb sich Nikolaus noch immer mit Jakob herum, so auch in der Gegend des Bungalows von Jochen. Sie sahen durch das offene Fenster zu Jochen hinein, der nur mit der Badehose bekleidet auf dem Bett lag und schlief. Nikolaus nahm die Gelegenheit wahr, betrachtete Jochen eingehend und fing an, Jochen als braunes Tier zu beschreiben, ihn sozusagen zu entmenschlichen und ihn mit braunfärbigen Vierbeinern zu vergleichen. Wenige Stunden später kam es zur Konfrontation mit dem wachen Jochen, der alles mitgehört hatte und sodann mächtig grantig auf seinen zoologisch versierten Freund war. Nikolaus reagierte auf die Entrüstung seines Freundes Jochen etwas überrascht und behauptete, es sei doch alles nur ein Spaß gewesen. Jochen konnte jedoch in den tierischen Zuschreibungen von Nikolaus keinen Spaß entdecken und blieb vielmehr eine beleidigte Leberwurst, die sich entehrt und missbraucht fühlte.

Etwa eine Woche nach der Ankunft auf Naxos unternahm Nikolaus mit den Begleitern aus dem Zug eine motorisierte Tour quer über die Insel.

Sie fuhren auf geländegängigen Kleinmotorrädern über die holprigen und staubigen Schotterstraßen und machten eine lange Rast in einer Taverne, wo sie auftischen ließen. Noch in der Stadt Naxos baute Nikolaus einen Unfall, indem er die Vorderbremse zu heftig zog und vornüber auf die Asphaltstraße kippte. Er zog sich eine Schürfwunde in der Nierengegend zu, und es kam bald zu einer schmerzhaften Schwellung in diesem Bereich. Mit dem Hippie Johannes ging er Tags darauf ins Krankenhaus, wo ein Arzt ein Spray auf die Wunde auftrug und meinte, es sei keine Lädierung der Niere, sondern nur eine Quetschung des äußeren Beckengewebes vorliegend. Es gab jede Menge zu Lachen in diesen drei Wochen auf Naxos, und die letzten zwei Wochen musste Nikolaus seine Lachanfälle mit heftigen Schmerzen im hinteren Beckenbereich bezahlen. Viel Spaß hatte er mit seinem Lieblingsmädchen aus der Klasse, nämlich mit Roswitha, die wohl das sonnigste Gemüt von allen hatte, jedoch beileibe kein seichter Mensch war. Der Frauenschwarm Florian, der von seiner Mutter eine Familienpackung Präservative mit ins Gebäck bekam, war öfters in der heiteren Runde vor dem Bungalow, wo sich Nikolaus und Roswitha aus Windischgarsten, die beiden lebenslustigen Brüder Richard und Konstantin (nunmehr in Vorderstoder lebend), die etwas ältere Jutta aus Steyr und der Hippie Johannes aufhielten. Nikoloaus bestaunte lauthals den Brustpelz des dünnhaarigen Florian und meinte, er könne sich mit seinen Brusthaaren einen Peppi machen, aber nichts für ungut, was besonders die lustige Roswitha zur Belustigung gereichte, da sie eine enttäuschende Romanze mit Florian hinter sich gebracht hatte. Alle verhielten sich das lauthalse Gelächter über Florian. Vielmehr kam es bei allen außer bei Florian zu einem unterdrückten, leisen Winseln von Hundewelpen. Die Tage darauf machte Roswitha in Gesellschaft von Nikolaus immer wieder schadenfrohe Andeutungen zum Peppi von Florian, was die beiden schier esoterisch zusammenschweißte.

Auf der nächtlichen Fahrt mit der Fähre von Naxos zurück nach Piräus saßen Nikolaus und Tobias auf dem Oberdeck und leerten eine Flasche Wein nach der anderen, was sich für Nikolaus locker und freundschaftlich gestaltete, während alle anderen schliefen. Tobias lehnte besoffen an der Reling und bezeichnete alle Schlafenden als „Wichser", besonders regte er sich über die beiden Brüder Richard und Konstantin auf, weil sie dem Junk-Food zusprachen und mit ihrem Amerika-Fanatismus keine Kultur aufwiesen. Er meinte, sie sollten an ihrem Junk-Food ersticken, und er wolle mit ihnen nichts mehr zu tun haben. Tobias war der Dickste der Klasse und betitelte sich selbst gleichzeitig und gleichwertig als Gourmet und Gourmand. Im Zug saßen sie dann Bier schlürfend in einem Abteil für sich allein. Immer wieder kam Anne aus seiner Gebirgsheimat zu ihnen ins Abteil und räsonierte über Nikolaus´ Zugeknöpftheit in erotischen Belangen. Nikolaus witterte eine Anmache Annes, zog sich rhetorisch in den hintersten Winkel zurück und vermied den Augenkontakt mit ihr, die noch im Pub auf Naxos ihren Ellbogen auf die Schulter des an der Bar sitzenden Nikolaus stützte und ihn irgendwie umwarb, wovor ihm zwar nicht ekelte, was jedoch wegen des weitschichtigen Verwandtschaftsverhältnisses mit ihr nicht im Geringsten zu einer erotischen Spannung führen konnte. In Salzburg angekommen, gingen Nikolaus und Tobias ins Bahnhofsrestaurant und gaben ihr letztes Geld für ein Grillhuhn aus, das vorzüglich schmeckte und sie wieder in die Speisekarte von Österreich einführte. Nach einem Haufen von Calamari, Spaghetti und Moussaka schätzten sie wieder die Österreichische Küche. Stundenlang sprachen sie anschließend mit zwei kanadischen Studentinnen, wobei es erotisch knisterte, bis der erste Zug nach Linz einfuhr. In Linz mischte sich Nikolaus unter die Obdachlosen des Bahnhofes, nachdem ihn Tobias verlassen hatte. Er zahlte ein paar Doppler Wein, den er mit ihnen trank, ohne die Flaschenhalsöffnung mit der typischen Handflächenbewegung von dem fremden Speichel zu reinigen. Der Sandlerkönig behütete Nikolaus vor dem Diebstahl seiner Klamotten und lobte das gebärfreudige Becken einer auf der Seite liegenden, schlafenden Klassenkollegin. Nikolaus hatte sich eindeutig auf die Seite der Sandler geschlagen und mied deutlich den Kontakt mit jenen Klassenkolleginnen, die ebenso wie er selbst auf den Zug in Richtung Süden warteten. Im Zug saß er bei Anne und Marianne. Marianne machte ihm den Vorwurf, ständig nur im Kreise der Sandler gesessen zu haben und fragte ihn immer wieder, warum denn. Nikolaus gab immer wieder die gleiche, intellektuell getönte Antwort, dass er mit den Sandlern „sozialanalytische Gespräche und Studien“ betrieben hatte, was ihm mächtig Spaß gemacht hatte.

Zuhause, vor dem Haus auf der Sonnenbank sitzend, musste Nikolaus das Nahen des Opels und das Lauterwerden von Sirtaki-Musik aus diesem Opel seines Cousins registrieren. Er wäre am liebsten vor Scham und Grant in den Boden versunken, so peinlich war ihm die Aufmerksamkeit seines Cousins. Nikolaus wollte keine Aufmerksamkeit und keine Würdigung seiner Person. Das Freundliche und Freudige der normalen Welt war ihm zutiefst zuwider, denn ihm kam es nur auf Härte, Kälte und Verrücktheit im höchsten Maße an. Sein Herz war ganz gegen jede normale Herzlichkeit, ganz gegen jede normale Zuneigung eingestellt, denn er hatte den giftigen Abgrund lyrischer Schriften in sich. Er vergiftete sich laufend mit den Mythen seiner literarischen Götter, die in ihm sicher nicht das Manna, sondern den Schwefelregen fallen ließen. Das Normale war ihm zutiefst ein Greuel, vielleicht deshalb, weil er darin zu viel Verlogenheit und Hinfälligkeit sah, sicher aber deshalb, weil er das Überschwängliche und Rauschhafte brauchte, um nicht auf irgendeiner Nulllinie dahinzudämmern. Er wusste noch nicht, dass die Klaviatur des Normalen viel breiter war als die Klaviatur des Rauschhaften, Manischen und Depressiven. Das Abnormale, Unnatürliche ließ ihn auf seiner Klaviatur immer nur ein paar benachbarte Tasten anspielen, was sein Inneres verengte und verhärtete. Viel später erst sollte er die Normalität als Form größerer Bandbreite und Variation kennen lernen. Seine Wahl des Bösen führte ihn in die Sackgasse, dorthin, wo der Tod lauerte.

Das fünfte Jahr: Liegen gelassene Arbeit

Während einer der Rauchpausen zwischen dem Eieraufsammeln auf der Hühnerfarm kam Herwig mit einem neuen Buch von Charles Bukowski zum auf einer Betonstufe sitzenden und Ruhe suchenden Nikolaus. Herwig strahlte, als er den Poet maudit auf der Buchrückseite zitierte. Charles Bukowski meinte dort, dass es die absolut abturnenden, weil pickeligen, flachbrüstigen und arschlosen Frauen gebe. Im Gegensatz dazu brauche man gewisse Frauen nur riechen, um einen Ständer zu bekommen. Diese Frauen gingen vor einem her mit einem einzigen Wackeln, Schlingern und Schlackern ihrer Brüste und Ärsche. Solche Frauen seien dazu gemacht, einen im Bett glücklich und verrückt zu machen. Manche traurige, erfolglose Männer bekämen nur den Ausschuss, während die Sieger in dieser Welt des Fleisches ständig die vollen Brüste und drallen Ärsche bekämen.
Herwigs Gesicht glänzte wie eine Speckschwarte, als er die Zeilen Bukowski las. Beide drangen ein in die Sauf-, Rauf- und Weiberwelt des alten Sünders aus Los Angeles und wieherten mit böswilliger, vertrottelter Miene. Herwig, der ein Buch vom Autor Bukowski im Zuge eines Deutschreferates vorstellte, war ein fanatischer Bukowskiverehrer geworden, einer, der neben Bukowski gar nichts las.

Der Hofknecht Othmar und Nikolaus begannen, den Wald in Oberweng zu durchforsten. Sie fuhren nach dem morgendlichen Hühnerfüttern mit dem Moped nach Oberweng hinauf, wobei sie aber meist nicht sofort die Abfahrt zum Wald nahmen, sondern in der Jausenstation „Großhütte" ein paar vormittägliche Biere tranken. Oftmals saßen sie stundenlang in dieser Jausenstation mit dem Blick auf den Schwarzenberg und zum Pyhrnpass, und Nikolaus lauschte den Ausführungen und Lebensdarstellungen Othmars. Othmar plauderte über seine Vergangenheit als Försterlehrling, Bundesheerrekrut, Sägewerksarbeiter, Schaffner und Holzknecht, alles Berufe, in denen er nicht wirklich vorwärts kam. Nikolaus hatte bereits die Filmhochschule in Wien angerufen und hatte Material für die Aufnahmeprüfung zugeschickt bekommen. In diesem Spätsommer und Herbst dachte er immer wieder an seinen Plan, entweder Film oder Theaterwissenschaft zu studieren, fand jedoch nicht den bewegenden Mut dazu, nach Wien zu fahren und auf der Uni zu immatrikulieren und zu inskribieren. Die Stadt Wien war für ihn nur ein zubetonierter Ort, der angesichts der Herbstfarben auf etwa 1000 Seehöhenmeter nicht wirklich attraktiv genug war, die Siebensachen zu packen und eine Wohnung in den Betonschluchten zu suchen. Er zögerte seine Entscheidung für Wien solange hinaus, bis schließlich der Zeitpunkt einer möglichen Einschreibung auf der Uni vorbei war. Umso mehr genoss er sein behütetes Leben auf dem Hof und im Wald, seine Nähe zur Mutter und zum Knecht Othmar. Die Herbstfarben luden ein, zu bleiben und die Eigenverantwortung hintanzustellen. Das Gelb des Bergahorns, der Esche und der Lärche, das rostige Rot der Buchen und das leuchtende Rot der Vogelkirsche wollte und konnte er einfach nicht verlassen, und somit schob er den Termin einer Immatrikulation auf das nächste Jahr hinaus. Er wollte mit seinem Bruder Winfried eine gemeinsame Wohnung beziehen, wollte sich sozusagen von diesem nach Wien mitreißen lassen. Manchmal kam der Bürgermeistersohn Herwig nach dem Unterricht in der Handelsakademie Kirchdorf mit dem Moped oder mit dem Mercedes seines Vaters in das kleine Tal des Fällungsortes und bewegte beide Holzknechte zur vorübergehenden Niederlegung der Arbeit, um in einer anderen Jausenstation Bier zu trinken, Blödsinn zu reden und zu lachen. Herwig, Nikolaus und dessen Bruder Winfried hatten noch im Sommer den Führerschein gemacht. Herwig nutzte den Führerschein, sooft er konnte und entführte immer wieder den Mercedes seines Vaters. Er fuhr auch besoffen, das gehörte bei ihm in seiner Eigenschaft als noch grüner Lausbub einfach dazu.

Die Mutter unseres Helden ließ diesem zu Ohren kommen, dass ihm sein Vater eine Kamera kaufen wollte, damit er Filme für die Aufnahmeprüfung zur Filmhochschule machen könne. Nikolaus in seiner Eigenschaft als Bedürfnisloser wollte dieses Angebot partout nicht annehmen, denn er wollte sich nichts schenken lassen. Anfangs Dezember nahm er eine Hilfsarbeit in der Türenfabrik des Stiftes Admont an. Er hatte vorwiegend Schließbleche und Türbänder zu montieren und leistete etwa das Doppelte des untersten Akkordes. Auf Anraten seiner Arbeitskollegen schrieb er jedoch immer nur den untersten Mindestakkord in seine Leistungsblätter, da im Falle einer genauen Aufzeichnung mit einem Hinaufsetzen des Akkordes seitens der Firmenleitung gerechnet werden musste. Da er mehr als genug leistete, gönnte er sich jede Stunde eine Pause im Heizraum mit einer filterlosen A3. Die Arbeit mit dem Pressluftschraubenzieher erzeugte einen Muskelzuwachs besonders im rechten Arm. Dieser Muskel drückte dann auf den Nerv, der sich somit entzündete und den Arm während des Schlafes einschlafen ließ. Am frühen Morgen beim Erwachen lag sein rechter Arm wie tot neben ihm. Er setzte jedoch seine Arbeit fort, und der Grund für das Austreten aus der Firma war nicht der geschädigte Arm, sondern eine Meniskusverletzung am rechten Knie, die er sich beim besoffenen Tanzen in der Diskothek zulegte. Ende Jänner schied er aus dem Arbeitsverhältnis und genoss das Geld und die Zeit des Krankenstandes bis in den Mai hinein. In dieser Zeit fuhr er nach Wien und inskribierte Psychologie, Theaterwissenschaft und Publizistik, Fächer, die er völlig vernachlässigte, das heißt, er besuchte nur je eine Vorlesung in Theaterwissenschaft und Publizistik. Er war mit dem Gipsbein nach Wien gekommen, bezog eine Wohnung eines Studenten aus Rading bei Windischgarsten, in der er immer nur Bier trank, Bücher von Bukowski, Dostojewski und Carson McCullers las und rauchend in die Glotze starrte. Während der stundenlangen Fahrt mit dem Regionalzug nach Wien hatte er Bukowskis „Das Liebesleben der Hyäne“ gelesen. In Wien angekommen, hatte er einen ehemaligen Schulkollegen aus Kirchdorf getroffen, der das Studium der Germanistik begonnen hatte. Mit ihm hatte er sich auf den Rasen des Heldenplatzes gelegt und eine Dose Bier um die andere geschlürft. Auf dem Rasen hatten auch eine Menge italienischer Mädchen gekauert, die der Freund angemacht hatte. Dieser hatte Nikolaus mit seiner Zurückhaltung und mit seinem Desinteresse diesen Mädchen gegenüber nicht verstanden und hatte gemeint, er selber sei wegen der Mädchen lebensfroh und begeistert, und wie könne man da nur kalt und ungerührt bleiben.

Die Wohnung war voll von Weltliteratur. Nikolaus schmökerte in den Büchern, kochte sich gebackenen Fisch, holte sich Dosenbier vom Supermarkt und war alles in allem zu betroffen von der Stadt, die er nicht lieben konnte. Feige und passiv verbrachte er einige Wochen in der Wohnung eines Intellektuellen, der später für eine Zeitung schreiben sollte. Nach einem Telefonat mit seiner Mutter zog er wieder auf das Land, denn im Krankenstand war der Aufenthalt zuhause zwingend nötig, um nicht das Krankengeld zu verlieren. Es folgten Wochen im Auto des Bürgermeistersohnes Herwig. Sie fuhren halb besoffen durch die Gegend, und Herwig schwänzte nach bester, unverantwortlicher Faulheitsmanier die Schule. In Liezen gingen sie an manchen Abenden ins Pup, um sich an der Bar mir Wodka zuzuschweißen. Gegen die Dämmerung setzten sie sich ins Auto, um sich den Rausch auszuschlafen. Immer wieder trafen sie auf Herwigs Bruder Sepp, der den Hof und das Gasthaus bewirtschaftete. Sepp war ganz gegen das liederliche Leben Herwigs eingestellt und drohte diesem mit Dresche, falls er nicht sofort nach Hause käme, um mitzuhelfen. Die Gastgartenzeit war gekommen, und Nikolaus soff mit seinem Freund weit bis über die Sperrstunde hinaus in einem Gastgarten in der Gegend von Grünburg. Die Wirtin stellte ihnen einige Glas Bier hinaus und ließ sie unter den Kastanienbäumen weiter saufen. Nikolaus erzählte ihm von seinem Großvater in Frankfurt, dass dieser Doktor der Chemie sei, Prokurist bei Höchst gewesen sei und Goldbarren im Save habe. Herwig meinte, man solle diesen verschrobenen, seine Tochter verleugnenden Wicht einmal besuchen, um auf dessen Tasche zu liegen.

Im Spätfrühling begannen Nikolaus und dessen Bruder Winfried eine Hilfsarbeit auf einer Baustelle in Spital/Pyhrn. Sie arbeiteten mit drei Arbeitern, zwei Maurern und einem Hilfsarbeiter, der Baufirma zusammen. Der Hilfsarbeiter, ein etwa fünfzigjähriger Prolet ließ sein Wasser immer gegen eine Wand, sodass die mit Gartenarbeit beschäftigte Nachbarin auf der anderen Straßenseite seinen Schwanz zu sehen bekam. Er fand sie attraktiv, hatte ein Auge auf sie geworfen und meinte, sie vertrüge eine „ordentliche Länge“. Nachmittags kamen die Freunde Rüdiger und Johannes mit dem Bundesbahnbus von der Handelsakademie Liezen vorüber und winkten aus dem Fenster. Nikolaus und seine beiden Freunde hatten es sich zur Gewohnheit gemacht, ausgerechnet immer am Sonntagabend im Pup zu saufen und erst gegen 4:00 Uhr nach Hause zu kommen. Die beiden Freunde hatten es leicht, denn sie schwänzten am Montag die Schule, um sich auszunüchtern, während Nikolaus um 6:00 Uhr besoffen aufstehen musste und mit seinem Bruder über die Edlbachebene zur Umfahrung gehen musste, um mit einem Maurer nach Spital/Pyhrn gebracht zu werden. Die Alkoholausdünstung und die rot unterlaufenen Augen Nikolaus´ waren sein Markenzeichen am Montagmorgen. Erst gegen Mittag war er nüchtern, was auf die schweißtreibende Arbeit auf der Baustelle zurückzuführen war. Die erste Zigarette war für ihn immer eine Mutprobe, die seine Besoffenheit stets verstärkte. Doch er wusste, da müsse er durch, da gab es keine Entschuldigung durch die Alkohol- und Nikotinvergiftung vom Vortag.

Das sechste Jahr: Ein verdrängtes Studium

Anfangs Oktober bezogen Nikolaus und dessen Bruder Winfried eine möblierte - für zwei Leute geräumige - Wohnung im 3. Bezirk. Sie wohnten in einer Seitengasse der Landstraßer Hauptstraße. Ihr Vater hatte sie mit dem Bus nach Wien gebracht, und sie hatten den Wohnungseigentümer vor dem Schloss Schönbrunn getroffen, damit sie von diesem zur Wohnung gelotst worden waren. Noch am gleichen Tag, genauer noch in der Stunde des Ankommens in der Wohnung begaben sich die drei auf die Landstraßer Hauptstraße, um nach einem Fernseher Ausschau zu halten, denn ihr Vater wollte unbedingt die Nachrichten sehen. Sie fanden ein altes Modell unter vielen anderen alten Modellen auf dem Gehsteig aufgestellt, denn dort fand ein Flohmarkt für Fernseher, Radios und Plattenspieler statt. Nach den Fernsehnachrichten hielt es ihren Vater nicht zuhause, so ging er hinunter in Richtung der U-Bahnstation Wien Mitte, um sich bis spät abends im Apostelkeller niederzulassen. Er hatte dort mit ein paar Zechern gesprochen, so wie er es immer hielt, wenn er, wenn auch nur selten, Lokale aufsuchte.

Am nächsten Tag fuhr ihr Vater wieder nach Hause. Nikolaus und Winfried suchten ihre Universitäten auf, um zu immatrikulieren. Nikolaus inskribierte das Studium „Kulturtechnik und Wasserwirtschaft" auf der Universität für Bodenkultur im Nobelbezirk Währing, während sich Winfried für die „Handelswissenschaften" auf der Wirtschaftsuniversität einschrieb. Noch in derselben Woche besuchte Nikolaus die Pflichtübungen (mit Anwesenheitspflicht) aus Mathematik und Darstellender Geometrie. Er besuchte jedoch keine einzige Vorlesung, weshalb er bei den Übungen etwas daneben stand. Als Hausarbeit stand ihm die Konstruktion einer Holzbrücke (im Schrägriss) bevor. Er fand im Meiers-Lexikon mehrere Brückentypen vor und entschied sich für eine Fachwerksbrücke, die er in drei Wochen abzuliefern hatte.

Nach zwei Wochen Wienaufenthalt fuhren die zwei Brüder nach Hause. Sie fuhren mit der Straßenbahnlinie 18 zum Westbahnhof, mussten also die Route über den Gürtel nehmen. Der Gürtel war in herbstliches Großstadtlicht getaucht und wurde von Nikolaus mit gemischten Gefühlen registriert. Er dachte beim Entlangfahren der mehrspurigen Gürtelstraße an die Freeways von Los Angeles einerseits und anderseits an die Tatsache, dass er sich in der Nähe des kommunistischen Osteuropa befand.

In den ersten Wientagen hatte er den 3. Bezirk durchstreift, war er entlang der Donaukanalpromenade gegangen und hatte Leute gegrüßt, die nicht zurück grüßten. Mit den Händen im Rücken war er würdevoll wie der Baumeister vom Sommer durch die Gassen gegangen und hatte den Stadtrand auf dem Donaukanal ausgekundschaftet. Es war ihm, als sei er nicht wegen des Studiums, sondern bloß wegen der Stadt und dem städtischen Leben nach Wien gekommen. Die Nächte verbrachte er nicht im Bett, sondern auf den Straßen und Gassen, da war kein studentischer Ernst oder Ehrgeiz in ihm, sondern nur das nächtliche Abenteuer. Die Stadt, für die er gekommen war, konnte er nicht im leisesten lieben, im Gegenteil, er hasste sie so, wie noch keinen Ort zuvor. Die nächtlichen, schier ausgestorbenen, weil fast verkehrlosen Straßen hasste er als Orte der Fremde, der Heimatlosigkeit und der Feindschaft. Dort draußen in den Peripherien nahe den Stadtautobahnen mit den hohen Leuchten fand er sich zwar nicht irgendwelchen Gefahren ausgesetzt, doch er fand sich alleine mit seiner Angst vor dem ungeliebten Studium, das er dem geliebten Forstwirtschaftsstudium vorgezogen hatte. Er hatte Jahre der Baustatik, des Stahlbetonbaues, des Straßen- und Bahnbaues und des Siedlungswasserbaus vor sich, also ein Studium ähnlich des Bauingenieurwesens auf der Technischen Universität. Da waren keine Freude, kein Interesse und keine Neugier in ihm, die ihn auf die Universität getrieben hätten. Mit seinem Mäntelchen, seinem hellblauen Strickpullover, seinen grau-schwarz gestreiften Jeans und seinen engen Halbschuhen, nicht zuletzt mit seinem Hippiehaarschnitt zog er nur den Spott der vor dem Hörsaal wartenden Kulturtechniker auf sich, als er die Stiege hochkam. Er fühlte sich in seiner Eigenart weggestoßen und belächelt, fand keine Freunde und besetzte nur die hintersten Bänke während der Übungen. Die Kulturtechniker waren keine Natur- oder Sozialromantiker, sondern meist kalte Betonfanatiker. Doch all die Widrigkeiten konnten ihn nicht zur Umkehr zwingen, es gab für ihn keine Umkehr mehr, er steckte fest wie ein auf Jahre Verdammter, der sich zumindest auf das Geld der Studienbeihilfe freuen konnte. Ein Umsteigen war ihm schon deshalb verwehrt, weil er das zweite Mal umgestiegen wäre und keine Studienbeihilfe mehr beziehen hätte können.

Im Zug der Westbahn fanden die zwei Brüder keinen Sitzplatz, weshalb sie am Ende eines Waggons vor dem WC standen und immer wieder zu den vorbeiziehenden Äckern und Wiesen aufschauten, während sie in ihren Büchern lasen. Nikolaus las Kurzgeschichten von Ernest Hemingway, sein Bruder aber las in einem Informatikbuch, um sich für den Eingangstest zu den Informatikübungen vorzubereiten. Zuhause gab es für Nikolaus nichts Besseres zu tun, als mit seinen Brüdern Bert, dem Tischler, und Johann, dem Schüler in der Baufachschule Krems, mit seinen Freunden Rüdiger und Johannes, beide Schüler der Handelsakademie Liezen, und mit dem Hofknecht Othmar eine Sauftour zu unternehmen. Sie fuhren mit Vaters Bus zur Fischerhütte in Roßleithen, um Bier zu kippen. Noch als sie vor dem Elternhaus von Johannes warteten, um diesen zusteigen zu lassen, meinte Nikolaus protzig, er bekäme 48000 Schilling Studienbeihilfe, und das zu Recht, weil er nämlich etwas leiste. Noch stand er ganz am Anfang des Studiums und konnte dessen zukünftige technische Ausrichtung erahnen, nicht jedoch auf Leib und Seele brennen sehen. Die Widrigkeiten und Erfolglosigkeiten des ungeliebten, erzwungenen Studiums sollte er erst Monate später erfahren, noch war er nicht gedemütigt und gebeugt genug, um nicht den großen Herrn zu spielen. In der Fischerhütte hob er nach etwa drei Krügel Bier zu einem lauten Geblöke an, das alle an die Pup-Zeit erinnerte und zum Markenzeichen des Quintetts geworden war. Plötzlich blökten alle (außer Othmar) blöde und gut gelaunt aus ihren Mündern und schütteten Unmasse Bier in ihre dummen Köpfe hinein. Der Saufabend, oder besser, die Saufnacht war getragen von Blödeleien und Unsinn, da konnte Nikolaus soviel Student sein, wie er wollte. Scheinbar hatte er sich die Matura doch nur erschwindelt und war viel zu unreif für ernsthaftes Lernen und Verstehen.

An den Wochenenden war es üblich, dass Nikolaus von seinen Brüdern Bert und Johann Besuch nach Wien bekam. Eines Nachmittags wartete er mit seinem Bruder Bert, dem Tischler, am Franz-Josefs-Bahnhof auf den Bruder Johann, der von Krems anreisen sollte. Sie saßen im Bahnhofsrestaurant beim Bier und hatten gute Einblicke in die Wartehalle, wo sich ein Sandler mit einem Doppler Rotwein herumtrieb. Der Sandler war

stockbesoffen und torkelte mit seinem Doppler in der Hand quer durch die Wartehalle, konnte sich schließlich nicht mehr auf den Beinen halten, klatschte vornüber mit dem Gesicht auf den Steinboden und blieb dort regungslos liegen. Um ihn herum breitete sich sein Wein und etwas Blut in einer großen Lache aus. Endlich kam die Rettung, erstversorgte den Armen und transportierte ihn auf einer Bahre ab. Für Nikolaus und Bert war dies ein schauderhaftes Erlebnis, als sie zusahen, wie der Sandler immer besoffener und wankender wurde, bis er schließlich auf den Steinboden aufschlug. Dem Sandler dürfte alles egal gewesen sein, es dürfte ihm sein ganzes Leben gleichgültig gewesen sein in seinem Schmerz über sein Schicksal als Obdachloser, der sozial nicht mehr auf die Höhe kam. Er ergab sich der Selbstzerstörung und dürfte seinen Schmerz, falls da überhaupt noch ein Schmerz war, zugeschüttet haben.
Schließlich kam Johann in die Halle, und die drei gingen auf die Landstraßer Hauptstraße, um sich im verrauchten Cafe Haller mit der Jahrzehnte alten Einrichtung, bestehend aus Polsterbänken, Holzstühlen und Marmortischchen, niederzulassen. Das Publikum war etwas älter. Es war dies kein Cafe für die Jugend, es gab auch keine Musikbox, Geldautomaten oder Dartboards. Die drei überlegten in diesem Jahr 1988, ob es zu Zeiten Jim Morrisons, also etwa zwanzig Jahre früher dieses Cafe mit dieser Einrichtung schon gegeben habe und kamen zum Schluss, dass sich die Straßen und Häuserfronten zur erfolgreichen Zeit Jim Morrisons nicht geändert hatten, mussten jedoch auch festhalten, dass sich besonders die Autos, ja fast nur die Autos verändert hatten. Natürlich gab es damals auch noch keine Supermärkte und keine U-Bahnen, aber besonders die Fassaden der Wohnhäuser und Kirchen hatten sich kaum geändert, und es fuhren nur Straßenbahnen und Busse im öffentlichen Verkehr. Stundenlang hingen sie im Cafe Haller herum, wo Schachspieler und alte rauchende Zecher saßen. Wer wohl als erster den Ingenieurstitel tragen würde, meinte Bert, der Nikolaus als Student akzeptierte und schätzte. Aus der Gebirgsheimat war ihnen der Maschinenbaustudent Ernst aus der Diskothek und vom Roßleithner Teich bekannt, der seit zwei Jahren gescheit und erfolgreich studierte. Dessen Bruder Emil, der Lagerhaussekretär, kam auch immer wieder seinen Cousin Ernst besuchen. Zu fünft gingen sie etwas später in ein Gasthaus am Rennweg, wo Emil für längere Zeit im WC verschwand, weil er nur wenig Alkohol ver-

trug und dort einschlief. Der späte Sonntagnachmittag war für Nikolaus immer sehr deprimierend, da seine Brüder die Stadt wieder verließen. Er saß mit ihnen im Restaurant am Westbahnhof, wo er die Zeit mit ihnen hinauszögern wollte. Zuhause in der Studentenwohnung im 3. Bezirk saß nur sein Bruder Winfried, der fleißig lernte. Mit Winfried, dem Hotelfachschulabgänger, hatte er nie eine Saufbeziehung aufgebaut. Als Nikolaus mit Johann, Bert und dem Lagerhaussekretär Emil besoffen in die Wohnung kam, das 1969 erschienene Doppelalbum „Memphis Records" von Elvis Presley auflegte, bekam Winfried Wut auf die ihn ignorierende Partie und meinte, Nikolaus sei das größte Arschloch, das er jemals kennen gelernt habe, worauf Nikolaus nur konterte, er, Winfried, solle doch das Arschloch ficken, worauf alle anderen auflachten. Bert legte sich in seiner Straßenkleidung zu Nikolaus auf das Sofa im Wohnzimmer, wo Nikolaus immer schlief. Johann und Emil legten sich auf Decken am Boden nieder. Nach einem unangenehmen Erwachen bewegten sich alle zusammen zum Naschmarkt, um dort die Stände zu bestaunen. Niklaus meinte, sie sollten in ein Wirtshaus auf der Wienzeile gehen, um zu saufen, während Winfried mit seiner Kiste Champignons und seinen Säcken voll Gemüse stehen gelassen wurde, was Winfried wiederum zu Schimpfereien auf Nikolaus provozierte. Mit Sack und Pack musste er schließlich alleine und grollend in die Studentenwohnung abziehen.

Nach ein paar Wochen des Studiums begann Nikolaus an einem Roman zu schreiben, in dem es um die Eindrücke eines Spaziergängers in den Wiener Straßen ging. Nikolaus hatte längst eher nur in der Nacht als am Tag zu leben begonnen, da er prinzipiell keine Vorlesungen besuchte. Meist erhob er sich erst gegen 14:00 Uhr, lernte, las und schrieb ein wenig, um dann in die Finsternis der Stadt zu verschwinden, und erst am frühen Morgen nach Hause zu kommen. Er hatte es sich in seiner Studienphobie zur Angewohnheit gemacht, seinen Radius beim nächtlichen Spazierengehen immer weiter auszudehnen, die Lichter der immer wieder neuen Straßen zu nutzen, um diese Straßen mit Gefühlen der eigenen Fremdheit in den Straßen und mit Lernstoffflucht abzugehen. Immer mehr wollte er die Straßen mit deren Eigenheiten aussaugen nach Schreibstoff für sein Buch. Nachmittags hockte er alleine zuhause und schrieb mit Kugelschreiber in einen Spiralblock. Zu Allerheiligen war er in die Gebirgsgegend gekommen und hatte seine Brüder zum Schreiben animieren wollen, indem er meinte, jeder könne schreiben, es käme nur auf genügend Mut und Entscheidungskraft an. Im Zimmer seines Bruders Bert saß er Whiskey saufend und besoffen mit dem Block auf den Knien und konnte seine eigene Schrift nicht mehr lesen, geschweige denn einen konstruktiven Gedanken fassen. Beinahe schrieb er so, wie Jim Morrison immer schreiben wollte, nämlich automatisch, oder so wie Arthur Rimbaud, der sich eine systematische Verwirrung aller Sinne zulegen wollte, um Extraordinäres schreiben. In Wien schrieb er an den Nachmittagen solange, bis er den Heimkehrer Winfried an der Türe hörte. Sofort verstaute er seinen Block im Wäschefach der Schlafcouch, und beim Eintreten seines Bruders tat er so, als sitze er zufällig tatenlos herum. Sein Bruder wusste von seiner Schreiberei, niemals wurde ihm jedoch etwas von Nikolaus zugetragen in Hinsicht des Stoffes oder des Stils. Vor ihn verheimlichte er das Schreiben wie etwas ganz Intimes. Dabei fiel ihm eigentlich nichts ein, ohne etwas an den Haaren herbeizuziehen. Alles war nur an den Haaren herbeigezogen, da er fühlte, nicht wirklich etwas zu sagen zu haben. Er grübelte in seinem Narrenkästchen herum und kam, vielleicht gerade aufgrund einer zufälligen, nicht systematischen Verwirrung seiner Sinne, auf die abstrusesten Gedanken und Anschauungen. Was er schrieb, war, und das zählte für ihn, reinste Fiktion, da hatten die Einsichten aus den Spaziergängen nur die geringste Bedeutung. Gerade deshalb, weil alles Fiktion und nicht Erlebtes war, konnte er sein Geschriebenes oder sein zu Schreibendes nur als Verworrenheit und Unklarheit empfinden. Er wusste, dass er eigentlich keinen authentischen Stoff hatte, hasste die Ereignislosigkeit seines Lebens und schwor sich gerade aus diesem Stoffmangel heraus, ein exzessives, extremes, ja krankes Leben zu führen, um Stoff zu bekommen. Warum beließ er es nicht einfach beim fiktiven Schreiben? Wollte er glaubwürdig sein, oder noch näher, wollte er, dass seine Worte glaubwürdig seien? In der erniedrigenden Aussichtslosigkeit betreffend genügend Stoff verwarf er schließlich sein Buch und kramte nicht mehr nach seinem Block in der Wäschelade. Der Zweifel hatte das Seine vollbracht und das Schreiben unmöglich gemacht. Das Erfundene oder das zu Erfindende war ihm einerseits zu anstrengend und anderseits zu unglaubwürdig, weil es verworren und unklar war. Wie verworren schrieb Rimbaud? Hatte dieser sein Schreiben mit neunzehn Jahren aus demselben Grund wie Nikolaus aufgegeben? Wollte dieser mit einer systematischen Verwirrung seiner Sinne ebenfalls den Weg der Extreme gehen, um schreiben zu können? Sein Bruder Winfried kaufte wöchentlich das deutsche Intellektuellen-Blatt „Die Zeit". Nikolaus blätterte gerne im Literatur-Teil und fand schließlich ein Interview mit Peter Handke, der von seiner Leidenschaft des Spazierengehens sprach. Als ihn der Redakteur danach fragte, ob er nur dann schreiben könne, wenn es sein müsse, konterte Handke, er, der Redakteur, sei ein Idiot, solch eine Frage zu stellen, denn das Schreiben müsse immer sein. Überhaupt war das Interview getragen von zynischen, aber auch sehr herzhaften Kontern und Stellungnahmen Handkes, was Nikolaus nur gefallen konnte. Plötzlich war er verzaubert von der Sprache und Tiefe dieses Schriftstellers, mit dem er sich identifizieren konnte, nicht nur wegen dessen langen Haaren. Irgendwie war es Nikolaus, als sei es überhaupt das Beste, das Leben als Schriftsteller zu verbringen. Das Nächste war der Kauf eines Handke-Werkes, das ihn beim Lesen überwältigte wie es bisher keine Literatur vollbringen konnte. Er entschied, sich ein Schnauzbärtchen wachsen zu lassen, mit alten Sakkos herumzulaufen und mit am Rücken verschränkten Händen und würdevollem Blick durch die Gassen zu gehen. Er nahm die Handke-Werke mit auf seinen Wegen, las außerdem Nietzsche im Steinbruch Gspöttgraben, wohin die Studenten eine Geologie-Exkursion unternahmen. Er saß dort auf einem Stein und las Nietzsches Werk „Der Wille zur Macht". Nachdem er seine Aufzeichnungen zwar nicht weggeworfen, aber immerhin verworfen hatte, begann er einen neuen Roman zu schreiben, der sehr an die schriftstellerische Note Peter Handkes angelehnt war. Doch das erfundene Schreiben war ihm wiederum zu anstrengend, und an Handke kam er nicht heran. Schließlich und endlich verwarf er das Schreiben völlig und fraß in sich einen Handke um den anderen hinein. Handkes Schriften bewirkten an ihm ein Leben in Illusionen, denn die Wahrheiten, die Handke von sich gab, waren in der Person Nikolaus´ dermaßen tief greifend, dass sie ihn von seiner Wahrnehmung wegführten und in hohe Lüfte hoben. Tatsächlich lebte und dachte er nur mehr in dem Schriftstellergott Handke, dessen Seele auf ihn übergegriffen hatte.

Zwischen den Weihnachts- und Semesterferien weilte Nikolaus ein paar

Tage zuhause. Unter der Dusche vernahm er von seiner Mutter den Ruf, ins Nachbarhaus zu Egon zu kommen. Nikolaus wusste sogleich, was Egon mit ihm besprechen wollte. Er dachte an ein Gespräch mit Egon vor ein paar Wochen in einem Landgasthaus. Egon wusste von der Tatsache, dass Nikolaus´ Halbbruder Dietmar, ein 48er Jahrgang, in den beginnenden 70er Jahren mit Wolfgang Ambros eine fruchtbare Freundschaft unterhalten und für diesen ein paar Songtexte geschrieben hatte. Nun wollte Egon, ein Gitarrist, ein paar Texte von Nikolaus für seine geplanten Studioaufnahmen. Unser Held ging mit noch nassen Haaren im Schneematsch zum Haus seines Nachbarn und wurde dort von diesem mit Weißwein bewirtet, davon unterrichtet, dass Wolfgang Ambros´ Texte voll von Redewendungen sind und dass es vorwiegend darauf ankomme, liedtextliche Aussagen in Redewendungen zu verpacken. Mit dieser stilistischen Forderung, die Nikolaus zwar einleuchtete, konnte Egon bei Nikolaus, der an Neuschöpfungen interessiert war, nicht ankommen. Natürlich sprach sich Nikolaus nicht dagegen aus, sondern soff wegen dem ihm entgegengebrachten Druck fleißig in sich hinein. Er kippte ein Viertel Weißwein um das andere hinunter und rauchte Kette, um die Rederei Egons um die Qualität von Texten verschiedener Musiker und die von Egons Frau affektiert vorgebrachte Ablehnung von Wolfgang Ambros als Proleten auszuhalten. Plötzlich musste er auf die Toilette zum Wasserlassen, wobei ihm ein paar Milliliter Dünnschiss in die Unterhose rutschten. Um einer gröberen Hosenscheißerei zu entgehen, riss er blitzschnell seine Hose hinunter und drehte sich mit dem Hintern zur Klomuschel, hatte jedoch zu wenig Zeit, sich auf diese zu setzen. Zu schnell und explosiv fuhr ihm die Jauche aus dem Arsch, wodurch er die gesamte äußere Muschel bespritzte. Nachdem er alles, was er vom Abendbrot und vom Wein in sich hatte, entleert hatte, machte er sich an das Putzen der Klomuschel und des Bodens in deren unmittelbaren Umgebung. Zurück kam er zur zwar wohlwollenden, aber nicht unbedingt auf das Besäufnis bezogenen, sondern vielmehr Erfolgsdruck ausübenden Gesellschaft mit dem Gestank einer vermeintlich überhitzten, dunstigen öffentlich-großstädtischen Toilette. Nach weiteren Egonschen Anforderungen an eine weltbekannte Rockband, die nicht auf die Texte vergisst, und weiteren Vierteln Weißwein in Nikolaus´ nervösen Magen musste der gebrochene Held rasch aufstehen und hinausgehen, um einen

Kegelmantel aus Speie loszuwerden. Zurück kam er zur um den Bruder Egons vermehrten, immer noch wohlwollenden, überhaupt nicht auf das Besäufnis bezogenen, vielmehr radikal auf textlich-inhaltliche und textlich-stilistische Kompromisse und Oberflächlichkeiten pochenden Gesellschaft. Egon dürfte anhand seiner vielleicht alkoholischen Disposition und dem sich daraus ergebenden Sichtverlustes tatsächlich nicht kapiert haben, dass man als Künstler in keiner Weise nachgiebig oder gefällig sein darf. Er hatte keinen Kopf, der durch die Wand wollte, hatte keinen Sturschädel, wie ihn Beethoven gebraucht hatte, um seine Gehörlosigkeit zum Mittel einiger Kompositionen damals unspielbarer Kammermusik zu erheben. Im Gegensatz zu Beethoven, der mit der 9. Symphonie das ganze Menschengeschlecht einen wollte, hob Egon dazu an, Nikolaus solle sich eine Frau vorstellen, die er bewundern und lieben könne, um in dem bestimmten Falle, dass er selbst keine Freundin habe, ein Liebeslied zu schreiben, das sich, so seine damaligen Gedanken zu Egons Ausführungen, ganz stupide an die Äußerlichkeiten jener fiktiven Frau festmachen sollte.

Nikolaus war ernüchtert und enttäuscht, als er das Haus verließ, um in der feucht-kalten Nacht zum Hof hinauf zu gehen. Er hatte Egon zugesagt, die Texte binnen weniger Wochen zu schicken. Egon hatte ihm eine Kassette mit selbst komponierter Instrumentalmusik mitgegeben und hatte sich erhofft, Nikolaus werde wohl etwas ganz Passendes dazu erfinden.

Eine Woche später hörte Nikolaus das Band in der Wiener Wohnung ab, wohlgemerkt in Abwesenheit seines Bruders Winfried. Die Musik war melodisch nicht übel geraten. Im Hintergrund raunte Egons Stimme einen unverständlichen englischen Text. Egon war es wohl darum gegangen, mit seiner Stimme die Melodie des noch zu erdichtenden Textes anzugeben. Zuhause im 3. Bezirk hockte Nikolaus dann auf der Bettbank beim Couchtisch und versuchte, einen Text zur geraunten Melodie zu finden. Im Spätwinter saß er im Park vor dem Gregor-Mendel-Haus der Universität für Bodenkultur, ließ den Schnee rundherum schmelzen, katapultierte sich in die Zeilen, die er zuhause niedergeschrieben hatte, besserte dies oder jenes aus und lebte in den Tag hinein. Wenigstens befreite ihn das vom ungeliebten Studium, ja, wenigstens für ein paar Tage, an denen er seine Seele um seine Zeilen baumeln ließ. Danach schickte

er zwei, drei Texte ins Gebirge, ohne sich ernsthaft Gedanken über deren Güte zu machen.
Er hatte überhaupt die Neigung angenommen, allem seinen Lauf zu lassen und dachte mehr an die möglichen Reaktionen Egons. Es war ihm egal, ob dieser sich ankotzen oder ein Festmahl abhalten werde, nachdem dieser sich die Texte zu Gemüt geführt haben werde. Absichtlich war er ja auf Egons Vorlieben nach kunstlosen Oberflächlichkeiten eingegangen, wollte nichts Anstößiges oder Tiefgründiges zu Papier bringen, sondern er machte Kompromisse um Kompromisse, solange, bis alles farblos erschien. In seinem Selbstverständnis als Schreiber für einen Auftraggeber verleugnete er sich selbst und seine Schreibe in Richtung Blutleere, aber etwas hatten die Texte dennoch, sie waren zumindest in den Bildinhalten originell, wenn schon nicht passend für Rocksongs.

Im Frühjahr fielen er, seine langhaarigen Brüder Bert und Johann, aber auch der langhaarige, intelligente Johannes und der an Kafka erinnernde Rüdiger in das Gasthaus „Zur Schaffelmühle" ein. Vor dem Eingang spielte Egon mit der Gitarre und gab den Sänger ab. Begleitet wurde er von seinem Freund auf den Keyboards. Da der vordere Gastraum vollbesetzt war, setzten sie sich in das Hinterzimmer, wo sie alleine waren. Nikolaus mit seinem abgetragenen, haselnussbraunen Schnürlsamtsakko, Bert mit den Cowboystiefeln, Johann im Seniorensakko (er wurde immer wieder gefragt, ob er in der Rente sei), der intelligente Johannes im sportlichen Blouson und Rüdiger im dunkelblauen Bundesbahnersakko (er wurde immer wieder gefragt, ob er Buschauffeur sei). Nicht viel Zeit verging, und es gesellte sich Egon zu ihnen. Egon gab vor, die Texte nicht gelesen zu haben, denn sie waren unmöglich zu lesen gewesen, und er habe nichts damit anzufangen gewusst. Nikolaus war in keiner Weise empört über Egons Diktion und meinte nur kühl, er, Egon, sollte die Texte doch zum Unterheizen verwenden. Der Musiker wollte sich fast entschuldigen für die Verwerfung der Texte, was Nikolaus dazu bewegte, ihn zu beschwichtigen, indem er meinte, er, Egon, brauche sich nicht zu rechtfertigen. Als Egon den Tisch wieder verlassen hatte, um draußen weiter zu spielen, behauptete Nikolaus gegenüber seinen Mitzechern, er habe sich bemüht oberflächlich zu texten, um der gleichfalls oberflächlichen Begleitmusik gerecht zu werden. Noch einmal bekräftigte er, dass die Texte nichts Wert seien und gerade zum Unterheizen taugten. Wie üblich artete das schlampige Zusammenhocken in einem Besäufnis aus, das heißt, Nikolaus soff seinen studentischen Frust hinunter.

Das Zusammensein und Unterwegs-Sein mit seinen zwei Brüdern Bert und Johann und seinen Freunden Johannes und Rüdiger war so etwas wie eine Ausflucht aus seinen Wiener Pflichten als Student. Er kam nicht oft nach Hause und blieb zusätzlich zu den Wochenenden, an denen seine Brüder und Freunde frei hatten, meist noch ein, zwei Tage länger. Diese Tage waren ihm ein Gräuel, denn mit seinen Eltern in der Stube zu hocken und besonders das schmatzende Essgeräusch seines Vaters machten ihn kaputt. Oft lief er während des Essens hinaus zur Sonnenbank und aß dort weiter. Nachmittags ging er alleine in den Wald hinauf, durchquerte dort tiefe Gräben, zog Runden im Wald, suchte verfallene Hütten und ausgetrocknete Teiche auf, die sie als Kinder gebaut hatten. Als er dann aus dem Wald hinaustrat, äugte er hinunter auf den Hof am Unterhang. Besonders das Wohnhaus mit seinem steilen, bis hinunter auf das Erdgeschoss reichende Dach kam ihm immer wieder winzig vor, so winzig wie ein Hexenhaus. Alle Räume des ersten Stockes waren Mansarden.

Das allmähliche Hinunter-Kommen zum Hof verursachte in ihm einen bitteren Herzschmerz - er kam in die Alltagshölle zurück, wo es keine tiefen oder wenigstens lustigen Geister gab. Unten war alles dumpf und stumpf, und der Schmerz wurde bald so stark, dass er auf die Sekunde beschloss, wieder nach Wien in die Studentenhölle zu fahren.

In der Studentenhölle Wiens traf er bald wieder auf seine beiden Brüder Bert, den Tischler, und Johann, den Baufachschüler. Hinzu kam Emil mit seinem türkisen Renault 14. Emil war Bürokaufmann, arbeitete im Lagerhaus von Windischgarsten und wohnte zwei Nächte bei seinem Cousin Ernst, der in Wien erfolgreich Maschinenbau studierte. Nach einer Sauferei von Samstag auf Sonntag besuchten die Vier Ernst in dessen Studentenwohnung in der Ungargasse, wo Nikolaus Ernst danach fragte, ob er Ahnung von Mehrfachintegralen habe. Ernst hatte das Fach Mathematik längst hinter sich gebracht und meinte, es sei nicht viel dabei, Mehrfachintegrale zu rechnen. Unserem Antiheld graute vor Mathematik II, die er wegen seiner ständig versäumten Vorlesungen nicht verstehen konnte. Der Dienstag drohte ihm mit einem Mathematiktest, für den er sich vorbereiten hätte sollen. Aber anstatt ein Buch auszuleihen oder in seiner Übungsmitschrift zu schnuppern, zog er es allzu gerne vor, am Sonntag mit den dreien im Renault 14 nach Hause ins Gebirge zu fahren, da er sich nicht von ihnen trennen konnte. Mit schlechtem Gewissen folgte er den Dreien und Ernst in ein serbisches Souterrainlokal ganz in der Nähe des Südbahnhofs. Bert, der Tischler, war in einen weiten, knöchellangen Ledermantel gehüllt und trug Cowboyshoes, was ihn sehr stark machte. Johann, der Baufachschüler, meinte, der Laden gehöre zubetoniert. Er glaubte daran, mit einigen Fertigbetonwagen den Laden über die Belüftungsfenster mit Beton zuschütten zu können. Es wurde noch allerhand zum schlechten Essen geraunt. Nach dem viel zu teuren Essen begaben sich die Vier ohne Ernst mit der S-Bahn zum Bahnhof Meidling, wo der „14er" stand. Die Fahrt über die Westautobahn wurde von Jimi Hendrix aus den Boxen begleitet, Nikolaus hatte das denkbar schlechteste Gewissen wegen seines Mathe II-Tests und hätte gerne mit den Dreien getauscht. Er fühlte sich auf der Fahrt dermaßen krank im Herzen, sodass er meinte, jedem anderen gehe es besser. Warum stieg er nicht schon längst aus dem Studium aus? Noch verstand er es, das lästige und lastende Studium zu verdrängen, noch sog er an den Worten, die im „14er" gewechselt wurden, noch konnte er darüber lachen, dass Emil, der Renault-Fan, einen Renault Fuego auf 100 Meter Entfernung erkannte und dass sich besonders Johann darüber lachend ausließ. Jahre später noch sollte Nikolaus mit Johann über Emils Fuego-Bestimmung lachen.

Nikolaus fuhr gerne mit Johann von daheim weg – jeder in seine Hölle, Nikolaus nach Wien, Johann nach Krems, wo er im Konvikt untergebracht war. Doch Johann hatte im Konvikt wenigstens ein paar gute Saufkumpane, während Nikolaus mit seinem strebsamen Bruder Winfried alleine war. Die beiden – Nikolaus und Winfried – lebten sich immer mehr auseinander. Eines Abends setzte sich Nikolaus mit einer Reclam-Ausgabe in den weichen Sessel und wollte ein Drama lesen. Nach ein paar Augenblicken des Lesens begann Winfried, sich darüber aufzuhalten, wie faul und desinteressiert Nikolaus eigentlich sei. Er habe sich vorgestellt, Nikolaus werde fleißig studieren, und das nicht nur für sich selbst, sondern auch noch für die Eltern, die sich etwas erwarten

würden. Er habe die Pflicht, im Studium etwas weiter zu bringen, um die Eltern, besonders die Mutter nicht zu kränken. Die Eltern hätten ihre Erwartungen an die Söhne in der Metropole. Es genüge schon, dass sie den Eltern nur alle ein, zwei Monate unter die Augen treten, und dann auch noch das, nämlich Nikolaus´ verantwortungslose Faulheit. Es genüge einfach nicht, nur bescheiden und sparsam zu leben, wie Nikolaus es sich zur Lebensregel gemacht habe, denn nur sparsam und bescheiden zu leben und spazieren zu gehen bringe keinen Studienabschluss ein.
Immer mehr verfiel er der Verdrängung und Verstoßung seines Studiums, was er mittels Peter Handkes Büchern meisterlich verstand. Gegen Ende des Studienjahres hatte er keine einzige Prüfung abgelegt, und die Tests zu den Übungen aus Mathematik II und Darstellender Geometrie hatte er gründlich versaut mit seiner feigen und faulen Flucht. Im Grunde war er feige und hatte Komplexe, für Prüfungen oder Tests zu lernen, denn vor Winfried wollte er weder als erfolgreicher Streber noch als Dummkopf, der viel lernen musste, um überhaupt durchzukommen, dastehen. Er wollte alles mit einem Minimum an Lerneinheiten schaffen. Er wollte über dem Stoff stehen, der es nicht wert war, ihn zu beherrschen. Kein Wunder, der Stoff interessierte ihn nicht, er hatte das ultimativ falsche Studium gewählt. Da war kein Selbstverständnis in ihm, einmal als Bautechniker zu arbeiten – ganz im Gegensatz zu ihm hatte Johann in Krems das richtige Feeling für den Bau. Im Zug bläute ihm der um vier Jahre jüngere Bruder Johann ein, bei den Übungen gut aufzupassen. Johann stieg dann in St. Pölten aus, um im Bahnhofsrestaurant bei ein paar Bieren auf den Anschlusszug nach Krems zu warten. Wie beneidete er seinen Bruder Johann um dessen Ernsthaftigkeit und Zielstrebigkeit, wenn dieser auch soff wie ein Loch, so hatte er wenigstens die für ihn richtige Ausbildung gewählt!

In den letzten Wochen des 2. Semesters lernte Nikolaus für die Geologie-, die Physik- und die Botanikprüfung. Für die Geologieprüfung war es notwendig, sich eine geologische Karte über eine beschränktes Gebiet am Institut auszuleihen. In seinem Falle hob er eine Karte mit den geologischen Aufschlüssen seiner Heimat aus. Vor den Prüfungsfragen des Professors musste jeder sein Gebiet geologisch erläutern, das heißt verbal mehrere übereinander lagernde geologische Schichten erschließen. Tatsächlich konnte er nur über die eiszeitlichen Ablagerungen, das heißt die oberste Schicht der Talschaften berichten, wozu der Professor lakonisch meinte: „Das ist zu wenig, mein Herr!"

Im Anschluss wurden ihm zwei oder drei Gesteine vorgelegt, deren Namen und Mineralbestand er zu nennen hatte. Da er auch auf die theoretischen Fragen nicht viel wusste, lud ihn der Professor dazu ein, noch einmal zu kommen und sich an seinen Kommilitonen zu richten, die die Prüfung sehr gut oder gut bestanden hatten.

Von der Physikprüfung wusste er, dass der Professor, eine am Atominstitut tätige Koryphäe, alle mit einem „Sehr Gut" belohnte. Somit lernte er kaum dafür, konnte dem Professor dann aber nur zaghafte und falsche Antworten geben, worauf dieser meinte: "Das ist doch nicht so schwer, dass man sich da etwas nicht traut, es ist ohnehin nur Stoff der Mittelschule. So etwas ist mir noch nie passiert, es ist wirklich lächerlich, wie sie sich da anstellen. Kommen sie wieder!" Nikolaus konnte tatsächlich nicht einmal den Hebel eines statischen Momentes ansetzen, es war zum Verzweifeln.

Vor der Botanikprüfung saß er stundenlang im Türkenschanzpark und wiederholte den gesamten Stoff. Wenigstens hier kam er schließlich mit einem „Befriedigend" durch. Er hatte im Park junge Pärchen Hand in Hand gehen gesehen und sich sehnlich vorgestellt, wie es wohl sein würde, mit einer Freundin eine erotische Beziehung zu haben. Er war 21 und hatte noch immer kein Mädchen geküsst oder umarmt. „Was ist das!?", hatte er sich gedacht und sich in die Lage eines Verliebten, dessen Liebe erwidert wird, versetzt. Ohne Neid und dann eher rational hatte er die laufenden Bilder eines Pärchens am Weg analysiert. Auf der Parkbank sitzend hatte er dem glücklichen Pärchen nachgesehen, über dessen Einheit, Treue und Leidenschaft nachgedacht, jedoch nur resignierend und kopfschüttelnd zurück in das Skriptum blicken können. Seine Untersuchungen waren dabei nicht die eines Spanners gewesen, sondern es waren immer wieder die Fragen gekommen: „Wie ist das? Wie wäre das? Wie wäre das, sich in einen anderen, anders geschlechtlichen Menschen fallen zu lassen und und mit diesem zu gehen?"

Mit der Botanikprüfung endete das Studienjahr, und er rüstete sich für die Heimreise, das heißt, er packte seine Reisetasche und brachte den Müll hinunter. Sein Bruder war schon eine Woche früher in die Heimat abgereist, und als Nikolaus mit dem Mistkübel zur Wohnungstür zurück kam, musste er erschrocken feststellen, dass er die Tür ins Schloss hatte fallen lassen. Der gute Schlüssel steckte innen. Da er nur mit Pantoffeln und kurzer Kleidung, jedoch ohne jeden Groschen Geld in der Tasche ausgestattet war, musste er die Peinlichkeit auf sich nehmen, ins nächste Cafe am Eck zu gehen und um ein Telefonat mit dem Aufsperrdienst zu betteln. Nach ein paar Versuchen, vertrauenerweckend zu wirken und das Geld für das Telefonat nach dem Öffnen seiner Wohnungstüre zu versprechen, durfte er endlich telefonieren. Der Aufsperrdienst öffnete die Tür mittels eines simplen Tricks binnen weniger Sekunden und verlangte 700.- Schilling, die Nikolaus zuhause hatte.

In der Gebirgsheimat verbrachte er einige Ferientage mit Arbeit am Hof. Da er keinen Job in Aussicht hatte, das Geld hingegen nicht unbedingt brauchte, da er Studienbeihilfe und Kinderbeihilfe bezog, so wartete er ziellos herum, bis sich ihm ein Job als Holzfäller anbieten sollte.

An jenem Morgen stand der mächtige, jedoch wegen seiner im Holzberg ruinierten Hüfte hinkende, etwa fünfundfünfzig-jährige Markus in der Stube, um den Hofknecht Othmar und Nikolaus für die Holzarbeit anzuwerben. Markus hatte eine Art Boxernase, die ihm in jungen Jahren ein fallender Baum geschlagen hatte. Sonst war der Typ mit Stiernacken und übergroßen Händen, die ihm im Laufe der Jugend im Holzberg erwuchsen, gesegnet. Seine Kleidung bestand aus einem Flanellhemd, worüber sich ein braunes Schnürlsamtsakko spannte, aus Knickerbockern mit dicken, grünen Stutzen und rauledernen Turnschuhen. Vor dem Haus stand sein alter, grüner Volvo ohne Radkappen. Nikolaus stopfte seine Jause in einen Rucksack und platzierte sich dann auf die Bettbank in der Stube, wo der mächtige zahnlose Steirer aus dem Bezirk Liezen stand. Der im ganzen Bezirk Liezen als „Grass-Max“ bekannte Steirer hatte in seiner Laufbahn rege Geschäfte mit zahlreichen Blumenläden hinter sich gebracht. Er hatte von stehenden oder gefällten Tannenbäumen das so genannte „Grass“, das ist dichtes Reisig zur Herstellung von Kränzen, geerntet. Dieses „Grass“ hatte er an Blumenläden in den Bezirken Liezen und Kirchdorf/Krems verhökert, wobei er jeweils hunderte Kilogramm abgeliefert hatte. Später war er als Getränkelieferant tätig gewesen, wobei sein Bierkonsum in astronomische Höhen geschnellt war. Er hatte eine Kiste Bier neben dem Bett stehen gehabt und war sozusagen jeden Morgen mit dem falschen Fuß aufgestanden, indem er noch auf dem Bett sitzend die erste Flasche getrunken hatte. Das Trinken hatte sich dann im Getränkewagen fortgesetzt und war bis zum Schlafengehen auf bis zu achtundzwanzig Flaschen Bier kulminiert. In der letzten Zeit dürfte Max wieder auf das Holzfällen zurückgekommen sein, da er ohnehin selbständig bleiben wollte. Noch zu erwähnen wären seine Schindereien am Bau in Saudi-Arabien, wo er unter einer erbarmungslosen Sonne seine Brote verdient hatte. Dort hatte er zwar gutes Geld verdient, doch diese Arbeit nur als vorübergehende Finanzspritze verstanden.

Sodann gingen Max, Othmar und Nikolaus hinaus aus dem Haus, stiegen in den ramponierten Volvo und begaben sich mit hörbar müdem Motorengemurmel über den Pyhrnpass nach Liezen. Sie fuhren auf der Gastarbeiterstrecke, auch Todesstrecke genannt, nach Osten in Richtung Wörschach, um an der Jet-Tankstelle zu halten. Der etwa fünfunddreißig-jährige, bullige Tankwart war ein alter Bekannter von Max, lebte mit einer etwa fünfzig-jährigen Geschäftsfrau zusammen und genoss eine relative Selbständigkeit hinter dem Kassentisch. Tatsächlich lief das Tankstellengeschäft auf seine Lebensgefährtin, die es zu einem großen Haus und zu größeren schwarzen Zahlen auf ihrem Konto gebracht hatte. Der Verkaufsraum war denkbar einfach und zweckmäßig eingerichtet. Gleich nach der Eingangstür stand ein Kühlschrank mit Bier und Soft-Drinks, dazu gab es ein paar Regale mit Naschereien. Die Motorenöle und die anderen technischen Produkte wurden hinter dem Thron des unumstrittenen Tankwarts gehortet. Der Kassenraum lud absolut nicht zum Konsum ein, sondern war als eine Art Stammwirtshaus für Die-immer-Gleichen angelegt. Auch an jenem Morgen lungerten dort zwei Typen mit den Händen in den Hosentaschen herum. Es war um 10:00 Uhr, und sie dürften nirgendwo sonst abgängig gewesen sein, schlürften ihr Bier aus der Flasche und zündeten ab und an eine Zigarette an. Der Tankwart rauchte Kette, und ehe sich Nikolaus versah, hatte auch er eine Flasche Bier oder eine Zigarette am Mund. Nikolaus und Othmar hielten sich in der Defensive, blieben also hinten beim Kühlschrank stehen, während Max mit dem Tankwart die Tagesthemen der Stadt Liezen besprach und eine Zote nach der anderen schob. Max war sichtlich in seinem Element, als er so mit Flasche und Zigarette dastand, sich mit dem Tankwart und den Taugenichtsen frohen Sinnes die Zeit vertrieb und dieses sich hinziehende Gott-den-Tag-Stehlen als Auftakt oder Kräftesammeln vielleicht für die Arbeit im Wald nutzte. Nikolaus war in seiner Schüchternheit den noch immer etwas fremden Personen gegenüber dermaßen verlegen, dass er sich eine filterlose A3 nach der anderen in den Mund steckte und bald beim dritten Bier angelangt war. Das eiskalte Bier und die vielen Zigaretten benebelten seinen Geist und schwächten seine Jugendlichkeit, führten jedoch immerhin zu einer Lässigkeit gegenüber die ihm drohende körperliche Anstrengung und Konzentration, die ihm in einem bis dahin noch fremden Waldstück abverlangt werden sollte. Othmar war ebenso mulmig zumute wie Nikolaus. Beide spürten die Autorität von Max und dem Tankwart, dem seinerseits unumschränkten, zynischen Herrscher auf der Tankstelle, der es den beiden Underdogs zu kennen gab, dass sie für ihn nichts anderes als windgebeutelte Tagelöhner ohne Recht auf eine Stimme waren. Nach dem vierten Bier reichte es Max, der scheinbar darauf bedacht war, dem Tag noch etwas Lukratives abzuringen. Sie zahlten, stiegen in den Volvo und fuhren an den Nordhang des Ennstales, um Holz auf die Forststraße zu liefern.

Die Holzbringung war für Nikolaus´ sportliche Disposition denkbar leicht und ungefährlich, obwohl er mit der Sapine Stämme über einen schwer zugänglichen Wasserfall zu bewegen hatte. Er war erstaunt über seine Kraft, Ausdauer, Sicherheit und Schnelligkeit, während Othmar lauthals für mehr Vorsicht und Bedachtheit appellierte. Der vierzig-jährige Karl, der sich als dritter Holzknecht unter der Obrigkeit von Max dazu gesellt hatte, meinte, Othmar solle nicht gar so viel Angst um sein Hundeleben haben, was Nikolaus dazu anspornte, für sein Geld gute Leistung zu erzielen und Othmar, der unter dem Wasserfall arbeitete, das heißt das Holz weiter auf die log-line schaffte, um sein Leben bangen zu lassen. Unser Student war sich seiner Sache so sicher, dass er Othmar, der das Holz die log-line hinunter poltern ließ, nicht im Geringsten in Gefahr glaubte. Etwa nach einer Stunde rief Max zur Rast auf und bot jedem Bier gegen den Durst. Es war ein nebeliger, leicht regnerischer Tag, Umstände, die Nikolaus für sich arbeiten ließ, denn er hasste Hitze, Schwitzen und Durst. Er war guter Laune und glaubte, sein Bestes zu geben, er war vom Studienjahr ausgeruht, während der einundfünfzig-jäh-

rige Othmar konditionell am absteigenden Ast saß. Das Bier schmeckte köstlich und war ein Labsal für den stolzen, wenn auch schüchternen einundzwanzig-jährigen Nikolaus. Max meinte, es wäre nicht nötig, so schnell und rücksichtslos zu arbeiten, was Nikolaus in seiner Leistung bestätigte, da er immer schon Angst vor Vorgesetzten hatte, vielleicht doch zu langsam zu sein. In Ruhe tranken sie ihr Bier im steilen Graben, der mit Baumstämmen ausgelegt war, Stämme, auf denen das Holz von oben zur Straße schnellte. Allmählich ging alles schneller, und der Holzboden über dem grob-steinigen Gewässer wurde ebenso abgebaut. Immer wieder eine Flasche Bier, immer wieder lässige Kommunikation zwischen den Arbeitsschüben. Und bald das Ende des Arbeitstages, der sich immer sonniger und wärmer gestaltete. Das gesamte Holz war binnen weniger Stunden zur Straße gebracht worden, Max war mehr als zufrieden, und ab ging es nach Liezen, um weiter zu trinken.
In Liezen machten sie halt an einem der Roadhouses neben den Tankstellen, wie sie in Amerika die breiten Durchzugsstraßen säumen. Othmar und Nikolaus nahmen im Biergarten vor der Herumhängerkaschemme platz und ließen sich die gleißende Sonne auf den Nabel scheinen, mit direktem Blick auf die Todesstrecke und deren kriechenden Verkehr, während sich Max an den Tresen der Alteingesessenen begab. Sie tranken das Bier und rauchten den Lohn der Rechtschaffenen. Nikolaus und die anderen Holzknechte hatten in den Pausen nichts Festes zu sich genommen, und so fuhr in Nikolaus das wohlige Gefühl der Berauschung in die Glieder. Harte Arbeit ohne ordentliche Fett- und Eiweißzufuhr, stattdessen die schwächende Alternative von Alkohol und Nikotin. Seine Gedanken kreisten um die Arbeit, er befürchtete ein wenig, dass unter Max ein Gutteil des Geldes für die wenigen Stunden Holzarbeit in den Bierkonsum investiert werden würde. Er rechnete sich aus, dass es immer wieder zu Saufereien kommen werde, was ihn nicht sonderlich störte. Mehr störte ihn die Unausgenutztheit des Tages und das scheue Herumhängen mit Typen wie Max und dem Tankwart, die auf ihn wirkten, wie das Gegenteil eines Katalysators, die ihn in seiner Persönlichkeitsentwicklung und studentischen Karriere hemmten. Tatsächlich glaubte er, er sei dem wilden Leben in Gesellschaft solcher Leute nicht gewachsen. Er wusste um seine zarte Haut oder Seele und konnte einem Leben im Wald und auf der Straße nichts abgewinnen. Wohin ging er? Es lag ein Jahr der

studentischen Erfolglosigkeit hinter sich, egal, was ist schon ein Jahr, in dem man erst einmal eine Großstadt kennen lernt! Wien war für ihn ein Vorwand für das Nichtstun und das beginnende schriftstellerische Schaffen gewesen, aber irgendwann, ja, irgendwann werde er wohl doch mit dem ernsthaften Lernen beginnen müssen! Tatsächlich hatte er auch das Lernen noch lernen müssen, denn in der Mittelschule lernte er nur für das schulische Überleben, aber nicht für Prüfungen, die hunderte Seiten umfassten. Er nahm den Stoff einfach nicht an, konnte sich einfach den Stoff nicht plastisch und lebendig vorstellen, und so lernte er auch für die Botanikprüfung nur auswendig, ohne jeglichen Intellekt und ohne jegliche Freude. Es fehlte bei diesem Studium an der Freude, das ganze Studium war in Wirklichkeit eine Sackgasse, eine morbide, zermürbende und entwürdigende. Und er wusste noch nicht, wie lange er in dieser Sackgasse gehen werde. Noch war sie nicht zu Ende.

Am nächsten Morgen fuhren er und Othmar in aller Frühe mit dem Fahrrad zum Bahnhof, um dann mit dem Zug nach Selzthal zu gelangen, wo Max mit seiner schwedischen Rostkiste wartete. Sie fuhren dann entlang einer schmalen, schlaglochreichen Straße zum nächsten Fällungsort. Es war ein etwa zwanzig-jähriger Fichtenwald zu durchforsten, der auf einem flachen Hang am Rande des Ennstales lag. Max war eher damit beschäftigt, den Bier- und Zigarettennachschub zu managen, als selbst mitzuarbeiten. Mit von der Partie war auch der Amstettener Karl, der schon am Tag zuvor mit dabei war. Er arbeitete getrennt von Othmar und Nikolaus und sprach kurz davon, sein „Pupperl" mit in den Wald zu nehmen. Nikolaus dachte sogleich an eine arbeitslose Tussi, die sich in ihrer Orientierungslosigkeit an einen nach Pech, Benzin- und Ölgemisch riechenden Naturburschen klammert. Wenn Max da war, saß er meist in seiner Rostschüssel und nuckelte an einer Bierflasche. Ab und zu kam er in den Wald, um eine Bierpause auszurufen, was besonders Othmar begrüßte, der seinen Durst nach Bier kaum stillen konnte. Da Max bald darauf aufmerksam wurde, wie ineffektiv Nikolaus und Othmar mit der Motorsäge arbeiteten, kam dieser zu Nikolaus und zeigte ihm, wie man richtig entastet. Nikolaus hatte die jahrelange Angewohnheit gehabt, mit dem Motorsägenschwert an jedem Ast einzeln anzusetzen und Gas zu geben, um diesen vom Stamm zu abzutrennen. Nun war da Max, der das Schwert schwungvoll am liegenden Stamm entlang führte und dabei voll am Gas blieb, was eine raschere Abtrennung der hintereinander liegenden Äste ermöglichte. Nikolaus begriff sofort und schwang das Schwert wie eine Sense an den Stämmen entlang, worauf Max zufrieden war, jedoch mit der Einschränkung, dass er meinte, Othmar könne in seinem Alter diese Technik nicht mehr erlernen, weshalb er Othmar auch nicht belehren wollte. Karl riss einen Baum nach dem anderen zu Boden und werkte meisterlich mit seiner orangen Husquarna. Die Motorsägenketten von Othmar und Nikolaus hatten beim Gasgeben einfach nicht die rasante Beschleunigung und Kraft, wie jene von Karl, die obendrein viel schärfer gefeilt war. Die Stämme wurden alle zwei Meter abgelängt und mit der Sapine nach und nach zu Bündeln zusammengezogen, damit sie der Traktor später aus dem Wald bringen konnte. Nach ein paar Tagen stand schließlich das „Pupperl" von Karl auf der Forststraße und beobachtete Kette rauchend seinen, das Motorsägenschwert schwingenden, Beschützer. Nikolaus dachte sich dabei sofort, es könnte sich genauso um die Tochter von handeln, nur passte dieses zweiundzwanzig-jährige, von der Pille aufgedunsene Mädchen genau in die Fassung, die er von Karls angekündigtem „Pupperl" hatte. Es war, wie sich bald herausstellen sollte, ein schüchternes, schweigsames und eher nur verlegen lächelndes Mädchen. Karl kam jeden Morgen mit eigener Rostlaube und seinem „Pupperl" angerast. Er war ein Autonarr, der seinen ramponierten Mitsubishi nicht schonen wollte und meist mit Vollgas unterwegs war. Othmar und Nikolaus kamen täglich mit dem Zug zum Knotenbahnhof Selzthal, wo Max sie abholte. Immer öfter pfiffen sie auf die Arbeit und fuhren hinauf zum nahen Naturfreunde-Haus, um dort im Essraum an der Bar zu stehen und Bier und klaren Schnaps in sich hinein zu schütten. Es war dies kein Gasthaus, sondern ein nur für Naturfreunde – vor allem für Paddler und Rafter – zugängliches Haus. Die Ausnahme bildeten Freunde des Verwalters und Ausschenkers, dessen Hauptjob eigentlich beim Verschub im Bahnhof Selzthal war. Der Typ, der niemanden ernsthaft abweisen wollte, war etwa 160 cm groß und sehr korpulent. Aus seinen Augen sprachen Übernächtigkeit, exzessiver Alkoholgenuss und ein gerüttelt Maß an Schalk. Karl war nie von der Partie im Naturfreunde-Haus, wogegen Othmar und Nikolaus den von Max und vom korkstoppelartigen Naturfreunde-Haus-Verwalter betriebenen sexistischen Ausführungen meist nur kopfnickend und bejahend lachend beipflichteten. Die Show zogen die beiden sexerfahrenen Freunde mit ihrer Saugosche ab, das war klar. Gesoffen wurde oft bis zum Rausch, und Max zahlte meist die Zeche. Nikolaus war so weit, dass es ihm schon egal war, ob gearbeitet oder gesoffen wurde, er ergab sich der Oberflächlichkeit, der er stets ausgesetzt war und dem moralischen Sumpf, in dem er versank, war es im Wald oder im Wirtshaus. Oft wurde auch im betrunkenen Zustand mit der Arbeit begonnen, und es war die schweißtreibende Arbeit im Wald, die den Kopf bald wieder nüchtern machte. Die schweinischen Geschichten der beiden Showstars erreichten Tiefen, dass man sich wiehernd auf die Stirn greifen musste. Max erzählte zum Beispiel ein Erlebnis, wo er zwei Liebende durch das Schlüsselloch beobachtete. Der Lover hatte seine Geliebte von hinten genommen, wobei sein Schwanz beim Herausziehen stets ganz weiß geworden war, er dann immer wieder in einen Leinenfetzen gespritzt hatte, seinen Lümmel immer wieder reingestossen, immer wieder ganz weiß herausgezogen hatte....usw. Bei dieser Rein-Raus-Erzählung stieß Max mit seinem rechten Zeigefinger immer wieder in seine linke Faust. Der Korkstoppel von Naturfreunde-Haus-Verwalter erzählte gerne von seinen Prügelorgien im Bett, von Frauen, die gerne verprügelt geworden und somit auch gerne bei ihm geblieben waren und von Frauen, die er zum Abtreiben gezwungen hatte. Die Saugosche der beiden trieb böseste Blüten, besonders dann, wenn die Arbeit ferne lag und der Rausch sicher war.

Wieder und wieder besuchten sie die Jet-Tankstelle in Liezen. Eines Morgens, Max hatte am Hof Nikolaus´ im Heu geschlafen, berichtete der grün und blau geschlagene Tankwart von einem Vorfall im Bordell „Herzerl-Bar", wo ein Typ mit der Pumpgun aufgetaucht war, eine Prügelei begann und die gesamte Tageslosung der Tankstelle raubte. Der Tankwart musste schwer besoffen gewesen sein, denn er konnte sich nur daran halten, dass seine Tageslosung verschwunden war. An ein Gesicht oder an die Schlägerei selbst konnte er sich nicht erinnern, es musste jedoch dem Anschein nach eine Schlägerei gegeben haben, dazu half ihm sein verletztes Antlitz auf die Sprünge.

Auch am Pyhrnpass, noch in der Steiermark, aber schon kurz vor der Grenze zu Oberösterreich, begaben sie sich gerne in die kleine Jausenstation „Zum Kalkofen". Es war dies ein almhüttenähnliches Gebäude, in dem die Küche und die Sitzecken eine Einheit bildeten. Angeboten wurden vorwiegend Bauernkrapfen, Steirerkrapfen und diverse einfache Getränke. Geführt wurde das kleine Unternehmen von einer rüstigen Siebzig-jährigen, deren Mann, einem Kriegsinvaliden, dessen Weichteile von einer Granate zerrissen wurden, und deren Freund, der unter großherziger Duldung des Kriegsinvaliden für die Schäferstündchen zuständig war. Wegen des holzbeheizten Herdes der Küche war stets eine große Hitze im Raum, und die beiden Herren taten mit ihren Selbstgedrehten das Ihrige zur Zigarettenrauchglocke. Im Sommer wurde auch vor dem Haus ausgeschenkt, aber Max wollte immer nur hinein in die Gesellschaft der drei Verbandelten. Die Ziegen im Hinterhof kamen gerne ans Fenster und lugten hinein, Max machte der Wirtin Komplimente für ihre guten Titten, Nikolaus und Othmar schlürften ihr Bier und alles war sichtlich in Ordnung. Es war ein guter Sommer für Nikolaus, der mit Othmar einen seiner besten Freunde bei sich hatte und der mit Max den bis dahin besten Chef hatte. Für Nikolaus sollte es der letzte Sommer sein, in dem er den „Kalkofen" besuchte, denn im neuen Jahrtausend sollten der Wirtin beide Männer wegsterben. Nikolaus´ Vater sollte sie weiterhin aufsuchen und von ihr erfahren, dass es nach ihr keinen Nachfolger geben dürfe. Das Resultat war dann nach dem Gemunkel der Kenner des „Kalkofen" die Brandlegung ihrerseits, was auch ihren einsamen, infernalen Tod nach sich ziehen sollte. Der „Kalkofen" ist heute nur mehr Geschichte. Und es ist das Fehlen des „Kalkofen", das zum Niedergang einer bäuerlich-gastronomischen Kultur unbedingt beiträgt.

Nach einem sonntäglichen Besaufen fuhr Nikolaus völlig verkatert und ohne Othmar nach Selzthal, wo er von Max erwartet wurde. Max wollte unbedingt einen Frühschoppen einlegen und fuhr zu einem einsamen kleinen Gehöft in der Ennstalebene, wo er ein Bier trinken wollte, jedoch feststellen musste, dass niemand anwesend war. Zwei Jahrzehnte später sollte Nikolaus mit seinem Vater immer wieder dort auftauchen, wo es ein paar geduckte Stallungen für Ponnys und Ziegen gibt. Der Betreiber des kleinen Anwesens ist ein fünfundsiebzig-jähriger ehemaliger Eisenbahner, der je nach Witterung in seiner Stube oder im Freien einige Männer um sich schart, um mit ihnen zu trinken und zu plaudern. Der Ansturm der nicht mehr jungen Männer stellt jedes andere Wirtshaus in Selzthal in den Schatten, denn das Flaschenbier aus dem Grander ist billig wie sonst nirgends. Jeden Morgen um sieben kommt der Eisenbahner von seiner Selzthaler Wohnung auf sein Kleinod, das genauso in der Taiga stehen könnte. Neben seinen Qualitäten als Wirt und Unterhalter kann er gut mit Sense und Heugabel umgehen, denn er hat Pachtgrund für die Weide seiner Tiere und für die Heuernte in der Ennstalniederung, wo der Boden moorig und feucht ist und wo auch die Weiden wachsen. Max fuhr zurück in Richtung des Bahngeleises am Ennstalrand, und sie mussten feststellen, dass der Bahnschranken herunter gelassen war. Sie stiegen aus und warteten auf den Zug, der lange nicht kommen sollte. Max öffnete den Kofferraum und fasste zwei Flaschen Bier aus. Beide lehnten am Auto, rauchten und tranken. Nikolaus gestand Max seine alkoholische Lädiertheit, worauf Max vorschlug, die Arbeit liegen zu lassen, und er begann zu erzählen. In jungen Jahren, also bereits in einem Alter von dreizehn Jahren, war er schon in den Holzberg mitgegangen und hatte dort dermaßen hart arbeiten müssen, dass er am Abend aus Müdigkeit ohne Mahlzeit in die Federn fiel. Mit fünfzehn begann er, fix als Holzknecht zu arbeiten. Etwas später war er in den Wirtshäusern gerne gesehen, daran änderten auch seine Wirtshausraufereien nichts. Zu zweit räumten sie ganze Wirtshäuser aus, was bei seinem mächtigen Körperbau für Nikolaus nicht zu bestreiten war. Bis in die Frühe wurde gesoffen, um sich gleich anschließend auf den beschwerlichen steilen Weg ins Holz zu machen. Es waren harte, aber stressfreie Jahre, als er noch mit der Zugsäge und mit der Asthacke arbeitete. Er meinte, dass der Stress mit der Motorsäge kam und dass es Holzknechte gab, die sich mit der Motorsäge nicht anfreunden konnten und ihr Holzknechtdasein aufgaben, um zum Beispiel bei der Eisenbahn oder bei der Gemeinde zu arbeiten.

Der nächste Fällungsort lag bei Johnsbach im Gesäuse, auf etwa 1500 Meter Seehöhe und in der Nähe einer bewirtschafteten Alm. Jeden Abend fuhren Max, Nikolaus, Othmar, Karl und dessen „Pupperl“ zur Almhütte, um sich einen Bären umzubinden. Karl hatte wegen einer Eifersuchtsszene im Knast gesessen und war auch wirklich höchst bedacht auf die Zugehörigkeit seines „Pupperls“. Möglicherweise hatte der Bulle von einem Mannsbild Jahre zuvor einen Nebenbuhler verdroschen und darauf durch Gitterstäbe geschaut. Immer, wenn sich Nikolaus im Beisein von Karl länger mit dessen „Pupperl“ unterhielt, wurde dieser ruhig und ernst. Karl musste sich überdies hüten, keinen Schnaps zu trinken, denn der Schnaps konnte ihn zum Tier machen. In Sachen Frauen war Karl ohnehin ein Verlierer, das zeigte ja dessen Wahl.

An einem Sonntagmorgen fuhren sie verkatert zur Almhütte und waren bald wieder in der Welle. Ihr Schlaf im Heu war tief, aber zu kurz gewesen. Max saß mit Nikolaus und zwei Mädchen vor der Almhütte in der Augustsonne. Nikolaus mit seiner ungepflegten Mähne konnte bei den Mädchen nicht punkten, und Max tat das seine dazu, indem er meinte, Nikolaus habe nichts in der Hose, er selber jedoch habe einen Schwanz von zweiundzwanzig Zentimeter Länge. Natürlich briet Max die Mädchen nicht an, denn er wollte nicht als Kinderschänder gelten, so seine Diktion. Othmar schlief sich seinen Rausch am Bett der Sennerin aus, und Nikolaus war bald dermaßen besoffen, dass er sich am Montag darauf nicht mehr an alles erinnern konnte. Auf jeden Fall blieb jede Menge Geld auf der Strecke, die ganze Holzknechtpartie war für Nikolaus ein Trip. Nikolaus´ Mutter meinte, er sollte eher zuhause bleiben und für das Studium lernen, das würde ihm viel mehr einbringen, als die paar Groschen von Max, der kein Umgang für ihn sei. Ihr Wunsch wurde bald wahr, als sich Nikolaus mit der Motorsäge eine Reißwunde am Oberschenkel zuzog, die im Krankenhaus Rottenmann genäht werden musste. Nach der Behandlung ging er zur Bushaltestelle, um den Abfahrtszeitpunkt nach Liezen abzulesen. Da ihm noch Zeit blieb, ging er ins nahe Cafe auf ein oder zwei Krügel Bier. Als er zur Bushaltestelle zurück kam, traf er den Cousin seiner zukünftigen Schwägerin und meinte, das Arbeiten im Holzberg sei für ihn nichts anderes als ein Hobby und eine Leidenschaft. Danach kam der Korkstoppel vom Naturfreundehaus Selzthal aus dem Krankenhaus auf die Bushaltestelle zugerollt und grollte über eine seiner Bettgenossinnen, die ein Kind von ihm erwartete und gerade unter das Messer kam, denn er zwang sie zur Abtreibung, die er aber nur ungern bezahlte. Nikolaus fuhr dann mit ihm per PKW zum Naturfreundehaus, wo er seinen Vater anrief und auf diesen bei ein paar Flaschen Bier wartete. An der Bar standen außerdem ein Überwacher eines Kleinkraftwerkes der Palten und dessen Freundin. Nikolaus und das Pärchen unterhielten sich gut gelaunt, wobei Nikolaus auffiel, dass sie ihm schöne Augen machte. Es kam im Beisein des Naturfreundehauskorkstoppels wiederum zu Diktionen aus der untersten Schublade, aber nicht lange, denn bald stand Nikolaus´ Vater in der Tür, der ihn drängte, sein Bier schnell auszutrinken.

Der Rat des Arztes, möglichst viel Ruhe zu geben, wurde von unserem Antihelden nicht im Geringsten befolgt, denn er soff mit seinen Freunden Rüdiger und Johannes in Windischgarsten herum und war somit viel auf den Beinen. Sie soffen im Buffet des Freibades zwischen all den Halbnackten und schliefen am hell lichten Tag auf Bänken des nahen Naturparks.

Das siebente Jahr: Der Liebestaumel

In dieser Zeit der Wundheilung lernte der mittlerweile einundzwanzigjährige Nikolaus in einem Gastgarten flüchtig die achtzehn-jährige Kärntnerin Julia kennen, was eine zwei Jahre dauernde Liebschaft zwischen den beiden nach sich ziehen sollte. Die große Liebe der beiden zueinander sollte geprägt sein von langen geografischen und zeitlichen Distanzen zwischen den kurzen Treffen und nicht zuletzt von leidenschaftlichem Briefwechsel. Somit sollte die Beziehung auf das vorwiegend Geistige und Seelenverwandte ausgerichtet sein. Wenn sie sich treffen sollten, sie dann meist halbnackt im Bett liegen sollten, es zu Kuscheleien kommen sollte, dann sollte der beiden Jungfräulichkeit unangetastet bleiben.

Wenige Wochen nach dem ersten Ansichtigwerden im Gastgarten bekam er einen Brief von der Kärntnerin, in dem sie von einer interessanten äußeren Erscheinung seinerseits schrieb und ihr Interesse danach bekundete, ob sein Wesen seinem Äußeren nicht nachstehe.
Nikolaus las den Brief in den nächsten Tagen sehr oft durch, war ganz aus dem Häuschen, dass sich ein attraktives Mädchen für ihn interessierte und reagierte offensiv mit einem Brief nach Rom, wo sie als Au-Pair-Mädchen arbeitete.

August, Brief nach Rom

Liebe diesige Julia!

So viel Zeit und Geld hast Du geopfert, darum kriegte ich diesen Brief von Dir, und beim vorerst noch verdutzten, nach ein paar Zeilen dann schon verdatterten Durchlesen wurde mir nicht fade! Sonst hätte ich Dir gleich geschrieben.
Du hast hineingeschrieben, Du kennst mich überhaupt nicht; so, als ob Du mich nicht mehr kennen würdest. Und wie recht Du hast! An der Stirn ist eben nichts abzulesen, konnte ich mir eben auch nur die äußere Ordnung Deiner inneren Unordnung gefallen lassen. Ganz klar, wir sind

im Kemmetmüller-Gastgarten gesessen, unter Kastanienbäumen, dann im noch schattigeren Clip, ah ja, vorher noch im Pup, und zu aller erst im Wagen; mich überkommt halt immer wieder diese faule Sorglosigkeit, die es dann genau so gut fertig bringt, eine persönlichere Auseinandersetzung dann, wenn man sich erst ein wenig gesehen hat, nicht zu Wege zu bringen. Es mangelte am Drive. Um Gottes willen, das ist keine Entschuldigung! Es ist ein schöner und starker Zug von Dir gewesen, zu schreiben – das bescheinigt auch Dein Schriftbild, dass Du ohne schnörkeligem Dekor einladend, ja gewinnend bist. Somit glaube ich schon fast, einen ganzen Haufen über Dich zu wissen, was leider den lächerlichen Verdacht nicht ausschließt, Dein Vater oder einer Deiner Brüder seien kugelschreiberführend gewesen. Verzeih, hab´ bitte ein Bisschen Sinn für Humor, oder lach´ Dir die Seele aus dem Leib – Du musst wissen, Deine Sendung sah eine Zeit lang ganz nach einer Albernheit aus, die vielleicht vom Rüdiger, Du kennst ihn vielleicht, hätte stammen können.
Ich bekomme selten Post, meist nur lästige Telefonanrufe – es ist somit hoch anzurechnen, wenn es jemanden gibt, der an einen denkt und es obendrein noch schafft, einen selber an diesen Denker denken zu lassen. Deiner Initiative ist ein ganz teures Geschenk entwachsen. Was gibt's noch?....Ich wohne mit meinem Bruder Winfried in Wien (wir wollen Eierköpfe kriegen), Strom und Gas kommen erst in ein paar Tagen, der Wind bläst....und schon wieder ist Oktober. Wir hätten alle länger im Gastgarten bleiben sollen, nun ist es zu spät, nein, zu kalt!
Lass es Dir gut gehen!

Nikolaus

PS.: Haare nicht schneiden lassen!

Die Tage waren für ihn ausgefüllt von seiner ersten erwiderten Liebe. Er ging durch die herbstlichen Weingärten um Sievering und Grinzing, las viel Handke und ließ seinen Empfindungen vollen Lauf. Der nächste Brief von Julia kam von Rom, wo sie als Au-pair-Mädchen arbeitete. Während des Briefschreibens saß sie im kühlen Stiegenhaus vor einer verschlossenen Tür und erzählte, dass ihr leiblicher Vater ein Römer sei,

sie ihn icht kenne und er nichts von ihrer Existenz wisse. Sie sei deshalb in Rom, weil sie wissen wolle, wie es gewesen wäre, in Rom aufgewachsen zu sein.
Julia und Nikolaus entwickelten eine sich gegenseitig neckende Sprache, wohl deshalb, weil sie sich von Anbeginn liebten.

Oktober, Brief nach Rom

Dear Julie!

Pass auf die Mofas auf, sonst wirst Du noch kleiner, und schau dazu, dass Du kein Kleines kriegst, sonst wirst Du zu groß. Ach, bleib´ doch wie Du bist; außerdem sind die Römer eh schon immer kleiner als die Germanen gewesen, hast jetzt ein paar Zentimeter wett gemacht. Das Gewicht verlierst Du deshalb, weil es die Kost nicht anders duldet und weil Du ja immer mehr Dreck mitzuschleppen hast (spare in Rom, dann hast Du in Kärnten, ich meine, wasch´ Dich nicht zu oft mit Seife). Probier´s aus! Ich war noch mehr Sau in den Sommerferien, als ich mich 2 Monate nicht brauste (keine Zeit wegen der vielen Arbeit und Naturverbundenheit im Wald gehabt), und trotzdem gab es keinen Grund zum Kratzen. Übrigens, warst Du dann doch noch die aktive Türeneintreterin, oder bist Du immer noch die kontemplative Stiegenhaushockerin? Ich hoffe schon sehr, der Stein war nicht ganz zu kalt, naturgemäß, als Mann, hab´ ich das mitgemacht mit den Hämmorrhoiden und den jämmerlichen Schmerzen. Ja, das Leben ist ein erbärmliches Wild-West-Spektakel, eine Bukowski-Farce. Commedia dell´arte! Aber ich lese jetzt die Bücher von Handke, weißt eh, vom Ekel-Peter, weißt eh, der mit dem Schnauzer, hat kürzlich ein Werk über die Müdigkeit heraus gebracht, ist aber nix zum Einschlafen. Dieses Wien! Wien! Vienna is my Lady. Yeah! Und dieser Fensterblick, so städtisch, so kosmopolitisch, direkt zum Rausspringen. Draußen steht dieses Unfallversicherungsgebäude, so wohlfährtig sieht es aus, aber zahlen will keiner, denn ein Toter trinkt kein Bier. Und von einem anderen großen Gebäude leuchtet „Kronen Zeitung“ in riesigen Lettern über Kilometer durch die Nacht. Diese Straße hat den Adalbert Stifter nicht verdient, machst Du nämlich das Fenster auf, plärrt einen

die ganze Stadt an mit ihrer ganzen aufdringlichen Zivilisation. Mein Bruder, Winfried heißt er, hält es kaum noch aus in dieser Wohnmaschine, er denkt stark ans Ausziehen. Der Lärm und die Abgase machen ihm zu schaffen. I´m used to it, but he´s so sensitive. Ja, es gibt da einen Briefkontakt, wenn ich ehrlich bin, dann liegst Du mir ganz schön auf der Brieftasche; das Papier, die Marke, der Kuli, die Kalorien,......
Und dabei sehe ich mich gerade, alt und verschrumpelt, in einem Schaukelstuhl dahin sabbernd, Brief um Brief in einen viktorianischen Kamin, einen offenen, werfend; verbrennende Zufallsbekanntschaft. Ich bin aber schon ein Charmeur, gell? Ich hab´s eben nicht mit der großen Poeterei heute, darum muss ich Blödsinn schreiben. Unlängst sah ich in „Trailer“ einen Ausschnitt, wo sich zwei frisch Geschiedene zanken, sie im abwärts fahrenden Drahtverhau und er ihr im Stiegenhaus (so ein Wort) nacheilend. Sie fühlte sich vernachlässigt während der ganzen Ehe, sagte sie, und dass für ihn immer nur „das Eine“ wichtig war; darauf seine Frage an sie: „Wolltest Du einen Brieffreund oder einen Ehemann?!“ Gutes Kino, etwas zum Blödkichern und Staunen. Ich musste lachen dabei, obwohl ich mich fürchterlich ertappt fühlte. Ich habe eine Brieffreundin, dachte ich, so etwas Altväterisches, was wieder zum Lachen war. Fühlst Du Dich jetzt angegriffen? Wenn, dann schlag zurück, mit Worten!

Yours Nikolaus

PS.: Ich bin durchaus imstande, vier Seiten zu bekleckern, da ist nichts dahinter; ich habe sicher mehr geschrieben als Du. Dafür war ich heute nicht so großzügig, eher kleinlich-leserlich. Wie geht's der Mart(ina)? Richte ihr einen herzigen Gruß aus, und sag´ ein paar Mal das Wort „sabbern“, das mag sie, da bekommt sie Heimweh. Die Italienreise der Wahlverwandtschaften, da dreht sich doch einer im Grab um! Goethe heißt der Mann, weil er nicht mehr laufen kann (Dichtung oder Wahrheit?). Auf jeden Fall, sei auf der Hut, und sei´s auch bloß die Armut. Die Martina ist ja eh kräftig gebaut und alles, aber passt halt recht gut auf, weißt eh, die Mafia. Und wenn es Dir schlecht geht, dann stehle, und komm´ um Himmelswillen nicht auf die Idee, nackt auf die Straße zu gehen (hast Du gesagt) und Deinen Körper zu verkaufen (wenn, dann müsstest Du Dich sowieso waschen). Wie gesagt, Haare behalten, meide

Scheren! San Francisco liegt in Schutt und Asche, nichts steht mehr, nur ich die ganze Zeit unterm Türstock, vor lauter Angst, dass auch meine Wohnung zusammenfällt. Am Abgrund der Langeweile (mir ist nicht fade) denk ich in Windeseile: 3 Wochen oder 4 trank ich kein Bier. Seh´ schon weiße Pferde, ist´s ein Wunder, wenn ich kirre werde? Danke für die Aufmerksamkeit; danke für das Briefchen.

Mit besten Grüßen

Nikolaus

Julia erwähnte in ihrem nächsten Brief, dass Nikolaus´ letzter Brief von einer Taube beschissen wurde, als sie ihn gerade an der Busstation las. Der Vogel schiss ausgerechnet auf das Wort „Handke". Der Vogel wollte vielleicht nur sagen, dass sein Brief beschissen sei, meinte sie. Falls er ihr auf der Tasche liege, meinte sie weiter, dann sei das nur ein Kompliment für sie, denn scheinbar brauche er zum Leben nicht mehr als sie allein.

Die nächste Sendung schrieb er auf eine Ansichtskarte mit einem geometrischen Bild von Piet Mondrian, genannt „Composition". Er reagierte auf ihre provokante, anstößige Schreibe, aus der ohnehin der Humor lachte.

November, Karte nach Rom

Liebe Julia!

Eh´ es zu einem Kampf kommt, hab´ ich Dir schon längst auf die Finger geklopft! Du Unartige-Sachen-Schreiberin Du. Mein Magen ist gusseisern, Du bringst mich nicht zum Kotterbrechen. Du verdirbst mich zwar recht, was ja recht nett ist, schreib´ aber nur noch schöne Sachen, weil ich Dich sowieso mag.

Ihre Antwort aus Rom tat ihm gut, weil sie einfach, offen und direkt war. Sie fragte ihn, warum seine Sehnsucht nach ihr so groß sei. Sie hungere oft nach ihm. Warum helfe er ihr immer wieder, warum sei er immer so freundlich, gütig und demütig? Der Demütige sei kein fordernder Mensch. Die Demut wachse wie die Raupe in ihrem Kokon, und eines Tages, wenn die Raupe zum Schmetterling wird, werde sie freigelassen. Es sei eine schöne Demut, eine anmutige Demut, sie sei in jedem Menschen.
„Ich mag Dich. Das klingt einfach und nett. Umgekehrt. Dich mag ich, klingt es fordernd und furchteinflößend, so besitzergreifend. Das gefällt mir überhaupt nicht. Es gibt viele Menschen, die es so harmlos sagen und es so fordernd meinen. Am liebsten würden sie Dich einsperren in einen Käfig. Du würdest sicher nie einen Menschen einsperren wollen, das spür´ ich, und deshalb mag ich Dich auch sehr.“

In einem weiteren Brief fragte sie ihn, warum er eigentlich so stolz darauf sei, an ein so mieses Mädchen wie sie zu denken. Sei es wirklich eine solche Seltenheit bei ihm, dass er an jemand anderen denkt? Warum wird ihm dann eigentlich so leicht langweilig, es müsse doch anstrengend sein, ständig an sich und seine Probleme zu denken. Ja ja, Anstrengung verheißt den Kranz, Ausdauer erringt ihn ganz. Geduld, vielleicht schaffe er es am Ende, ganz allein zu sein. Da würde ihm bestimmt nicht fade, mit einem interessanten Menschen wie ihm.

Julia schrieb öfter als Nikolaus, der immer mit brennender Sehnsucht auf ihren nächsten Brief wartete, um zu reagieren. Bis zu ihrer ersten körperlichen Annäherung zu Weihnachten schrieb er nie aus freien Stücken, fast nie hatte er die Lässigkeit, als erster zu lieben, denn er wollte zuerst geliebt werden. Er war kein Agierender, sondern ein Reagierender. Um es anders auszudrücken, liebte er die, die ihm sicher war. Wäre seine Reaktion im Falle ihrer Abwendung dann Hass gewesen? Nein! Erst dann wäre er fähig geworden, trauernd um sie zu werben.

Nach einem Rendezvous im Windischgarstnertal um die Weihnachtszeit kamen sie sich erst so richtig nahe. Beide bewunderten und liebten das äußere und innere Wesen des anderen.

Nikolaus, wieder in Wien, Julia, wieder in Rom, schickten sie einander schriftliche Liebesbekenntnisse. Wiederum machte sie den ersten Schritt in puncto Schreiben.
Es war zu zwei intensiven, diesmal Haut-auf-Haut-Kontakten zwischen den beiden gekommen. Die beiden Treffen waren kindlich-unschuldig geblieben, nichtsdestoweniger war ihre Liebe zueinander erst so richtig manifestiert worden.
Nikolaus und Julia taumelten in einem wahren Liebes- und Glücksrausch. Als Nikolaus, wieder in Wien, ihren ersten Brief im neuen Jahr erhielt, gingen mit ihm sowohl die Glücks- als auch die Entbehrungsgefühle durch, weil sie meinte, er sei so schön auf dem Kalvarienberg gewesen, wie Blumen, die nach dem Schnee ihre ganze Schönheit zeigten. Alle ihre Farben würden unbeschreiblich schön werden. So habe er aus ihr eine einfache Blume für den Himmel gemacht. Die Blüte im Frühling sehne sich nach der Sonne, sie sei heute wunderschön, und morgen schon wisse man nichts mehr von ihr. Sie sei so vergänglich. Sie habe die Sonne tief in ihr drinnen, und durch ihn könne sie jetzt alles annehmen, was hart und bitter ist. Sie sei froh, dass sie ihm begegnete und fahre jetzt auch gerne wieder weg von hier, weil sie wisse, dass sich jemand freut, wenn auch nur ganz wenig, dass sie irgendwann wiederkomme.

Nikolaus´ Glück über diesen Brief war nicht ungetrübt, denn er wurde an die Vergänglichkeit Julias, dem Ursprung seiner Liebe gemahnt. Nichtsdestoweniger fühlte er sich mannhaft wegen der Kraft, die er ihr gab.

Jänner, Brief nach Rom

Liebe Julia!

Oh, mein Gott – ach, oh meine Julia!
Ich schreibe Dir jetzt, wo ich ein wenig aus dem Keller heraufgestiegen bin, bis zum Abend wird es dann immer heller um mich. Ich hätte doch nicht meinen eigenen Worten trauen sollen, im Wald, wo ich so sicher war, nicht leiden zu müssen. Tatsächlich bin ich morgens ein Nachtschat-

tengewächs, ganz trocken dahinmodernd, möchte dann selber die Erdäpfel von unten sehen – nur weil Du nicht da bist und nicht mit Deiner Aufgewecktheit an mir herum pflückst. In der Früh, gestern, servierte mir Winfried Deinen Duft ans Bett, ich war ganz schön froh, nicht den Briefumschlag, sondern Dich an meinem Gesicht zu spüren. Wien brauche ich nicht, obwohl sie mich hat, die Stadt – komm, bauen wir ein Haus am Kalvarienberg – am Tag, wenn es warm ist, lass uns von der Bank aus hinunter sehen. Wenn wir dann Hunger haben, könnten wir hinein gehen, etwas essen, Du eine Pizza, ich vielleicht ein Stück Brot. Gehört Luft und Liebe auf den Tisch? Ich hab´s jedenfalls gerade vor mir stehen. Ich fürchte mich vor dem Schreiben, ich will damit nichts kaputt machen, so, wie Du es nicht mit einem Wirtshausbesuch tun wolltest – ich saß noch ein paar Nächte mit meinen Freunden sehr sorglos beieinander, dann musste auch ich weg, sehr ungern. Es ist doch immer das Gleiche, die Bitterkeit der Taten, solcher, die sich scheinbar von selbst erledigen, sind mir immer vertrauter. Es freut mich, dass Du weg wolltest, ganz und gar aus dem Land hinaus, auch Deine Wiedersehensangst ist mir kein Grausen – gibt mir immerhin zu denken. Sie ist groß, meine Gier nach Dir ohne Geschlechtstrieb. Ich sehe auf die Straße hinunter, es wäre hoch genug, denke ich; was ich will ist aber „Das Leben und Sterben von Nikolaus und Julia“. Ich habe den Verdacht, dass einer, der so etwas schreibt, doch nicht so schlecht aufgelegt ist, mag sein, dass ich sonst immer zu glücklich bin. Ich bin ein Narr, ein manisch-depressiver Julia-Sklave. Ich hör´ jetzt auf.

Dein Dich angrinsender Waldgeist Nikolaus

PS.: Ich kann nicht abschätzen, ob sich meine Zerstörungswut in Grenzen hält – in diesem Brief. Les´ das Beste heraus, brüchige Steine wirf in die Grube zurück – wo ich bin. Und sei mir bitte nicht zu viel Windhund – eifersüchtig bin ich schon ein Bisschen. Über Rom wird Deine Sonne nie untergehen. Am liebsten würde ich jetzt 3 Monate auf diesem Sessel sitzen, um zu warten.

Die nächste Ansichtskarte mit einem in der Höhenstraßenkurve liegenden öffentlichen Bus in der Umgebung des Kahlenberges und mit Blick auf die Donau und die UNO-City schickte er ihr aktiv, da er sich ihrer Liebe sicher war, was ihn selbst stark und sicher machte.

Jänner, Ansichtskarte nach Rom

An meinen allerliebsten Menschen!
Liebe Julia!

Ich weiß nicht, ob Du den Brief erhalten hast, zu wenig geklebt. Danke für Deinen schönsten Brief, ich bin sehr oft mit Dir zusammen, das Wetter ist schön (wie vorne) und ich ein Strahlemann. Mein herrliches Leiden ist weg; die Empfindung eines schwarzen Stigmas im Herz: wohlige Wärme. Ich hoffe, Du wirst vom Glück verfolgt. Auch ich will Dein Glück sein.

Nikolaus

Jänner, Brief von Rom

Lieber Nikolaus!

Da ist überall Beton und so viele Autos und so viele
dreckige Menschen!
Sie suchen alle ihre Wege;
der Tod hält nunmehr die Säge,
um den Baum zu killen.
Hunde, die nicht bellen
und ein Kind im Wind,
es läuft so geschwind,
dass seine Mutter es nicht sieht,
ob es vor ihr flieht?
Die Erde so schwarz wie die Nacht,
eine Blume, die nie mehr erwacht,
die Rinde vertrocknet und grau,
eine Ameise sucht ihren Bau,

eine Statue ohne Haupt,
2 Verliebte, selig, der glaubt,
und ein Mensch, der groß wie ein Baum.
Das alles war doch nur ein Traum.
Ich hab´ Angst vor all den Spritzen,
die hier rumliegen!
Ich muss aufhören, das D wie
denken vom Mut zu trennen,
um die wahre Demut zu erkennen.
Dieser Mensch da neben mir, der ist
nicht dumm, er hat genau gemerkt,
wie stark ich wirklich bin, zu stark
für ihn.
Ich brauche den Glauben nicht,
ich hab´ ihn ganz einfach.
Er soll seine Feigheit nicht mit
einer Mutprobe überspielen, es
lohnt sich nicht!
Sein Mut ist keine Probe wert!
Den kennt die ganze Welt!
Jetzt endlich steht er sowieso da,
als dummes nacktes Huhn, auf
der Straße und sucht seine Federn
wieder zusammen. Er kotzt
mich an, und er tut mir Leid.
Doch er ist ein stiller Mensch, und
das mag ich. Es sind so viele
Menschen hier, hinter den Masken
der ewig Labernden. Die
kotzten mich wirklich an mit
ihrer obligaten Suchaktion. Wer
und wo bin ich. Ich weiß,
wer ich bin und was ich
will! Ich hab´s auch schon vorher
gewusst, doch aus Rücksicht vor
anderen sensiblen Menschen

hinter den zaghaften Äußerungen
eines kleinen naiven Mädchens
verborgen. Ich spür´ da schon
lange eine Kraft in mir!

Seit meiner letzten Begegnung mit Dir lässt sie mich nicht mehr wirklich los, für Augenblicke, vielleicht auch für Stunden, aber niemals mehr für längere Zeit, wie es früher oft war. Es ist schön, ich kann es nicht beschreiben, alle Menschen lieben Dich, obwohl sie spüren, dass da eine Stärke von Dir ausgeht, aber es ist eben keine überlegene, sondern eine schwache Stärke, es ist so, wie wenn der zarte Faden sich der harten Nadel beugt, obwohl letztendlich doch er es ist, der alles zusammenhält. Nein, der zarte Faden bin ich noch lange nicht! Dazu stoßen mich rostige Nadeln noch zu sehr ab. Und davon gibt es genug hier, Menschen, die einfach so verrosten, ohne überhaupt wissen zu wollen, dass Rost der letzte Wegweiser zum Tod ist. Keiner fragt: Gibt es hier noch Wegweiser in andere Richtungen? Weshalb fragt keiner, weshalb steht keiner auf und fragt? Ich würde ihm die Sonne zeigen, oder das Meer, oder die Berge, oder alles auf einmal!
Aber es fragt ja niemand!
Dieser Ort ist leer, selbst wenn er äußerlich überfüllt ist, von dalungernden Menschen, lauter geleerte Mistkübel.
Der Dreck liegt nun am Boden herum und scheint hier genauso zufrieden zu sein, wie seine vorigen Behausungen, stinkend, aber wen stört das hier schon.
Ja, ja. Du hast schon recht, jetzt wäre ich an der Reihe aufzustehen und zu fragen:
Gibt es denn hier keine anderen Düfte? Ich ersticke ja. Ist euch das alles völlig egal? Aber einer muss doch mal aufstehen, ich muss es tun, selbst wenn mir kein Arsch zuhört, ich muss! Ich muss Dich lieben, weil es gar nicht anders geht!

Julia

PS.: Eine alte Frau hat mich angesprochen. Sie meinte: Ich habe das Leben gezeichnet und den Wind und seine Mühlen, sie sind nicht einfach zu zeichnen, da sie immer in Bewegung sind, weil da immer irgendein Wind weht von irgendeiner Richtung!

März, Brief nach Rom

Liebe Julia!

Als abgerissene Gestalt fuhr ich heute von W. Nach W. Eingefallen ist mir gerade, dass das zu mir passt, weil ich Arschloch nie geschrieben und die unsrigen ehrwürdigen Plätze (Kalvarienberg, Wäldchen) nicht aufgesucht habe. Ich muss Dir für alles danken, wenngleich ich viel zu oft seit unserem Tete a tete nichts gespürt habe, doch Deinen Spürsinn konnte ich, da bin ich mir sicher, immer teilen. Ich war immer dabei. Wie oft aber bin ich seicht im Bett gelegen, schlief ich mich durch herbstliche An- und Abgespanntheit...und Alpträume. Ich zweifelte mir das Fleisch von den Knochen, ich glaube, die Zeit läuft nicht mit mir und mir nach schon gar nicht, darum ist dieser Brief nicht zwanglos, bisher vielmehr gemusst entstanden – weil ich ganz frank fürchte, dass Du mir verloren gehst! Du bist mir zu groß und geschwind geworden – manchmal seh´ ich Dich schon überall, leider nur zu kurz. Ich jammere Dir mein Unvermögen in Deinen lieben Bauch, aber so blöd es ist, so muss es auch sein, sonst könnte auch etwas anderes dort stehen. Ich könnte ein gemeiner oder hintertriebener Fischer sein, mit allen möglichen Haken und Netzen und Giften. Der Einfallsreichtum wird aber von einer kalten, toten, nordischen See ersoffen. Mein Fischkutter und ich, wir stecken im Eis fest, die Harpune funktioniert zwar, aber es ist kein Killerwal in Sicht, er sollte nur jung und weiblich sein, mit noch glattem, schwarz-weißem Körper. Lebensmüdigkeit ist keine Krankheit bei mir, sie bringt mich zum Beten, zur Verinnerlichung von etwas Neuem, weil Desinteresse an dem, was da greifbar um mich existiert, wiederum zum Altar gehört. Nun wäre für mich der Tod, der tote Tod, nicht derjenige, den ich tagtäglich bloß sehen und sterben muss – ich will keinem Fäulnisgesetz gehorchen, es müsste schnell gehen, im Schlaf, ohne gegen den eigenen Himmel zu stinken. Ich will Dich nicht anstinken, Julia, weil der Glaube vieler in Dir vereint,

und das, was an mir noch nach Reinheit riecht, vielleicht auch Dein Geschmack ist, Du bist ein kleiner Himmel, der auch im Dreck noch klar sieht, das heißt der sich vom guten Dreck seinen Blick erwärmt. Hierin sehen wir beide eine gute Form, gehen wir konform, und sind wir nicht konträr, wie Du meintest (meine Hass-Liebe für Fremdwörter – Hass für konform, Liebe für konträr). Die letzten zwei Sätze sind einen Tag jünger. Ich war in den Weinbergen, eigentlich war es wieder grauenhaft, nicht nur, weil die Sonne unterging. Oft hilft es ja, nur Konturen, Lichtpunkte oder Zerrbilder zu sehen, wenn man geht – überhaupt nicht zum Ertragen ist die Ähnlichkeit z. B. von Bäumen und Brückenpfeilern, ein Grauen, das bei Tage zu mir kommt, eben weil ich alles zu gut kenne hier. Von mir aus sollen die hässlichsten Hunde von Asien drauf scheißen, auf Wien. Ich hatte schon ein Heimatbewusstsein entwickelt für Wien, solange halt nur, wie es etwas zu entdecken gab. Beim Heimweg entlang des Donaukanals wuchs plötzlich ein tiefatmiges, offenmündiges Grinsen auf meinem Gesicht, meine Nase konnte Dich riechen...und ein typisches Ziehen in den Gelenken ließ mich sagen: „Hach, Dich mag ich wirklich!“
Womöglich passiert es Dir auch. Manchmal, falls ich ausgeglichen bin, will ich mit Dir schlafen, manchmal, fast jeden Tag, tu´ ich das auch!
Wäre schön, wenn die Killerwale nicht aussterben würden, auch über die Delfine wäre ich froh, wenngleich sie nicht so schwarz-weiss gefleckt wären. Ich will Dir schön tun und trotzdem belasse ich den Brief wie immer. Das, was Dich daran stören mag, gehört auch zu mir!

Dein crash landing Nikolaus (einem Jimi-Hendrix-Song entliehen)

PS.: Wenn Du zu mir kommen willst, dann hoffe ich, wie immer, dass Du bis dahin noch am Leben bleibst, dass Dir Liebe gegeben wird und der Zug nicht entgleist.
Flieg rauf, nightbird flying! (einem Jimi-Hendrix-Song entliehen)

Verzeih´ mein weibliches Geschenk, mein Haar.

Auf der Rückseite des Briefkuverts schrieb er als Absender:
A distant finger in Vienna;

I´ve got this girl beside me, but she´s out of reach (Jim Morrison)

Nikolaus

Im folgendem Brief erwähnt Julia ihren römischen Freund Daniele, der schön, aber nicht so schön wie Nikolaus sei, und sie äußert ihren Wunsch, mit Nikolaus zu Ostern in Medjugorje auf den Berg zu gehen, wo Maria erschienen ist. Die Reise wäre billig mit einer Gruppe von Pilgern.

Allmählich wurde Julia zu seiner inneren Heimat. Sie schickte ihm einen Brief und eine Karte mit dem Aufdruck der Schöpfung, das heißt mit den sich nähernden Zeigefingern von Gott Vater und Gott Sohn. Sie Schrieb: „We are free!“, was er als ein emotionales In-die-Ferne-Rücken seiner Angebeteten auffasste, dass sie möglicherweise ihren römischen Freund Daniele lieber als ihn hätte. Die Folge war eine massive geistig-emotionale Zerrüttung auf der Donauinsel, die er mittels des folgenden Briefes zum Ausdruck brachte.
Als er von ihrem vermeintlichen Verhältnis zum römischen Burschen Daniele erfuhr, regierte die Eifersucht in ihm und ließ ihn dermaßen kochen, dass er auch in ihrer geplanten Gruppenreise nur Ablenkung von ihm sah. Da er längst zum Kirchen- und Beterfeind geworden war, ließ er sich in Zynismus betreffend klerikaler Weicheier aus. Zudem wollte er sie mit einer fiktiven Frauenbekanntschaft treffen, worauf sie anrief und zornig meinte, er solle seine blöde Tussi nur ficken, was er jedoch nicht auf sich sitzen ließ und sie beschwichtigte, dass es da außer ihr keine andere Frau gebe.

März, Brief nach Rom

Liebe Julia!

Vielleicht ist es doch nicht so, wie ich gedacht habe! Oder ich habe immer nur gedacht, und mich hat bis auf Dich nie was angelacht. Mir kommt es jetzt so vor, als spurte ich der Zeit davon, was gut sein kann, hätte ich sonst die Wahrheit, die ich ahnte, nie so bewiesen bekommen.

Warum? Eigentlich war ich zu schnell im Brief-Einwerfen. Heute, am Tage, nachdem die Briefmarke Speichel geleckt hatte und der Zug mit meiner Unheils- oder Frohbotschaft abgefahren war, erhielt ich Deine bzw. meine. Ich las ihn vor 2 Stunden auf der Donauinsel im Gehen und war ganz paff, wie sich alles gleicht. Ich liebe Dich, und Du liebst mich! Das ist doch der Kern der Sache, oder? Na klar! Jetzt, wo ich hier am Tisch lümmle und knotze am Sessel, kann ich klar denken, wenn ich auch denke, wie nah ich durch den Westwind am Ersticken war, besser gesagt, ich dachte ganz und gar nicht ans Atmen, so wenig langweilig war mir, als ich Dich gelesen hab´. Gott war da, und ich bat ihn, so von Freund zu Freund, ob er uns doch nicht den gemeinsamen Herztod sterben lassen könnte, aber auf der Stelle. Dann fiel mir ein, es ginge auch anders, weil ich weiß, dass Du am Leben hängst. Dich könnte er in einen Fisch verwandeln, der keine Feinde, nur Freunde hat und dessen einziges, wahres Element das Wasser ist...und mich, der ich, da finde ich kaum eine Alternative dazu, erst hängen muss, um froh zu sein, durch eine Springflut in eine Wasserleiche am Donauufer. Sie sollte mich erschlagen, nicht ertränken. Jungfrauen sind Lungenatmer, ich wollte einen Fischtod sterben! Solange schlagen, bis erst das Blut mir aus den Augen rinnt und die Augen schließlich heraustreten aus Höhlen, die immer nasskalt und finster waren. Bitte, so komm´ doch endlich einer, der mich umbringt! So, mein lieber Quastenflosser, friss mich auf, hindurch äse Dich durch Gestank und Leichengift, vielleicht schnupperst Du an dem letzten Rest von Seele, den Du mir noch nicht genommen hast. Ja, genau, wenn ich tot bin, sollst Du den Rest, den Du mir gegeben hast, wieder haben können, damit wir free sind, damit jeder für sich und somit alleine oben anlangen kann, damit wir uns oben auf´s Neue treffen. Als ich mich zum Schreiben setzte, fühlte ich mich rasch alt werden, fühlte mich wie 50 oder 60, wie ein Mann eben, der nur mehr ein Viertel seines Lebens vor sich hat. Und das war mir noch zu viel, ich müsste noch 5½ Jahre auf den Tod warten. Ungewollt habe ich ihm ein Schnippchen geschlagen, irgendwie, bin jung wie nie zuvor und könnte Bäume ausreißen, was Dir und mir nicht gefällt. Julia, ich weiß nicht, wie viele der Bäume ich schon getötet, „gefällt" habe. So habe ich mich also doch selbst entwurzelt, und doch hat es mir die Patschen noch nicht aufgestellt. Ich wusste, dass ein anderer Baum unsere Erotik durchkreuzt, ich bin euch

nicht böse. „Euch“, welch eine ungerechtfertigte Komplizenschaft! Ich bin ihm, Daniele, nicht böse, und Dir kann ich nicht, darf ich nicht böse sein. Meine Freizeitbeschäftigung besteht auch nicht nur aus Saufen und Männerfreundschaften. Ich hoffe, sie liebt mich nicht, sie würde spüren, dass ich Spaß will und an Dich denke. Darum nütze ihn nur aus, wenn Du ihn liebst, mach´ ihn nicht verrückt, belüge ihn nicht!
Jeder Brief hat sein Innenleben, ich empfinde jetzt kaum etwas, nur Dein Brief liegt zusammengelegt vor mir, recht provozierend. Soll ich ihn noch einmal, ein drittes Mal lesen, oder soll ich ihn runter lassen? Wir haben uns einfach zu lange nicht gehört, ich möchte Dich gehen hören, atmen, trinken, essen....schneutzen, husten....
Beim Rückweg am Fluss warst Du in mich gekäfigt und ich über Dich gekettet, wir gingen im Gleichschritt, der Puls bebte von unserem Blut, nur eine Lunge surrte von der Luft aus einem Mund. Du bist kein Gummi-§ (passt vielleicht zu Deinen Brüsten und Deinem kühlen Hintern), aber Zweifeln kann mein Leben verlängern, wo gerade nichts sich regt, es kann im Nu darauf eine Schwingung von Dir Platz nehmen, um sich dann wieder nicht anfassen zu lassen. Ich setze meine Suada fort. Ich rede mit Dir, ist das klar? Am Besten, ich hör´ auf!
Meine Tage sind von Dir beansprucht, ich komme zu kaum etwas, heute ist Freitag, und ich muss mich übers Wochenende hinüber retten. Lass mich nicht allein! Ich schätze, ich werde niemanden anrufen, die Studenten vergällen mir das Dasein zusätzlich. Ich bin wohl bescheuert, der Brief kommt sowieso zu spät. Du hast mich nicht allein gelassen.
Du bist schön, sehr schön, zu schön. In Wien verlieren sich die Schönheiten in Gleichheiten und Überheblichkeiten. Ich bin ungerecht, nur weil Du eine Verschönerung meiner Einsamkeit bist. Meine Einsamkeit ist somit zu schön. Ich dachte, Du fährst auf Skiurlaub zu Ostern, naja, ich könnte Dir natürlich in Italien die Rippen brechen, fürchte aber, dass ich in keine solche „Gruppen“ passe, weiß das auch, käme mir ungelegen, Geld für etwas auszugeben, nur um überflüssig zu sein. Ich will mit diesen klerikalen Ärschen nichts zu tun haben, ich brauche sie nicht. Ich hasse beim Teufel nochmal Pilgerfahrten in Gruppen, Pilger traten früher nie in Scharen auf. Aber so ist unsere Zeit, man steigt aufs Gas, und schon ist man irgendwo, und dann steigt man wieder aufs Gas und fährt

von irgendwo fort. Darauf kann ich Scheiße wetten, meine eigene, die mir zu teuer ist für solche Typen und Gruppen und Billigreisen. Mariazell musst Du Dir genehmigen, das ist was von heilig und würdig. Wie gesagt, ich scheiß´ gern drauf, fahr´ nur mit, ich geh mit Dir einstweilen auf den Berg, bin noch ein billigerer Typ, weil nicht motorisiert. Es wäre dennoch schön und stark mit Dir, überall kann ich mich aber nicht sehen lassen. Ich bin ein Mann und kein Jedermann, und Bäume haben Standpunkte. Apropos Maria, es gibt unten Pflanzen, die es einem leichter machen, Maria zu sehen. Die Mönche dieser Gegend kochten Tee daraus und sahen auch. Verzeihst Du mir noch einmal? Überhaupt meine Langatmigkeit. Wie Du sagtest, habe ich mehr Sinn für´s Kleine (Dich z. B.); im Großen könntest Du mir verloren gehen. Schick´ mir Haare!

Dein dankender Nikolaus

PS.: Ich muss ihn noch einmal lesen!

Er schickte ihr darafhin eine Ansichtskarte mit der Abbildung eines Tigerkopfes. Diese Ansichtskarte kaufte er als Kind im Tiergarten Schönbrunn. Es sollte ein kleines Geburtstagsgeschenk werden.

März, Ansichtskarte nach Kärnten

Liebe Isabella!

Jetzt bekommst Du den Tiger. 15 Jahre habe ich ihn schon. Damit fasse ihn als kleines Geschenk auf. Wahrscheinlich lebt er heute nicht mehr sein gefangenes Leben – doch seine wilde Unschuld sollte in uns weiterleben. Ich hab´ Dich auch wieder sehr lieb. Du bist mir nahe!

Nikolaus

Gedicht von Rom

An einen Menschen, so schön wie ein Baum.

Die Ruhe kommt, und der Lärm geht.
Das ist Liebe, weil kein Wind mehr weht,
der Hund lässt sich nicht mehr treiben,
er beginnt, seine Liebe in das Herz
eines anderen zu schreiben.
Ganz sachte, da er Angst hat, es zu verletzen,
will er es nur mit seinen zarten Tränen benetzen.
Trink das Wasser, das ich Dir frohen Herzens gebe,
wer weiß, wie lang´ ich als Hund noch lebe.
Den Weg zurück musst Du alleine finden,
gibt es kein Wasser, trink aus allen Rinden
aller Bäume dieser Welt.
Ich bete für Dich, möge immer jemand
da sein, der Dich hält!

Eine kleine Wurzel, die all Deine Freuden und Schmerzen fühlt.

Ich hab´ es für Dich geschrieben, nur für Dich, nicht für den Baum, aber der Baum hat mir geholfen, die schönen Worte zu finden, und es sind noch immer so viele in mir. Ich bin glücklich! Danke!

Seine nächste Ansichtskarte zeigt die Peterskirche in Wien. Er spricht sie mit Julie Dagger an, was an den Jimi Hendrix-Song „Dolly Dagger" erinnert. Am 15. März beging sie ihren 19. Geburtstag.

März, Ansichtskarte nach Rom

Julie Dagger!

15. März: Was sehe ich?! Rom. Julius kippt in seine Blutsuppe. Nichts

gerinnt. Im roten Nebel sehe ich meine neue Kaiserin aufsteigen. Sie prüft ihre Schneid´ und gerade weil sie so jung ist, rennt sie mir ihr gutes Zeug in die Herzgegend, sagt sich selber: „Cut me free!“ (Vers von Jimi Hendrix) und steht 19 mal auf eigenen Füßen.
Aus einem Brief Julias vom März war abzulesen, wie sehr sie Nikolaus liebte und dass sie ihn zu Ostern sehen wollte. Sie meinte, dass es oft so scheine, die Welt gebe ihr nicht die Zeit, die sie bräuchte. Er gebe ihr so viel Zeit, die sie brauche. Aus ihm habe sie die Zeit. Das sei vielleicht nicht fair, aber sie nehme sich davon, was sie bekommen könne.

Um die Osterzeit fuhr Julia im Zug zu Nikolaus nach Wien. Vor dieser Fahrt oder bereits im Zug schrieb sie einige Zeilen, die von der Furcht ihres Treffens mit Nikolaus am Südbahnhof künden. Sie wollte vor ihm weglaufen. Nikolaus verbrachte auf seiner sturmfreien Bude zwei Tage und Nächte mit ihr. Sodann fuhr er mit ihr ins Elternhaus nach Kärnten, wo sie zwei gemeinsame Tage verbrachten. Sie musste im Anschluss daran wieder nach Rom. Den Brief erhielt er jedoch erst Tage nach dem Treffen. Seine nächste Ansichtskarte zeigt den Flughafen Wien Schwechat.

März, Ansichtskarte nach Rom

Julia Maria!

Du bist. Ich bin. Und wir werden. Ich bin aufgewacht, weil ich bei Dir gelandet bin – und bei mir. Hier riecht es so gut, hier bleibe ich! Du gibst mir die Klarheit und Kraft, Dich ganz zu sehen. Ich freue mich! Alles ist schön und besser!

PS.: Bitte lächle mich an.....lieb bist Du! Wir sind nie allein – Du mit Deiner Liebe, ich mit meiner Liebe. Du und ich. Deinen Mund will ich jetzt küssen. Her mit Dir! Aus Versehen habe ich Deine schwarze, abgeschnittene Hose bei mir.

Als sie im winterlichen, jungen Fichtenwald in Windischgarsten herum getollt waren, hatten sie sich ausgemalt, ihren ersten Sex auf den feuchten Moosbänken im Bauernwald seiner Eltern zu haben. Das Bächlein läuft zwischen den Moosbänken aus dem Wald und schließlich hinter dem Elternhaus vorbei.

April, Brief nach Rom

Meine Liebste!

Ich bin vorsichtig. So vorsichtig, dass mir „Meine Liebste" bald schon zu lange wieder vertrocknet ist. Das ist dennoch gut. Dazwischen laufen Fabelwesen vor meinen feuchten Augen auf und ab. Sie geben mir zu verstehen, und endlich geschieht mir wieder leichter – wenn ich daraus, aus einem Hund, einem Salamander, einem kleinen Raben, zu einem Urbild zurückschauen kann, das zwar dunkel bleibt, aber immer mehr Mensch wird. Es gibt dann keine Feinde mehr in Dir, nur mehr eine wachende, warme, lebendige Freundin.
Im Wald wird mir alles gefügig. Dort ist nichts zu laut, zu kalt oder zu alt. Jetzt, wo ich durch das Fensterkreuz geschaut habe, würde ich gerne mit Dir zu Dir in den Wald gehen. Es regnet nicht und den Bach kann ich auch nicht hören. Die Dämmerung hält mir einen zweistöckigen Kopf vor´s Gesicht. Zwei Köpfe sind besser als einer, und wenn zudem noch die Augen trügen, werde ich vielleicht wirklich bald blind und weise. Viel scheint darauf hinzudeuten, dass aus dem Moosgang nichts wird. Ich für meinen Teil bin trotzdem schon beruhigt. Der Bach kriegt kein Wasser und ich keine Brille. Das Winterfenster hält auch etwas. Zum Narren. Ein nutzloser Standard – ich sehe mich und alles doppelt darin, auch Licht – weil nach draußen keine Sicht und drinnen ein frierender Wicht, der vor Gicht zerbricht, weil es so sticht usw. Mir wird und wird nicht warm, auch bin ich nicht ehrlich zu Dir.....darum schreibe ich später weiter.
Etwa 0:00 Uhr. Ich könnte das Licht ausmachen und Dich umarmen. In Anbetracht des Polsters im Nacken liegst Du mir zuoberst, Dein Leiberl sich mit meinem Arbeitshemd vermählend. Wir könnten unsere Klei-

dung überhaupt austauschen, würde ich Dich dann zerstören...würde ich dann ganz locker Dir gehören? Ich mag Dich, und leise säuselt der Bach. Er ruft einen feinen Zustand herbei – er sagt reine Wahrheit, und ich glaube ihm. Ich habe ihm den Rücken zugewandt, jetzt, wo ich gegen eine altertümliche Mauer die Zehen richte. Komisch. Ich mag auch Mauern, welche nicht nachgeben. Es gibt einen An- und Abprall, darum weiß ich, dass der Bach hinter mit läuft. Fast steht er hinter mir, so leise ist er. Dich kann ich nun leider nicht hören....ich nehme somit an, dass Du hinter mir stehst....oder schläfst? Mir tun so ziemlich alle Zähne weh, die Lippen pumpen – la bouche, c´est la merde! Schlag mir ins Gesicht! Schick mir Deinen weißen Augenstein, und ich beiß´ mir daran die Scherben raus. Scheiß Zähne! Ein flinker, beschlagener Pferdehuf, im Hintergrund sein grienender Schmied, heran mit ihnen! Sei mir nicht böse, das musste jetzt sein, jetzt hilft es. Ich brauche Dich jetzt. Seit unseren letzten Augenblicken hatte ich einige schöne, einzigartige Erlebnisse mit Dir, Julia. Auf ein Neues, jetzt dreh´ ich ab – ich will Dich „schwarz" sehen!
Freitag, derselbe Tag: ich habe Deinen Brief gelesen. Es ist nebensächlich, dass ich Dir schreibe. Ich sage mir dann auch, dass es nebensächlich ist, dass Du mir noch schreibst. Du lebst in anderen Behältnissen, ich nehme an, ich werde Dir überflüssig. Anstatt mir zu schreiben, könntest Du ja mikroskopieren oder sonst was tun. Geh, und hänge mit Gott in Sphärenbars herum!

Nikolaus

PS.: Ich werde, noch heute werde ich Dich lieben, gern haben. Du Kasperl! Danke für die 2 Briefe.

Samstag, gerade aufgestanden:
Ich liebe Dich und Deinen Körper (z. B. Kuh)
Dein Kleinkinderlacher, so lieb – der
gestürzte Rocker, so gütig!

Dienstag Früh: Ich könnte Dich verschlingen. Was kann meinem Brief gelingen?

April, Brief nach Kärnten

Liebe Julia!

Du Schwein. Ich habe heute einen uralten Brief ausgehoben. Dieser Trottel hat 1 Woche aufs Licht warten müssen, geschieht ihm ganz recht, Deinem Scheißdreck. Ich rechtfertige mich für das, was ich mache mit dem Willen, nicht schon mit 30 als zahnloser Depp zu erfrieren. Früher konnten mir Deine Schriften noch weh tun, jetzt sind sie mir nur ein paar Akten mehr, die ich zu erledigen habe. Ich könnte jetzt aufstehen und raus gehen auf die nasse Straße. Dein Kotter zwingt mich nicht mehr in die Knie. Schreib´ wieder etwas, was sie mir weich macht! Oder: Hast Du mich überhaupt nur einmal verstanden? Mir egal, wie meine Aussichten sind, der Kleidernarr bist sowieso Du, Du Selbstbestätigerin! Du bist nur zornig, weil Du Dir keinen Bauernhof leisten kannst, und schon siehst Du Bonzen in uns. Armes Dirndl! Wer sich die Welt nicht verbessern kann, der ist halt selber schuld. Vergiss das, im Urwald wird Dir auch nichts geschenkt. Vergiss auch das Obige! Ich bewerte sowieso nichts mehr, was nicht aus Deinem Mund oder Deiner Hand direkt zu mir herüber wächst – halte Du es mit meinen Sachen auch so!
Übrigens habe ich Dir vorher zweimal geschrieben, nur Deine Adresse ging zwei Wege. Statt Delfici schrieb ich Vendici. Du bist jetzt wirklich sehr weit von mir weg in diesem Moment, so als ob Dir alles egal ist, kommt es mir vor. Ich könnte Dir zutrauen, dass Du für ein paar Lira Kinder in den Bach wirfst. Um Dich mit Kollegen solcher Art zu einem Drink zu bewegen. Heute Morgen war ich mit Dir im Bett gelegen, unroutiniert, es war sehr gut und angenehm, und warm, und jung, und rein und weggetreten. So, wie damals am Morgen in Wien war es (anders). Mich fröstelt, der Holzofen kriegt nie was zu fressen, ich mache mir die Linsen wieder warm. Ich gehe heute sicher noch raus! Der Brief ist öde, das ist mir wirklich zu blöde. Du sollst weiter schreiben, ich freue mich immer sehr. Besser, Du wärst hier. Ich habe Angst um uns, warum ist alles so kalt? Ich träumte auch schon kalt heute. Ich will Dir das nicht erzählen, vielleicht wäre es eh nur die Bestätigung eines Gefühls in Dir. Ich weiß nicht mehr, was ich sagen soll. Du fühlst etwas, das ich fühlen kann, ich bin stärker als ich es vor Kärnten war. In Kärnten setzte ich

mich in den Zug, schloss die Augen, munter liefen diese Tage in wenigen Stunden ab – das Leiden ist jetzt nicht mehr so groß, aber vergleichbar auch nicht mehr so schön wie davor. Ich glaube, ich habe Dich wirklich verstanden, und darum bleibst Du mir tagtäglich erhalten, so wie Du bist. Du bist so, wie Du warst, als ich Dich verstand, ich halte Deine Hand! Ich will wieder dorthin zurück, ins Zimmer, zu den Kiefern, zum Pferd, zum Traktor. Wann kann ich Dich wiedersehen? Ich möchte mit Dir gehen, zu Fuß überall hin. Meine Schrift ist hilflos, das seh´ ich, mir geht es jetzt doch wieder besser. Ich bin bei Dir, der Wecker tickt, wie viel Zeit habe ich noch für Dich? So viel Zeit. Ich geh´ jetzt raus in neue Straßen. Es ist finster, viele junge Leute sind draußen. Das ist recht so, bilde ich mir ein. Ich war im Stiegenhaus, fast schon unten, und ich muss zugeben, es regnet. Der Abend ist im Eimer und dein Hintern sicher nicht im Klo, wenn Du das jetzt liest. Schau gut auf ihn, der hat Wert. Wenn ich wenigstens die Chance hätte, ihn zu verwetten! Ich versetze ihn, Deinen Arsch. Ich trau mich, weil ich benachteiligt bin, weil es nicht geht, da Du nicht da bist. Ja, so ist es. Was soll man da noch machen? Mich vergreifen? Aber wer hat das Trostpflaster? Ich will es ja nicht, erst einmal aufgeklebt, ungesalbt, tut es weh, wenn es runter muss. Weh, weil ich dann wieder an Dich denke, denken muss? Ich denke immer gerne an Dich, ich tu´ mir ja so weh. Johannes litt 5 Monate. Dann sagte er: „Aber man kann doch nicht immer leiden!", und lachte. Er hatte seine Wahl getroffen und tat niemandem weh. Ich hätte gerne jemanden, mit dem ich lachen könnte. Ich habe nichts zu lachen. Das ist mir vergangen, ich bin denen vergangen, den Brüdern und Freunden, die daheim sind. Sie sollen beisammen sein und mich auslachen. Lach mich aus Deinem Mund aus, bitte tu´ es! Die Worthülsen fallen zu Boden, aber das Geschoß soll Dich treffen, auf den Ringfinger. Ich kann nicht dauernd hinkritzeln, dass und wie ich Dich liebe. 1x: Ich liebe Dich lieb. Ich hoffe, es geht alles in Ordnung. Es stört mich, dass ich Deine Hose nicht da habe. Du bist eine gute Frau!

Nikolaus

Sie schrieb, sie habe ein Lied gesungen, ein wunderschönes Lied. Aber es sei eine andere Sprache. Vielleicht italienisch. Sehr ähnlich. Es heiße „Mein Lied im Krieg“, und es sei so schön, dass es schöner gar nicht sein könne. Ihre Gitarre habe sie begleitet. Sie spiele immer nur dasselbe. Aber hören tue sie es gerne, immer wieder, weil es immer wieder neu sei, weil es so schön sei! Sie singe es ihm vor, weil es so schön sei. Es seien nur so wenige Worte, und die Gitarre spiele auch so leise. Aber er könne es hören! Irgendwann. Sie fürchte den Krieg (in Ex-Jugoslawien) nicht mehr, aber sie möge nun auch lieben für den Frieden. Ihn. Er sei ein guter Anfang.

Manchmal sehe sie Nikolaus nur noch als letzten Rest an Wahrheit und immer kleiner werden, und dann werde ihr immer kälter. Und dann wieder hoffe sie, dass er vielleicht ein Anfang sei, sehr klein, aber doch irgendwie erkennbar.
So richtig wohl und unbeschwert fühlen tue sie sich eigentlich in seiner Nähe.
Nein, sie wolle keine Abhängigkeit von einem Menschen! Und von ihm schon gar nicht!

Ab Ende Mai bis Ende Juni wohnte Julia in Spital/Pyhrn bei ihrer Tante, der Schwester ihrer Mutter. Nikolaus, der in Wien weilte, bat seinen Bruder Bert, sie doch einmal in die Diskothek „Schmiedstube“ auszuführen und den Saufkumpanen vorzustellen. Als dann Nikolaus nach Hause kam und er Julia ebenfalls in die „Schmiedstube“ ausführte, wurde ihr im Kreise seiner Freunde und Brüder deren derbe Sauferei und Unterhaltung vorgeführt. Besonders Birgit, die Freundin Berts, zeigte ihren Unmut gegen Julia. Der Abend führte für Nikolaus und Julia zu deren vorübergehenden Trennung. Nikolaus war tief betrübt und musste zusehen, wie er gegen einen allmächtigen Gott getauscht wurde. Sie meinte, die Früchte, die in ihr heranreiften, seien an jenem Abend gänzlich gestorben. Seit jener Nacht habe sie alles Vertrauen zu sich verloren. Aber sie habe etwas viel, viel Schöneres gefunden, etwas viel, viel Tieferes, ein neues Selbstbewusstsein, ein Christusbewusstsein. Sie sei nicht allein. Seit jener Nacht habe sie sich nur noch aufgestützt auf diesen starken, mächtigen Gott, der in ihr wohne.

Juni, Brief nach Spital/Pyhrn

Liebe Julia!

Kaum habe ich Dir geschrieben, geht es mir schon besser. Wie sehr spüre ich jetzt, dass Du Julia bist. Mein Herz schlägt schon zwei Tage, wie ich es sonst manchmal durch Dich habe hämmern gehört. Es muss doppelt hart arbeiten, weil Du in mir bist, lebst und bleibst. Ich sitze bei Dir, so nahe, dass ich nicht für ein Wort den Mund öffnen muss, um mit Dir und Deinem ganzen Drumherum zu reden. Jetzt bin ich so weit, dass mir, auch wenn ich nicht bei Dir bin, vor Freude an Dir, Deinem Dasein, Deinem Tun, die Tränen in den Augen stehen. Bei Dir konnte ich weinen darüber. Bei Dir musste ich schweigen darüber, was Du mir offen, so glaube ich, sagen konntest. Ich weiß, dass wir uns sehr ähnlich sind, und darum muss ich ja endlich einmal das tief spüren, woran man vielleicht sonst nur denkt. Auch brauche ich heute nicht mehr mit Hass oder Abscheu alleine dastehen. Meine Liebe zu Dir und der Grund, warum ich Dich liebe, verschärfen alles sonst Düstere, im Hintergrund liegende Böse, was mir und Dir weh tun kann. Darum war der Abend, den ich ja schon im Voraus bereut hatte, einfach notwendig. Mir hilft es jedenfalls, die Leute, um deren Derbheit sich viele bewusst sind, ganz schlicht zu lieben. Jetzt kann ich mich wieder erinnern, an die Weihnachtsferien. Ich liebte sie, und sie waren auch lieb, feiner, aufnehmender. Was stimmt aber jetzt? Liebe ich sie dann erst, wenn ich ihre Worte und Schritte mag, oder muss ich sie lieben, die Leute, den Bert z. B., um ihre Worte und Schritte fein und sanft zu hören?

Später: Winfried ist gekommen, ein Mensch, der nun mit mir wohnt, seine Anwesenheit entlastet das Herz.

So schlecht ich auch geschlafen habe, so voller Abwechslung waren die Eindrücke draußen für mich. Wenn ich an Kirschbäumen vorbeigehe, dann lässt das eine Stimmung in mir aufkommen, die heißt, dass ich Dich immer wieder von neuem kennen und verstehen lernen muss. Ich konnte und kann auch jetzt Deinen Mut und die Selbstverständlichkeit, solche Dinge, die Du mir erzähltest, anzunehmen, für wichtig zu halten, plötzlich, nachdem Du mir lustig entlaufen bist, in meinem Gewissen für mich anwenden. Du bist nicht da mit Deinem Körper, Deiner Stimme, Deinem Blick, der immer erst beim Abschied am herzlichsten schien. Du kannst jedem Menschen eine neue Welt anbieten, das spürte ich, als ich wenig später den Johannes traf. Ich wusste sofort, warum er so anders war, und er bestätigte das, was mich mehr glücklich als eifersüchtig machte. Dazu musste er mir nicht mehr berichten, als von Deiner Offenheit, Deiner lieben Art und dem wunderbaren Erlebnis, das er daraus mit nach Graz nehmen kann. Kurz vor unserem verregneten Abgang, der jedem dann einen Rücken zeigte, aber auch ein Winken, hast Du mir gesagt, dass der Johannes jetzt stark sei. Andere, er und ich, ganz besonders die Kommenden können Dir dankbar sein.

Nach Mitternacht:
Ich war im Wald, im Lainzer Tiergarten, gegen Abend. Alles in mir war aufgewühlt, die Wege dreckig und nass, vom vielen Gehen hat sich mir auch der linke Schuh bald ganz aufgelöst. Wenige alte Leute traf ich dort, einen alten Eber und eine alte Frau; der eine fragte mich, ob das Tor noch offen ist, die andere, wann es wieder geschlossen ist. Ah, sagte sie, da kann ich ja noch ein bisschen herumtachinieren. Das Schwein, das sie harmlos machten, tat auch so. Unter diesen Bäumen hast Du mich aus diesem „Brunnen für alle“ trinken lassen, so wie am Teich früher einmal, sah ich alle Farben im Grün dieses Gewölbes. Ich konnte Gutes im Guten fühlen und die Angst, dann, an der Innenseite der Mauer, wo es schon Lärm von draußen, doch aber gar nicht weniger Ruhe vom Wald gibt. So bist Du mein Wald und ich sein Bewohner, der Sorge hat, selbst zu laut zu werden. Das, was gut ist, konnte ich heute länger und stärker, echter empfinden, als je zuvor.

Nikolaus

PS.: Bei Dir kann ich ruhig schlafen (weil jetzt Deine bunten Vögel auch schlafen). Mein Wald, ich kann Dich atmen, wenn Du bunt bist und wenn Du ewig schläfst.

Freitagmorgen: Ich hatte diese Hunde auf Dich losgelassen, die dann nur vor sich selber davon liefen. Mir tat alles so weh. Julia, ich liebe Dich!

Juni, Brief nach Spital/Pyhrn

Liebe Julia!

An diesem Sonntagabend sitze ich hier und will Dir schreiben. Deine Worte vermögen mich niederzuringen, Deine Worte richten mich wieder auf. Ich weiß nicht, wie „viel" ich diese Woche in dieser Stadt, in den Wäldern herum gestolpert bin, und dennoch war das zugleich ein Wegstück meiner neuen Menschwerdeung. Wie ich es bis jetzt verfolgt habe, werden die Tage zwar nicht leichter, aber wenigstens das Aufstehen, das mich immer leichter selber bitten lässt: "Gib ihr doch einfach die Freiheit!" Dir habe ich sie schon immer gegeben, jetzt müsste, nahe am Selbstverbiss und Ausbluten, doch ich auch soweit sein. Bin ich wirklich erst dann frei, wenn sich nichts mehr für Dich regt in meinem Herz? So musste ich dabei sein, als Du Dein Herz aus meinem Stück für Stück und Schlag für Schlag heraus nahmst. Es muss nicht sein, aber warum ist jetzt alles so anders? Ich kann Dir sagen, falls wir uns wiedersehen in diesem oder anderen Leben, ich werde Dir völlig fremd, ich glaube, nicht besser gegenübertreten. Bei dem, was ich diese Tage durchgemacht habe, muss ich mich sowieso wundern, keine grauen Haare zu sehen und weiter hoffen, dass ich bald fertiggestellt bin. Es ist jetzt doch das ganze einfach zu schnell für mich. Du ahnst nicht, was unser letzter Tag und Dein Brief bewirkt haben und noch immer, ich weiß nicht wohin, bewirken. Was tief in mir drinnen schlummerte, was ich auch manchmal vage mir vorstellte, wird jetzt in den schönsten Momenten zur klaren Zukunft. Wenn es auch nur eine Überreaktion auf unser neues Verhältnis zueinander ist, so will ich mit Liebe, mit Freude ganz weit mich herablassen zu Diensten am Menschen, die keine Chance mehr haben, weil sie keine mehr sehen. Ihre größte Chance und die zugleich einzige für sie verlässliche ist der Tod. Mit anderen will ich irgendwo, vorerst im Zuge des Zivildienstes, versuchen, ihnen ihr vielleicht sinnloses Wegleben, weil zum wahren Sterben leider nicht berufen, als Begleiter beizustehen. Ob ich dann ins Studium zurückkehre oder nicht, entscheidet wohl die Wichtigkeit. Der Fernseher muss laufen, der liebe Winfried muss es wissen – kann nicht weiter schreiben. Ich schaute zu, nein, ich schaute fern, weit woanders hin, in mich hinein und zu Dir. Wie kann ich aber in dieser Welt bestehen, wenn ich nicht auch das erdulde, was anderen gefällt? Bezug zu etwas Materiellem habe ich nur mehr auf Kleidung. So drängt sich mir das Problem Mensch auf, dass ich keine stofflichen Werte mehr festhalten kann, als die unbedingt notwendigen und gerade zugehörigen. Wenn ich hier nicht herauskomme, dann nur als Wahnsinniger. Ich werde herauskommen, und mit Angst sehe ich dem entgegen, einem Ergebnis, das ich hoffentlich noch beurteilen kann, so wie ich früher etwas, heute noch etwas, beurteilt habe. Ich glaube, das ganze widerfährt mir nur, weil ich Dein Geschriebenes so verschiedentlich deute. Daraus sind Dinge, wie reine Liebe zu Mitmenschen, die Änderung meines Lebens, Hass auf dieses Gräuel der Zivilisation, Verständnis und Hass auf Dich entstanden und vieles mehr. Jetzt will ich über Dich schreiben. Als ich heute unter dunklem Wolkenhimmel im Tiergarten mich entspannen wollte, da musste ja auf diesen schmalen, einengenden Asphaltwegen etwas Böses gedacht werden. Stur ging ich dahin, kein Auge für das Weite, was sich bietet, nur für Asphalt, der nie nachgibt, auch wenn er vorbeizieht. Der Hass traf mich und Dich. Ich fand uns in einer kleinen, dreckigen, unwürdigen Alltagsgeschichte wieder. Freundin ertappt Freund beim Flirt. Sie meint darauf, es sei zu Ende. Ich verachtete ein kleinbürgerliches Mädchen, deren Liebe noch so ungefestigt war, etwas nicht ertragen zu können, das sie selber tat und zugab. Etwas, das ich ständig nur gespielt, mit dem Herzen bei Dir gemacht habe. Somit kramte und kramte ich in Deinem Kleinkrämerladen herum, bis ich nichts fand. Der Laden gehörte nicht Dir. Wie können durch so etwas aber Früchte sterben? Wie lange sind sie gestorben? Sind sie noch während dieser bitteren Mahlzeit zu Tische gestorben? Oder war dafür einfach die Zeit reif für das Abfallen der einen Frucht und das Aufblühen einer anderen Blüte? Ich spüre warm, die Sonne kommt bald wieder und nährt eine neue, gehaltvolle Frucht. Nur, was ist schöner? Die Blüte oder die Frucht? Und so wollte ich nie, und das stimmt mich sehr traurig, dass Du mit ganzem Herzen Dich nur an mich bindest. Ich wollte Dir mit nichts und für nichts im Wege stehen. War denn wirklich sonst kein Platz mehr frei? Ich wehre mich dagegen, noch, und werde es irgendwann einmal einsehen müssen, ein Freund von vielen Deiner Freunde zu sein. Jetzt ist es umgekehrt, ich denke jetzt mehr als früher an uns, als an Dich. Nimm mich wie ich bin und dann sein werde. Nimm mein Kinderherz! Nicht um deinetwillen will ich mich ändern, ich muss es sowieso. Jeder brauchte einen mehr oder minder großen Anstoß. Wir gehen weiter auf uns zu.

Dieser morgen ist trügerisch, so, wie jeder, der nichts über den Abgrund verrät. Weiter schreibe ich über gestern, wo ich eine Schlaufe ging, voller Mord auch an Dir, die Du von einer meinigen Hand geschlagen wurdest. Gepflegt und weiß aber war sie, wie nur selten. Darf ich das einfach auf den Wald schieben, wo ich Dich sah, aufgespießt auf einen rindenlosen Ast?

Vorher noch, als ich Dich verachtete, vorher noch, als ich mir sagte, im Kopf ist der Hass und im Herz ist die Liebe, war mir schon leicht gewesen. Es sei überwunden, dachte ich, und dann trafen mich die Gedanken, die mich die Vögel, den Bach, die Erde hassen ließen und das Böse lieben ließen. Ich sah Dich immer wieder, lebend noch, und meine Hand, zuschlagend. Da blieb ich stehen und fühlte die Verpflichtung zum Selbstmord in dem Bach, den ich eben noch hasste. War es aber ein Traum, der im Lichte zu mir kam, so darf ich weiterleben und Dir das schicken. Lese ihn, nur um ihn zu lesen. Ich lese Deinen, um zu leben. Unwichtig vielleicht die Tatsache, dass Du mein erster Mund der Frau gewesen bist, noch wichtiger, nicht zu Dir zu kommen, als der, der schon anders, viel anders, aber immer noch heute für Dich fühlt. Wo es doch so schnell vorwärts geht, die Zeit damit rasch vergeht, wo ich, ich will es nicht wagen, jetzt schon zu Dir könnte, so verlangt das Treffen doch ein späteres Datum. Weil ich nicht unendlich glücklich werden kann in dieser Welt, will ich zumindest Dich an guten Orten sehen, wo es Dir gut geht und Du noch am Boden stehst und Deine Stimmung immer wieder neue Worte malt.

Nehmend und gebend.
Gehend und kommend.

Nikolaus

Auf Nikolaus vorletzten Brief schrieb sie von ihrer Liebe zu Nikolaus und von ihrer Freude, von ihm so angenommen zu werden, wie sie sei und noch werde. Der letzte Brief verwirrte sie etwas, aber sie meinte, ihr Gefühl sage ihr, sie müsse gar nichts mehr verstehen, sie müsse ihn nur lieb haben. Sie möchte mit ihm schlafen.

Juni, Teil eines Briefes von Spital/Pyhrn

Lauer Atem, der verdrängt

Wo die schöne Frau verraucht.
Keiner glaubt, dass er sie braucht.
Dort weiß man so viel,
dass es nun brennt.

Juni, Brief von Spital/Pyhrn

Heute hatte ich einen guten Traum,
vor dem Ziel ist ein Mann,
mit Augen voll von Leid.
Ich fragte: Gehst Du mit mir?
Er sagte: Es ist noch sehr weit.
Sein Leben, mehr die Bilder
meine Zeit, mehr als nur Sand
finden wir Weile zu geh´n
einen Tag lang, Hand in Hand.
Dann war er plötzlich weg, der schöne Mann.
Und ließ mich allein.
Aber seine Hand konnte ich fühlen bis zum Morgen,
als ich aufwachte.

In den nächsten Zeilen hatte sie keine Angst mehr vor seinen Brüdern und deren Freunden. Darum sollte auch er keine Angst um sie haben und nie mehr zweifelnd stehen, sondern sich voll und ganz seiner Schwäche bewusst sein und somit stark und sicher hinter ihr stehen. Sie verlange ja nicht, dass er ihr helfe, aber sie dürfe doch verlangen, dass er sich und den seinen helfe. Ein für allemal! Sie liebe ihn so, wie er sei. Das heiße, wie er sei, wenn er seine letzte Kraft ebenso wie seine letzte erbärmliche Schwäche zeige. Er werde selbst erkennen, dass diese Kraft, diese innere tiefe Kraft jene Schwäche annehmen und so überwältigen werde. Ohne Bosheit. Sie wolle nun auch versuchen, ihn liebend anzunehmen und ihn so zu überwältigen. Halte er es auch mit ihr so. Sie Würden ja sehen, wer der Stärkere von beiden sei. Er solle ihr glauben, es sei einzig und allein der Weg des Kindseins. Ein Kind lasse sich an der Hand nehmen, es lasse sich fallen, führen und lenken. Und es lasse sich auch für gute Taten beschenken. Ein Kind sei noch offen für die unermessliche Liebe Gottes, und es nehme sich davon, was es braucht, um zu wachsen, ohne zu fragen, ohne darüber nachzudenken, weshalb und wozu? Es bedürfe hier absolut nicht unseres menschlich so begrenztem Verständnisses! Es bedürfe hier absolut nur unserer herzlichen Fruchtbarkeit, alles andere wachse dann von selber. Sie freue sich so, dass er versteht, und wenn er auch nur davon ahne, aber er tue das mit seinem Herzen, und das, sie könne es ihm nicht sagen, wie glücklich sie sei, das sei für sie wie der Himmel auf Erden, weil er ihr plötzlich so nahe sei, wie noch nie zuvor! Noch viel, viel näher! Sie möchte, dass er ihr alles erzähle, auch aus seiner Kindheit, und wenn er ihr auch nichts erzähle, so wünsche sie sich wenigstens, dass einmal er sich in sie fallen lasse, so, wie ihr Bruder es oft bei ihrer Mama tue. Er erzähle ihr alles, und er lasse auch oft seine ganze Wut an ihr aus, aber dann auch wieder so viel Liebe, wenn er sie umarme und sich entschuldige, ganz von allein. Das sei so schön. Als sie zuhause war, sei er oft, anstatt zur Mutter, zu ihr gekommen. Am Schönsten finde sie es, wenn er betet. Und er schäme sich keineswegs, ihr davon zu erzählen. Er verbringe mehrere Stunden am Tag im Gebet, jene Stunden, die er früher vorm Fernseher oder Büchern, naja, Comics lesend, verbrachte. Sie betete auch einmal mit ihm zusammen. Es sei schwieriger, mit einem Menschen gemeinsam zu beten, als allein, weil einem, wenn man mit Herz bete, anders ist jedes Gebet sinnlos, ganz von selbst auch die erbärmlichsten Schwächen dem Gegenüber gezeigt würden.

Ich habe meinem Bruder damit nicht gerade geholfen. Er sagte mir später auch, er spürte meine Angst, und dennoch habe er weiter gebetet, als ob nichts ihn aus der Ruhe bringen konnte. So glitt der Freudenreiche, der Schmerzhafte und der Glorreiche Rosenkranz durch meine Hände, und sie wurden immer ruhiger, immer tiefer, dass ich bald schon nicht merkte und nur noch spürte, dass er mein Bruder ist und dass ich ihn liebe. Ich erfuhr und erfahre sehr viel Liebe in meiner Familie, von meiner Familie. Ich weiß nicht, wie viel Liebe Du in Deiner Familie erfahren hast und immer noch erfährst, aber ich weiß, dass ich Dir all das, was ich nun erfahren darf, geben möchte. Ich möchte Dir alles geben! Einfach alles! Der, den ich trage, der trägt zuerst einmal mich von innen. In Nikolaus sei Jesus schon sehr lange gegenwärtig. Du willst es nur nicht wahrhaben, er fühle sich vielleicht sogar verdrängt von ihm oder betrogen, sowie er sich einst von Deinen Brüdern verdrängt und verlacht fühlte. Doch nun liebe er sie. Und nun wisse auch sie, warum sie ihn so sehr liebe, nicht seiner selbst wegen, sondern seinetwegen, weil er in ihm wohne, wie in jedem nicht völlig verlorenem Menschen, und endlich wirken möchte, frei, nicht abgetötet von Alkohol und seinen Ängsten, einfach nur tuend von Situation zu Situation, ohne sich Vorräte an Erkenntnis zu geben, es geschehe einfach, wenn er geschehen lasse. Die Kraft, all das in Liebe anzunehmen, gebe er ihm in seiner grenzenlosen Liebe. Vielleicht denke er jetzt: Ich kann nicht, ich will gar nicht und Du, ich hab´ ja auch Angst. Das wäre wohl die natürliche menschliche Reaktion. Aber es gebe da noch eine andere Stimme, die ihn anderen Menschen vielleicht übernatürlich erscheinen lasse. Für sie wäre es die einfachste und schönste Stimme, mit der er auch endlich offen zu ihr sprechen könnte. Keinesfalls übernatürlich, einfach nur: Ja, ich will, ich kann auch, ich habe keine Angst!

Im Sommer fuhr Nikolaus mit Julia und deren Familie zu einer Töpferei, wo sie sich um eine Arbeitsstelle bewarb. Die Töpfer meinten, es sei eine schwere Arbeit, da viel zu heben sei. Wieder draußen vor dem Haus spürte er ihre Schwermut, kümmerte sich aber nicht so recht um sie. Er nahm sie nicht in seine Arme, worin sie sich hätte fallen lassen können. Sie meinte, sie könne sich nicht so wirklich auf ihn verlassen, wenn es ihr schwer falle, eine Entscheidung zu treffen. Schließlich nahm sie die Arbeit an.

In jenem Sommer nahm Nikolaus eine Beschäftigung als Bauarbeiter an. Er fuhr unter anderem für eine Woche in die Po-Ebene, wo er als Grubenbauer tätig war. Wieder zurück, traf er Julia in Spital/Pyhrn in einem müden, ausgelaugten Zustand, da diese Arbeit an seine physischen Grenzen ging. Die Unterhaltung auf der Terrasse war wortkarg. Er wollte ihre körperliche Zuneigung, die er nicht bekam, mehr als ein Gespräch. Unbefriedigt zog er ab.

Ihre schriftliche Antwort darauf war, dass sie eine Liebe kennen lernen durfte, die langmütig und freundlich ist...(1. Korinther, 13). Das wollte sie ihm schon lange sagen, aber nun sei er wirklich da, der Zeitpunkt der Trennung. Es tue weh. In sich höre sie es immer wieder, ganz ruhig und sanft: „Liebe tut nicht weh." Das beruhige sie ein wenig. Sie möchte weinen. Das geknickte Rohr werde er nicht zerbrechen. Es werde alles gut werden. Es sei nicht leicht für sie, ihm das zu sagen. Sie sage das nicht so ohne weiteres, im Gegenteil, es gehe weiter, irgendwie, an irgendeinem Ort, zu irgendeinem Menschen, vielleicht sogar zu ihm, irgendwann. Wer wisse das schon? Ganz recht, Haare wüchsen wieder nach, aber ob Gelähmte eines Tages wieder gehen können, Blinde sehen und Taube hören, das wisse man nicht. Es sei vielleicht momentan traurig, aber irgendwo in der Ferne, da sei Licht, einfaches Licht. Sie sollten hoffen, dass sie nicht blind werden, wie so viele, um dieses schöne Licht dann auch sehen zu dürfen und zu fühlen, an der Haut.

Im September begann Julia ein Studium für Ausdruckstanz auf einer privaten Hochschule in Linz. Sie wohnte in einem Studentenheim.

Sie schrieb, dass die Erinnerung an ihn nun immer mehr Schönes als Hässliches zurück lasse.
Im Oktober war sie im Neuen Dom von Freitag bis Sonntag. Emiliano Tardif, ein Pater aus Kanada sei dort gewesen. Sie habe, schon länger her, sein erstes Buch gelesen. Jesus lebt. Jetzt wisse sie, dass es nicht nur Worte waren, sondern Jesus selbst. Emiliano Tardif sei einer der wenigen Menschen, der die wunderbare Gabe der Heilung hat. 17000 Menschen seien da gewesen. Viele waren behindert, sowohl körperlich, als auch geistig als auch seelisch, seelisch am Ende, nur noch am Boden, viele

Wracks, viele weinende, tief gläubige Menschen. Junge Menschen und alte Menschen und Kinder und Mütter und Väter, und alle eines gemeinsam, die Verbundenheit im Glauben.

An einem einzigen Abend, an einem einzigen dieser Heilungsgottesdienste wurden allein in einer Stunde mehr als 70 Menschen geheilt. Nicht weit von ihr saß ein Mann im Rollstuhl. Er stand auf und weinte, und Schritt für Schritt, langsam, aber so herzzerreißend, so dankbar, so abgrundtief nur noch in Gottes Händen. Sie hörte nur noch Menschen weinen, Taubstumme plötzlich sprechen, wie ein kleines Kind, und sie musste lachen, weil es sich so komisch anhörte, ein Alkoholiker wurde geheilt, er weinte auch sehr. Einem Ehepaar, das schon 10 Jahre vergeblich auf ein Kind wartet, hat Gott eines gegeben. An einem Abend wurden 10 Kinder von ihrer Behinderung geheilt. Es sei unglaublich, aber es sei wahr! Es sei nicht die Sensation, die man von draußen höre, es sei nur Jesus. Jesus Gottes Sohn, und er heilte die ganze Nacht hindurch. Sie sei eingeschlafen, aber Krebsgeschwüre bildeten sich zurück, die alte Frau hinter ihr, sie betete für ihren Sohn und wurde selber geheilt! Auch Ernis schwer kranker Freund! Und so viele! Immer mehr oder immer tiefer drang Jesus in die Herzen ein, vor allem in die Herzen. Nicht die Heilung sei es, nicht die sichtbare Heilung, nach der gierige Fotografen suchten, die unsichtbare sei es, nur die unsichtbare Heilung, die Kraft gab, weiterzugehen, auch wenn viele Menschen lachen und spotten, spotten über den, der doch nur zu heilen versucht. Er lade ein, immer wieder, er klopfe an, immer wieder, er werde weggeschickt, immer wieder, vor Angst, Mut und Überwindung, tagtäglicher Überwindung. Wer sich ihm öffne, werde frei davon, geheilt.

Das achte Jahr: Ein Wille ohne Wollen

Nikolaus besuchte die Stahlbetonbau-Vorlesung, verließ jedoch in der Pause das Universitätsgebäude. Es war wiederum eine Flucht aus seinem verhassten Studium hinaus in den klaren Herbst, wo er seiner Ex-Freundin folgenden Brief auf einer Bank am Waldrand schrieb.

Oktober, Brief nach Linz

Liebe Julia!

Das Glitzern im Gras sagt mir immer noch, wie schön und licht es ist, mich an Dich zu wenden. Der Mensch hatte es nicht wegmähen können. Und nichts hier, was man nur beschaut, ist giftig, wollte ich´s benützen, so täte es mir weh. Nicht in einem Gehäuse will ich Dir schreiben, an einem Morgen voller Kleinheit und Weite zugleich. Weit weg vom lauten Blut des Lebens hat man hier oben neue, schmälere Wege zu warmen, einfachen Bänken und Tischen errichtet. Quält mich hier das Lauter und Leiser eines unsichtbaren Verkehrs? Oder die Stimme, die lauter sein will, als deren Freund, eines Hundes? Mir hilft doch die Größe, die schweigt, um erhört zu werden, und auch Dir soll sie nicht entgehen, so wie uns die scheinbar minderen Rufe des Lebens nicht auslassen, weil sie Ohren brauchen, die hören wollen, um nicht vom ständigen Betreten-Werden zertreten zu werden. Ich will mich bemühen, auch ein Leben zu dulden, das seine Ahnen und Kinder in die Flüsse legt, auch nur ein Leben, von dem ich nichts weiß, sogar unsere Leben. Und so, wie das Bellen des Hundes aus der Freude oder aus dem Gefängnis kommt, so ist unser Empfinden ein Teil von vielen Geistern, von Gott oder der Welt getan. Und so muss ich und darf ich zugeben, dass ich jetzt nicht wünsche, Dich bei mir zu haben, weil ich Dich ja sehe, auf der anderen Seite der Brücke, die ich gerade baue mit dem Brief, der mich Dir bringen soll, so, wie ich jetzt hier weile, unter der Sonne, die atmet, mit einem toten Blatt von der Eiche, welches spricht, wenn man es bricht. So bin ich ein Teil von diesem Blatt, das zumindest heute geschehen lässt mit sich, der

Part, der mitstirbt mit jeder neuen Falte. Ich atme dem Leben entgegen und davon, aber erst der Hauch der Liebe und des Todes lassen mich Dir gerecht werden, und allem anderen. Die Zeit, die vergeht, lehrt uns die Ewigkeit, die uns wachen und schlafen lässt; überall dort, wo wir glauben, dürfen wir auch. Ich sehe keine Hand, die Nein sagt, nur einen Gott, der sagt: „Es ist nicht gut, dass der Mensch allein ist." Damit keiner von uns alleine ist, soll ich Dich drücken, wenn ich glaube, soll ich Dich nicht fangen, wenn das Kind in Dir läuft, auch die Frau ich nicht halten will, nur festhalten. Es ist vielleicht nur eine Zumutung, Dir überhaupt zu schreiben, aber der Clown in Dir gibt Dir den Übermut und den Spielraum, wieder lachen und sprechen zu lernen, Brücken zu betreten oder sie einzureißen. Er kann Deinem Vogel in Dir selber Farbe geben und Flügel, oder einen Käfig. Du weißt das alles. Eine junge Frau mit einem Kleinkind, sie spielen hier auf der Jägerwiese, sie macht ein Baumbild von ihm, sagt sie. Weiß sie etwas? Sie weiß, dass es raschelt, das Laub, das sie mitfotografiert.

Wieder zuhause: Gäbe es wieder den Einton, dann, sobald ich mich auf nichts einlassen würde. Schon ein Blick auf die hohen, weißen Flügeltüren bringt mich woanders hin, etwa in reinere Zeiten, die einem Fenster öffnen lassen und eine neue Sprache aus alten Mündern schenken. Womöglich sollte ich nicht so viel schreiben. Trotzdem sind es Worte, die in belassener, unschuldiger Umgebung entstanden sind. Nimm sie auf wie einen Traum, welchen ich von Dir hatte und nun erzähle. Ja, Julia, ich fange an, von Dir zu träumen, was ich früher nie tat. Was ich an unserem letzten Morgen falsch gemacht habe, wirst Du ungefähr wissen. Ich glaube, Schuld war meine Müdigkeit. Müdigkeit tut einem nichts, aber ich hatte sie unterschätzt. Schließlich tat ich zu wenig. Ich freute mich so auf Dich, doch mein Groll über eine alte Frau war vordergründig, als ich Dich dann sah. Dich sah ich lachen, aber mit meinen Gefühlen war ich immer noch vor der Türe. Und ich wusste nicht mehr, ob Dich meine Liebe mit Händen greifen darf. Das alles soll wieder gut werden. Ich wünsche, Du bist in besten Händen und auf sicheren Füßen, mit einem Herz, das nicht soll, sondern darf.

Nikolaus

PS.: Nicht in einem Gehäuse, das uns vor Regen schützt, sehe ich Dich wieder.

Nikolaus erfuhr von ihr, dass sie schwere gesundheitliche Probleme mit deren Ursprung in ihrer Seele hatten und wollte die Notbremse ziehen, indem er ihr Propolis-Produkte schickte.

Oktober, Brief nach Linz

Liebe Julia!

Ich habe erst Sonntag Deinen Bericht erhalten. Nimm Dich zusammen! Ich wünsche mir oft, dass alles wieder so wäre wie damals, viel früher, als wir unser Wissen oder Ahnen um den anderen noch nicht als wahr gemachte Idee, als Verkörperung zu spüren bekamen. Ich schreibe Dir jetzt von einem Park aus, näher den Straßen, dem geschäftigen Gerenne, näher womöglich meiner selbst, im Einfluss meiner Schattenseiten, die sich auch drehen und wenden. So leicht ergreift mich der Wind vom Flachland. Kaum noch ein Griff in Sicht, der mich baumeln lässt und dennoch nicht zuklebt. Bei all der bewegten Masse, bei der Farbigkeit dieses natürlichen Hofes, alles wie im Frühjahr, Sommer – erfährt jetzt schon der Winter sein Recht auf Kälte. Oder ist es bloß Ruhe? Die Welt ist alt und sollte schlafen gehen und mit ihr alle Mythen, jeder Kniefall soll wieder einer vor sich selber werden. Ich wünschte, Du wärst wieder wie ganz früher, stolz und behende, gesund, einen Glauben im Möglichen suchend, vor allem glaubend, vornehmlich an Dich. Es wird finster, aber die Laternen gehen an. Auch sie können einleuchten. Tatsächlich thront über ihnen noch ein Himmel im lichten, einfarbigen, alles umreißenden Hell, in dem sich Äste wiegen. Bin ich ohnmächtig, argwöhnisch, zu denken, das alles, was ich schreibe, könnte Dich treffen? Warum machte es mich nicht betroffen, ich meine, warum wirft es mich nicht nieder, dass Du schwer krank bist? Das ist es, was mich betroffen macht. Aber vielleicht bin ich Dir mehr Hilfe, sicher sogar, wenn Du das weißt. Du sollst wissen, dass ich immer für Dich hoffen will, mit der Kraft, die aus mir selber kommt. Und wie schlecht bin ich doch, wenn ich mir vorstelle, wie schlimm es Dir gehen könnte. Ist Charakter ein dem Geiste der Fantasie höriges Anhängsel? Und warum gerade muss das Dir gegenüber sein, wo Du mir doch das reichste Jahr meines Lebens gegeben hast? Ich glaube und bin mir immer schon klar gewesen, dass ich innerlich unstet bin. Ich kann die Menschen gar nicht zählen, die ich über einen Tag hinweg leben muss. Habe ich doch das Spiel mit dem, was möglich ist, zu weit getrieben? Ist mein Empfinden das Opfer von Berechnung? Alle diese Fragen sollst Du erfahren; auch dem Trost, den mir plötzliche Liebe, plötzliche Stimmen und Stimmungen geben, sollst Du glauben. Erst der Himmel, jetzt dunkelblau, malt die Bäume, das Leben richtig, nein, gut. Ohne ihn wären wir arm, Figürchen, oben und unten abgeschnitten und wahrscheinlich an gar nichts glaubend. Und so will ich dieses Fragen, was sich vielleicht jeder so oder so fragt, nicht mehr so habhaft herrschen lassen, dumm genug sein, etwas offen zu lassen. Einfältig genug sein, mit dem zu leben, was da ist. Julia, Du bist da. Immer mehr scheint es mir, Deine Geschichte zu kennen, je mehr Du und je öfter Du da bist. Das ist es, was ich meine, find´ Geborgenheit in Deinem Eigenraum. In Deinem Haus sollst Du wohnen und nicht irgendwo hart an Deiner Mauer. Trete ein, und erwärme diesen Ort, an dem Du selber wieder spielen wirst, irgendwann, als Kind. Baue auch auf dem, was Du schaffen kannst und auch gerne tust. Entschuldige, diese Tipps sind wirklich gut gemeint. Wenn sie auch für mich nützlicher sein mögen als für Dich. Ich hoffe jedenfalls, dass Du genügend Zeit übrig hast für entspannende Launen. Zeichnen ist wie Träumen. Suche die Schuld für Deine Krise, aus der Du bald wieder herauskommst, nicht nur in dem, was Du tust, sondern auch in dem, wonach reine Hände sich sehnen und was Du ihnen vorenthältst. Beschwöre nichts herauf, was Dir nicht entspricht, keinen Glauben, der Dir erst als Kranker den Trieb zum Leben gibt. Ich traue keinem solchen Buch, auch keinem Akt. Gleich einem Tier, nackt, will ich vom Samen bis zum Tode ausgesetzt sein, begabt ihn zu suchen, Jesus, ihn für mich wahr machen. Ich glaube, nur so kann ich ihn wirklich ernst nehmen. Im Bemühen will ich mich üben, überall seine Spuren zu entdecken, auch die gotischen Theater suche ich auf, die schön langsam sich reinwaschen, wenn auch mit ödem Wasser, das sehr oft wahrhaftig zu Kreuzen wird. So gehe ich gerne in Kirchen und Kapellen. Ich frage mich, ob nicht die

ganz alten nur noch deshalb stehen, weil sich die Innigkeit mit Gott, und die ist immer irgendwie anwesend, wenn Menschen hinkommen, in die Gewölbe stellt. Wie schön ist es in den Kapellen, wo die Sündhaftigkeit einer Machenschaft und die Sitze der Gier, wenn jemals anwesend, längst schon ausgeräumt sind von voller, herzlicher, ewiger Erleichterung.
Ich liebe Dich wie ein Meer von Fischen. Meine Liebe soll kein Haken sein, der etwas herausreißt, viel lieber eine Hand, die Euch füttert, oder ein Mensch, der mit Euch schwimmt.

Nikolaus

PS.: Ich bin gerne bei Dir! Ich wünsche, Du könntest geheilt werden, indem Du Deine Arme von Dir streckst, indem Du das Zeichen des Kreuzes wirst.

November, Brief nach Kärnten

Liebe Julia!

Man sitzt vor einem Stoß Papier, und schon ist etwas geschrieben. So kann Unentschlossenheit zu etwas führen. Neuerdings zehre ich davon. Das Schreiben ist somit nicht bloß Therapie, die man sich eigenlöhnend zur Unverwundbarkeit erhebt. Ich entnehme auch viel von dem Wissen um meinen persönlichen Tod. Ein halbes Leben lang hatte ich nicht recht daran, nie zu sterben. Ich weiß nicht, ist es der Herbst, der mich entlang führt am Leben, das sich aufs Geringste beschränkt? Da ist nicht mehr Unrast und Getriebe in einen einzigen Klotz gesperrt. Niemandem sind wir verpflichtet, auch keinem Gedankengebilde, das leider oft auch ein Gesicht prägen kann. So soll Dein Haupt nicht bloß werden im Dasein, ich wünsche, es bleibt greifbar, wenigstens für Dich! Vor Wochen hatte mir eines so manch großes Glücksgefühl erzeugt: Ich sah Dich gehen, in irgendeiner „idealen“ Landschaft. Aber Landschaft ist ja nie ideal, sondern immer nur schön. Du hattest mich so quasi vergessen. Du warst ganz bei Dir alleine. Ich durfte zuschauen, das war irgendwie allein schon fast zu viel. In der Nacht habe ich Alpträume, all das, worüber ich dankbar sein soll, weil es nur ein unspektakuläres Leben ergänzt. Am Tag kommen mir, so munter ich auch sein mag, besonders bei kleineren Wanderungen ins Auf und Ab des Wienerwaldes, schlagartig die reinsten Kindheitserlebnisse, Situation für Situation eben gleich den Gerüchen, dem Geschmack im Gaumen, des Alters. Zufrieden, am meisten zufrieden oder am meisten etwas erfahrend, bin ich im Wald, alleine auch, ob im Nebel, Nieseln, Wind. Dort habe ich, nein, dort kommt nie die Erinnerung auf, an einen Platz zurück zu müssen, dort habe ich Stunden Zeit, und ein Tag ist nicht etwa eine Auflage, zur Bewegung von Körper und Geist. Der Tag zeigt sich, teilt sich mit jenem Boden, der noch nicht von mir vertieft wurde, in jenen Farben, die unbewusst bleiben. Wirklich, man sollte nicht zu viel seiner Möglichkeiten auf die Welt loslassen, die Welt ist gutmütig, zeigt es sich dann, wenn man nicht mehr will, als zu Fleisch gewordene Erde gebannt wäre. Heute sitzen wir da, vorwiegend ein Abgrund der Langeweile, treten auf der Stelle, wann bricht er ab, der Abgrund? Ich achte zwar jeden Menschen, aber halten tu´ ich auf die wenigsten etwas, mich eingeschlossen. Aber auch wir zwei werden uns weiterhin in einem Gewirr von Eindrücken abmühen müssen. Manches Mal habe ich das Gefühl, dass ich nicht hierher gehöre, in diesen „Kultur“ - Kreis. Immer, fast immer bin ich in meiner eigenen Welt – ich kann heute auf die Straße gehen, ohne groß betroffen zu sein, begründet auf eine Schule des Sehens – oder ist das nur Abstumpfung, Gefühlskälte an und für sich? Früher stand ich in dem damals starken Wechselfeld Umwelt, Beziehungen zu Menschen – und mir selber. Oft kehrte ich zurück in eine Wohnung, die mir gerade gesehene und gefühlte Aufnahmen von draußen zunichte machte, oder, noch peinlicher, sie in Frage stellte. Heute hab´ ich es leichter.

Man braucht doch nur etwas, das einem zu schaffen macht, in den Raum stellt und so ganz isoliert von Forderungen an solch einen Punkt, zum kleinen Fleck, zum Punkt selber macht. Du sollst Dich nicht mehr von Dingen beängstigen lassen, die Dir nicht gut tun in dem Sinne, da sie Dich am Leben hindern. Denk doch an eine Zeit, die Du mit gegebener Leidenschaft verbracht hast, an das denke, was Du wirklich gerne tust. Darin kannst Du „Du“ sein, das heißt wahr sein, Glück haben und für Dich selber gut sein. So ist es für mich keine Enttäuschung, was und warum Du mir schreibst. Der Inhalt überrascht mich auch nicht, mir war

alles irgendwie bekannt. Ich würde Dir gerne helfen, so gut ich könnte, wenn Du willst. Wenn ich Deinen Worten zuhöre, glaube ich schon, dass Dir Freiheit alles ist. Wer will das nicht? Bitte versuche, Dir selber zu erklären, warum Du so mit Dir umgehst. Ich glaube, es ist so, dass Du nicht irgendwie haltlos umher treibst und da und dort anstößt. Du bist doch stark, und darum bist Du es selber, der Dich abhält, erdrückt, fast umbringt. Lass Dir nichts sagen, von keinem, so kannst Du auf Dich hören, Du hast Zeit über Zeit. Höre auch nicht auf jene, die nicht wollen, dass Du vergehst, es sind zu viele.
Damals, bevor ich einschlief, da hattest Du mich gar noch nicht vergessen – es war so, als hättest Du mich noch nicht gekannt, als würdest Du mich nie kennen lernen. Dein Wunsch wurde auch meine wahre Freude! Ich habe Dir ein paar Blätter aus dem Wald mitgeschickt. Sie sind verschieden; so wie Gedanken oder Ansichten, oder Vorlieben. Wenn sich Unterschiede nicht auflösen, gehen sie in die Freiheit. Ich mag Dich sehr! Das Beste Dir und die Versöhnung mit den Deinen! Dein bestes Werk für Dich!

In lieber Zuversicht
Nikolaus

PS.: Frag den Arzt, ob sich die Mittel mit Deiner Medizin vertragen! Die Verkäuferin wünscht Dir alles Gute, es hilft sicher, sagt sie.
Nimm aus der Flasche täglich 3 Teelöffel und aus dem Glas 1½ Teelöffel (gestrichen). Die Pollen lasse im Mund zergehen, nicht gleich schlucken! Langsam, nicht reden dabei! Nimm das alles vor dem Frühstück!

Dezember, Brief nach Kärnten

Liebe Julia!

Ich könnte anrufen, um Dir das zu sagen, was ich vergessen habe, zu schreiben. Falls Du meine Sendung bekommen hast, so bringe bitte die Inhalte nicht in Berührung mit Metall! Nimm einen Plastiklöffel. Zur Dosierung des Honigweins genügt es, wenn Du 3 Teelöffel davon in ein Stamperl gibst und Dir dann den Inhalt merkst. So musst Du nicht immer aufpassen, damit nichts daneben geht. Laut Auskunft der Verkäuferin soll das wirklich helfen, natürlich nicht sofort; Dein schlechter Zustand nahm sich auch die Zeit von viel zu vielen Tagen – und ich hätte es all diese Tage (oder Jahre) wissen sollen, was in Dir vorgeht, glaubte ich leichtfertig an eine starke Gesundheit in Dir. Was soll ich Dir aber alles schreiben und raten oder gestehen? Es gibt ja nicht viel. Diese Jahreszeit ist nicht die beste für mich. Sie ist schön, ganz schön, wenn ich vieles davon weglasse. So viele wollen irgendwie oder müssen sowieso beschäftigt sein, um jeden Preis, machen dabei so viel Altes für ewig kaputt. Darum rede ich mir ein – oder arrogiere mir ein Wegsehen vom Grellen und ein Wegsehen vom Schrillen - dass ich, aber auch viele andere, nicht für so etwas in Frage käme – nicht für ihre Geburt und Eingebundenheit. Gegen Weihnachten, wo ich hoffe, Dich zu sehen, bleiben doch selten noch ein paar Gerüche, verbranntes Laub, ein Sehnen nach Geborgenheit, vielleicht mit Dir einmal.

Immer mehr rücke ich ab vom Angebot der Straßen, Gott sei Dank sehe ich vieles auch nicht mehr oder wenigstens anders mit nicht einmal kalter Schulter. Weihnachten kommt auch für Dich, Dein Beginn der großen Geschichte, ich hoffe, dass Du neu etwas finden kannst am Leben, durch diese Geburt. Ich habe sehr viele Bilder von Dir, sie kommen sehr oft. Über graue Dächer und Kamine kann ich schauen, sie stimmen mich nicht froh; aber vielleicht schaue ich in Deine Richtung? Ich bin froh, dass ich nichts nachzuholen habe, keine Briefe; die ich schreiben wollte, aber nie schrieb, aus Geduld, aber auch aus Schuldgefühlen, Stolz, Gespaltenheit Dir gegenüber. Sie hätten wahr und gelogen gleichzeitig sein können für mich, der ich nicht mehr das junge, aufgewühlte Leben in mir habe. Ich hinterfrage einfach zu viel – oder zu wenig, weil ich nicht so recht weiterkomme. Somit bildet sich nichts klar heraus, wie ein Dahintappen, ein vorsichtiges, im Dunkel, auf etwas zu, was ich schon vorhersehen kann. Mein Leben ist ernst geworden, kein Alkohol mehr, auch kein Rauch und kein Fleisch. Ich kann mich selbst berechnen, und das, wie ich auf etwas reagiere. Eine Wahrheit der Vernunft etwa, eine andere Wahrheit, eine von vielen, die mit einmündet, einmal, und alle auf einmal, wenn es aus wird sein. Wenig Aussichten, etwas wieder für wichtig zu halten, wenig inneres Engagement, dafür viel Zweifel an mir selber, wenig Freude auf den nächsten Tag, viele schlechte Nächte – und dennoch das Abwarten, wohin ich tendiere, die Neugier, was geschehen wird. Noch ist es die Neugier, nicht die Langeweile, die mich antreibt, herumtreibt.

Ich habe jetzt einen starken Bezug, vielleicht ist es bloß Sorge, zu meinen Eltern, die ich schon lange nicht mehr sah oder richtig mich mit ihnen unterhielt. Sie werden nicht jünger, und in Zukunft habe ich ihr Alter, vor dem ich mich nicht scheuen sollte.

Wieder schreibe ich Dir – meine Stimmung ist sehr wechselhaft –, jetzt könnte ich den Brief schon wieder verwerfen. Woran liegt das? Habe ich etwas nicht in Ordnung gebracht, mir oder Dir einen Wunsch nicht erfüllt? Ich will darüber nicht schreiben, es hat sich erledigt, einfach ausgeputzt. Reden könnte ich mit Dir darüber schon, eben aus Neugier. Nicht selten kommst Du mir unter, irgendwie bist Du immer da, auch wegen der Sorge, ob Du das auch wirklich einnimmst – aber auch spürbar, ganz mit Deiner Haut an meiner kommst Du in meine Sinne. Du sollst wissen, dass ich Dir nicht böse bin, auch nicht enttäuscht, wenn Du Dich ganz von mir löst. Es macht mir nichts aus. Es hat lange gedauert, dass es mir trotz Liebe nichts ausmacht.

Gebe Dir und Deinem Wohlbefinden den Vorrang! Ich weiß nicht, wie Du jetzt wirklich bist, und dennoch nehme ich Deine Anwesenheit an. Sie ist mir vertraut, lieb.

Tut mir Leid, dass ich Dich enttäuscht habe. Dass und wie, kann ich fast nicht beurteilen, eher noch lässt es mich den Herbst spüren mit seinen Lüften, Wegen und Farben.

Oft hätte ich zu Dir sprechen sollen, ich tat es nicht. Vielleicht war ich noch zu jung dazu. Langsam geht die Sonne unter. Die hinteren Dächer leuchten hell, Kamine strahlen wie die Wolken darüber. Zu viel hatte die Sonne für sich gestrahlt. War ich auch so? Ich würd´ jetzt gerne an diesem späten Nachmittag mein besseres Gemüt für Dich zur Wärme, Helligkeit werden lassen. Geschieht das einmal wieder, einfach so, ohne dass ich kann, dann dürfen wir im Winter Leben sehen, das nicht friert. Bei Dir will ich sein.

In Liebe

Nikolaus

Dezember, Brief von Linz

Nikolaus!

Du sollst wissen,
dass ich Dich mag und dass
Du nun öfters, wo ich bin,
auch irgendwie bist.
Du bist langsamer. Du kommst
meist erst später.
Aber es ist so, dass Du
kommst.
Nicht, dass ich versuche zu
warten, oder Du, schneller zu
gehen. Es ist so, dass jeder
in seiner eigenen Zeit bleibt.
Und so ist es wirklich schön.
Weil alles einfach kommt, wie
es kommt.

In Liebe

Julia

Dezember, Brief nach Linz

Liebe Julia!

Hier in Wien liegt der erste Schnee. Wenig zwar, aber er macht doch alles ein Bisschen anders. Ich gebe dem Schnee in Kärnten nicht die Schuld, dass Du so viel anders bist, als Du warst, als ich Dich kannte.
Macht der Hass Dich, oder Du ihn? Das ist die Frage. Du fragst immer jene, die nicht antworten, fragst Du etwa nie Dich selber? Niemand versteht Dich, hämmerst Du Dir ein, vielleicht verstehst Du nicht, dass ich ein Zuhause für Dich bin. Du spürst es halt nicht mehr.

Es ist kalt draußen, wo ich heute ein paar Stunden gegangen bin, unter Vollmond dann, weil es schnell finster wurde. Meine rechte Hand hält sich selber warm, nur meine linke wird eiskalt in Ermangelung Deiner rechten.
Wie stark war früher der Wunsch, so manche einsamen Wege mit Dir zu gehen, als ich Dich vermisste. Diese Wege werden immer so in Erinnerung bleiben, wie sie begangen wurden und werden – alleine. Alleine mit mir die kleinen Föhren draußen auf der Grünfläche zwischen den Schnellstraßen, die in und aus der Stadt führen. Es ist jetzt schon fast ein Jahr her, als Du mit da draußen warst, des Öfteren. Es war schmerzvoll, weil Du mir fehltest, nach den Weihnachtsferien, als wir auf dem harten Schnee gingen, in den Wald hinein im Licht, ins Dorf zurück zum Licht. Ich konnte aber auch lachen aus Freude über Dein Dasein, über Deine Bekanntschaft, über Deine Haare, über Deine lange Wolljacke.
„Warum kannst Du nicht hier Sein!“, fragte ich so oft da draußen. Ich weiß es nicht sicher, umarmte ich nicht diese Föhren damals, als ich nur gerne im Dunkeln ging, getroffen sanft manchmal von dem zerstreuten Hell der Scheinwerfer, das sich über dieses Feld legte. Gerne würde ich bei Dir ein Zuhause haben, mich in Dich vergraben, den Kopf auf Dein Herz legen. Unterm Hemd trage ich Dein schwarzes Leiberl. Es ist Material, aber legt sich an und gibt mir wirklich etwas an Geborgenheit, etwas an warmer Heimat.
Der Rüdiger hat mich gestern besucht. Es wurde über den Durst getrunken, mehr als Luft geatmet und über alte Zeiten gejammert. Ein ungesunder Zwischenfall, der mir gut tut. Selten noch holt mich das Trinken ein, ich wehre mich aber nicht mehr dagegen. Zu lange habe ich regelrecht getrunken, als dass ich es ganz aus meinem Leben weisen kann. Die Nachwirkungen waren heute ein schnellerer, fester Herzschlag und eine unergründliche Angst. Es ist auch die Angst um Dich, sie war ganz da, noch nie so belehrend, so ganz wahr und böse. Und die Angst vor dem Leben, das wirklich fremder und fremder wird. Da braucht man doch seine Träume, seine eigene Wahrheit als Asyl. Du hast gefunden, was die schreckliche Wahrheit ist, sagst Du. Diese ist echt schrecklich, und sie ist es nicht wert, unter ihrem Diktat zu leben – oder auf ihr zu leben, wie so viele das anstreben mit Berufswahl und Versklavung ihrer Kinderseele. Sodann sind ihre Bewegungen und Nahrung im Dienste

fernab der Menschlichkeit, jeder Lacher ein Gewinsel und Gespött, alle Blicke in Richtung Schaden und Eitelkeit. Auch mich haben schon viele einen „Träumer“ genannt. Sie errichten sich unzählige, käufliche, wertvolle, zeitraubende Illusionen. In ihrer Dichte, die verdrängt, nennt man sie Realität.
Du hast den Himmel über Dir, auch wenn Du schläfst. Vielleicht sperrt Dir Hass eine Tür auf, wie viel versperrt er aber um Dich?
Was schreib ich da. Ich sehe den Abstand zwischen den Löchern im Papier, da wird mir schlecht. Du siehst, ich bin nicht der Glücklichste, es fällt mir nicht leicht, Dir zu sagen, was Du tun und lassen sollst. Viel zu laufen täte Dir, glaube ich, gut, oder schwimmen. Was will ich sein? Ehrlich zu Dir. Hoffen kann ich, dass es für Dich besser wird, nicht Du alleine bist Schuld für das, was Du erleiden und dulden musst. Bin auch ich ein Schuldiger für dieses ungute Rumoren in Dir? Sag ein Ja. Du warst einmal recht froh, glaube ich. Ich würde mich gerne über Dich beugen und Dich küssen, Du im Schlaf. Wenn man nichts will oder nur wenig, können Träume, wenigstens die Träume schön sein. Du hast sonst so viel zu tragen, Deine ganze unsichere Kindheit, die Dir nachhängt, kenne ich nur aus wenigen Bildern. Lass mich auch etwas tragen, gib an mich etwas ab – oder lass es mich zum Teil mittragen. Versuch von Grund auf, das Warum für Deine Unzufriedenheit zu erklären. Damit musst Du anfangen, schieb´ das nicht hinaus. Achte nicht so auf das, was andere tun. Du hast schon viel für andere getan, auch für mich, Du hast geholfen, ganz selbstlos warst Du für andere da. Es mag Dir nicht gefallen, was ich Dir schreibe – wenn Du da wärst, würde ich sowieso nicht schreiben, das würde mir gefallen. Mein Grab soll ein tiefer See sein, das bräuchtest Du nicht schaufeln – ich hätte dabei nichts zu lachen. Keine Erde für das Loch von Toten, nur Schlamm werde ich sein, der geborgen wird mit dem verräterischen Geruch nach Fisch. Ich will Dich! Immer noch weiß ich nicht, ob Du mich ansehen kannst. Sieh Dich an, mein Blick liegt auf Dir. Dein Haar wird dicht, fällt Dir ins Gesicht, doch mir nicht ins Gewicht. Wohin soll ich Dich tragen? Vertrau mir, ich lass Dich nicht fallen! Wer etwas fallen lässt, kann darüber stolpern. Viel Glück! Ich bin müde. Du schläfst sicher schon. Da, neben mir!

Dein Nikolaus

Er machte eine Wanderung in die winterlichen Weinberge Klosterneuburgs.

Jänner, Karte nach Kärnten (Anne-Marie Grobet, Foto mit Kindern und Luftballons)

Liebe Julia!

Ich habe mich in eine Mulde gelegt. Der Wind bläst hier oben so frisch und gerade. Es ist wie im Indianerland. Jetzt fängt es an zu schneien. Dieser schwarze Himmel hat gerade die Sonne verdeckt, die erst noch diese Kleinstadt mit dem Kloster und der neuen Burg erhellte. Es war wie das letzte Aufblitzen, so wie auch diese dürren Sträucher fast schon brannten. Das Gras ist immer gelb und trocken hier. Ich glaube, es wird nie abgemäht. Kaum sichtbar, aber jetzt spürbar, das Moos darunter. Es rührt sich alles im Wind, der so laut wird. Ist Dir jetzt warm? Als ich vor 3 Wochen ging, in Wien, war mir warm. Immer wieder der Blick über die Schulter, dorthin, wo Du wohl sein mochtest. Auch jetzt würde dorthin ein Zug fahren. Aber ich liebe Dich, ob ich Dir schreibe oder nicht, ob ich Dich sehe oder nicht!

Nikolaus

Februar, Brief von Linz

Nikolaus!

Ich liebe Dich, solange meine Haare wachsen. Ich möchte Dich so gerne sehen, aber sie wachsen immer noch. Sie sagen mir nichts weiter, nur dass sie wachsen. Sie sind wohl sehr schweigsam, und sie sind einfach nur braun und nicht schwarz. Kannst Du es fühlen, aber ich hab´ Dich zuvor nie so vermisst!
Ich habe sie abgeschnitten, und ich habe sie auch sehr vermisst, immer noch vermisse ich sie, aber sie wachsen, das kann ich fühlen.

Ich liebe Dich so!
Ich weiß nicht, wohin ich gehen soll, um Dich zu sehen. Aber dann wieder sehe ich Dich einfach so.
Und ich schlafe immer noch dort, wo ich geschlafen habe, neben Dir.
Und heute habe ich ein Ei gegessen. Und dann musste ich an Dich denken.
Aber ich weiß nicht, warum. Jedenfalls habe ich gelacht. Und dann wollte ich mit Dir schlafen. Ich dachte daran, Du könntest nun fett sein. Aber ich glaube, es machte mir nichts aus.
Ich möchte Dich so vieles fragen! Es ist so viel passiert!
Und dann wieder weiß ich nichts von dem, was gestern war.
Heute kam ein Brief von Arjo.
Ich hatte solche Angst. Er war so schrecklich und so traurig. Sie ist mein liebster Mensch aus Rom.
Sie möchte zu mir, und nun möcht´ ich auch zu ihr.
Ich habe geweint, dann hab´ ich Deine Karte gelesen, sie kam genau zur rechten Zeit, und dann hab´ ich daran gedacht, freudig zu warten, falls sie kommt.
Ich glaube nun, dass sie heute nicht mehr so traurig ist, weil sie ja weiß, dass ich auf sie warte.
Sie weiß es doch, nicht wahr?
Sie ist ja so schön, und ihre Haare sind wie der Weizen im Sommer. Im Sommer wird sie doch kommen, wenn ihre Haare wieder lang sind!
Wenn sie nur weiß, wie sehr ich sie liebe, dann wird sie nicht mehr daran denken. Dann wird sie es einfach nur glauben, ohne mir all das zu schreiben.

Februar, Brief nach Kärnten

Liebe Julia!

Es ist lieb von Dir, dass Du Dich immer wieder bei mir meldest. Dagegen fällt es mir schwerer und schwerer, zu einem Satz an Dich anzusetzen. Ja, ich schrieb Dir vor ein paar Wochen, ich war so lebhaft nach den Tagen mit Dir, darunter war womöglich, soweit ich mich berufen kann, der schönste Himmel, das glücklichste Schauen an einem Nachmittag; als Du auf dem Eis warst? Dann schrieb ich am meisten, und davon bin ich am meisten, glaube ich. Etwas Schönes wollte ich Dir damit geben, in Worten bloß, darum wohl blieb es liegen. Es genügte, an Dich zu denken, auch oft in solchen Bildern, die zu beschreiben es in der Kunst gilt. Momente, bei Tag und Nacht waren sie mir abermals ins Auge gelegt, darum war ich anfangs, in der Dauer dieser Tage, einfach zu befangen, diese Nacherlebnisse, die ich dann, wieder daheim, hatte, Dir brieflich zu übermitteln. Es genügte mir, mich darin auszuruhen, nie selbst in mich einzuräumen. Das was ich sah, war ein Beispiel für Dich, überflüssig, Dir „davon" zu berichten oder einen Teil zu geben in Worten. Bitte sei nicht mürrisch, wenn Du lange nichts bekommst, ich schaffte nur die Anrede, mag sein, dass sie mich blockierte, und ich schlief ein, geschafft vom schönen Taumel. Obwohl ich derzeit so gar nicht aufgebracht bin, kann ich Dir schreiben, als Ausdruck meiner Ebbe. Ich kann zufrieden sein mit dem allein schon, dass ich Dich allein lassen kann, ohne ferne Sorgenblicke auf Dich zu richten. Es freut mich wirklich, dass Du Dir treu sein kannst, soweit es Dir gerade gestattet ist; der Alltag soll gut zu Dir sein! Du bist schön, und auch das soll davon kommen! Wenn ich könnte, würde ich Dich „schön" berühren wollen. Das ist mir so ein Begriff, der auch mein Zweifel ist, ob denn das geht. Unsere Katzen sind alles für uns, richtige Familienmitglieder sind sie uns. Ohne Katzen wären wir uns zu wenig, auch gegenseitig noch weniger nahe. Der Grund dieser Familienexistenz im Haus ist Tierliebe, Weltneuheiten, verschiedene Meinungen in der Haushaltsführung.......aber sehr wenig das Einander-Auslassen. In einem Haus zu kleben, lebendig, ist auch ein Leben – für den nächsten Tag. Für manche ist dann halt der Tod schöner und ein Leben für Kinder.

Der nächste Abend, wie gestern im Bett, in der Wärme, die gefällte Bäume noch geben können, ist jetzt. Sie kann doch lachen, meine Mutter. Ein Lachen kommt erst durch ein Medium, wie es das Fernsehen oder Erlebnisse vergangener, auch abgeschiedener Jahre sind, in ihr Gesicht. Dabei sitzt sie aber, komme ich jetzt drauf. Ihr Gang ist schon so unsicher für ihr Alter, den sie dann mit steinernen, mitunter aber doch besonnenen? Mienen antritt. Diese Kurve vom Stuhl in die Küche machte sie schon so oft – hat sie sich schon angewöhnt, sich dabei immer wieder

an der Kredenz zu halten mit einer Hand? Muss sie etwa gerade da nicht aufpassen – wo man glaubt – und denkt nicht mehr daran sondern sich frei? Wie gebunden sie auch sein mögen, meiner Eltern Lachen ist doch keine Häme, dann, wenn sie können. Und wenn sie bös sind, sind das die Kinderseelen, die wie in Gefahr sind, jetzt und immer schon gerettet sind, glaube ich irgendwie; dabei war da ein Gefühl, alles erzogen „Wichtige“ zu vergessen.
Morgen, Donnerstag, gehe ich ins Krankenhaus, für wenige Tage, um mir die Schrauben entfernen zu lassen. Ich werde liegen und Du, Julia, wirst tanzen. Ich sehe jetzt Deine Knie, sie sind so lieb, so makellos intakt. Oft sehe ich Dich als kleines Mädchen, und das könnte die Welt sein, die erde zumindest. Die Blumen, Dein Garten, Dein Kleid, unsere Sonnendächer, Deine Haut, und Dein Haar, unsere helleren Schatten. Nicht selten habe ich da etwas, das ist wie eine Liebe, die Dich von ferne aufgehen lassen könnte zu einem für alle erkennbaren, eindeutigen „Du“, welches sie entfremdet voneinander, staunen und ehrlich werden lässt. Außerdem glaube ich, Du kennst Jesus schon (dann, wenn Du z. B. gut zu Dir bist). Aufgewacht, gebe ich Dir einen Gutenmorgenkuss.

In Liebe

Nikolaus

Februar, Brief von Kärnten

Du musst die Kerze anzünden.
Damit sie verbrennt.
So ist sie keine Gefahr mehr.
Du musst sie verbrennen.
Der Vogel muss im heißen Öl sterben, wie so viele andere, damit er endlich frei ist.
Die Kerze ist lieb, gell? Habe ich von Limai, einem Mädchen aus Taiwan.
Drauf steht: Flieg´ nach Taiwan, dort wird es Dir gefallen.
Aber darauf fall´ ich nicht mehr rein.

Und dann steht noch: Ich liebe Dich.
Und das genügt, nicht wahr?
Limai würde Dir auch gefallen.
Sie hat schwarze Haare, wie der Vogel.

In Liebe Limai

Februar, Brief nach Kärnten

Liebe Julia!

Diese Nacht heute schlafe ich noch zuhause unter der Mansarde. Ein gewohntes Bild, eine Malerei mit Blumen, es sind Königskerzen, wurde abgenommen oder fiel von der Wand noch bevor ich von Wien – oder vom Krankenhaus? - kam. Der sonst vom Ofenruß angebrannte Kalk ist darunter jung geblieben. Hinter dem Bild hausten Spinnen, jahrelang. Spät ist es jetzt schon, aber es ist warm hier im Raum, im Bett, wo ich auf Schafpelz liege. Jetzt fällt es mir auch nicht schwer, wie sonst, Dir einfach zu schreiben, dass ich Dich gerne bei mir hätte. Du bist auch da, ich spür´ es, ich will Dich so gerne riechen! Körper bin ich auch, der Dich entbehren muss. Ich will so oft in Dir sein...nun kann ich nicht mehr schreiben – mit meinen Händen will ich auf Dir schreiben, ich dreh das Licht ab.
Licht brennt unter einem kleineren Schirm jetzt in Wien, wo es sich eher auf etwas richtet, auf einen kleineren Bereich. Eigentlich bin ich mit meinen Gefühlen vielmehr hier zuhause. Das Licht, ich kenne es schon so gut, verliert sich hier nicht so schnell, die unbelichteten Zonen werden schlafen gelassen. Ich bin wieder halbwegs bei mir zuhause, auch kehrt Ruhe ein, und Bedächtigkeit löst meine „heimatliche" Ziellosigkeit ab. Dort ist es schwerer, zu Dir zu kommen. Deine Kerze, die Kerze, die Du mir geschenkt hast: Sie hat zwei Seiten, die man so und so – je länger, desto vertrauter – sehen kann. Rot, schwarz, golden ist die eine. Sie kann mir Furcht einflößen beim kurzen Hinsehen. Gewunden, stolz, diabolisch ist diese Einheit. Jetzt seh´ ich schon lange hin, dann Alter, Erdentiefe, Kraft und wiederum Kindheit ist diese Verbundenheit. Daraus,

auch aus meinem „Bemühen“, Warten, soll eben immer wieder Liebe werden zu Dir; und Versöhnung mit solchem, das mir Schmerz zufügte; mit solchem, das ja ein Warum oder Damit war und ist. Ich will Dir das geben, was Du nehmen willst von mir, falls ich es habe.

Gestern hab´ ich Deinen Brief bekommen, der wenig Neues, sehr viel Düsteres enthält. Er lässt mich fragen, nachdenken, abwägen, wie viel Bangen, Zittern uns dieser Wohlstand, vornehmlich begründet auf Gebilden, harten Plastiken, noch abringen, nein, kosten wird.

Du hast mir schon hin und wieder gesagt und wirklich zu spüren gegeben, wie bedrohlich das auf Dich wirkt. Manchmal würde ich mich opfern wollen, irgendwie, für Dich, damit Du hierin und darin, in dieser auch Deiner Welt nicht verloren gehst. Meine Angst ist es ja nicht so sehr, Du könntest für mich in Verlust geraten; es ist so viel für mich, für mein Empfinden, was mit Dir für immer dem zufallen könnte, was der Grund für Dein Ankämpfen zu sein scheint. Ich nehme auch gerne von Dir, so bist es Du, welcher mich einsame Erlebnisse, die wohligsten Stimmungen draußen immer wieder erinnern lässt. Erst mit Dir sehe ich das so, dass es bleibt, zu meinem Leben wird. Wahrscheinlich kann ich Dir nie sagen, wie das ist und wie viel es mir bedeutet, wenn ich dazu Glück habe.

Ich schrieb viel von mir, der Dich gerne liebt (und liest). Manchmal sehe ich Dich in einem warmen Land mit steinernen Häusern – Italien schätze ich, weiß ich. Dann wird mir die Brust weit, und die Augen werden mir feucht. Dann glaube ich Dich erlöst und fröhlich wie mich selber, wenn Dich der Boden erwartet und aufnimmt. Natürlich darfst Du mir schreiben, von dort und da.

Ich wünsche Dir Tage, die Du leiden kannst, eine Sonne, die Du fragen kannst...und eine gute Nacht (nach der ich Dich sehen kann).

Donnerstag ist, unter verschlossenem, weil grauem Himmel. Die Nacht war gut, nur mir erging es böse. Ich kann mich nicht mehr erinnern, was war.

Wo bist Du jetzt? Liegst Du, stehst Du, gehst Du? Hab´ keine Scheu, mir weiter etwas von Dir zu sagen. Ich wünsche mir so für Dich, Du könntest mit *dem* Frieden finden, was Dir an Freude noch nicht genommen wurde, vor allem an Freude noch bevorsteht.

Ich hoffe, ich darf bald wieder einmal mit Dir zusammen sein. Ich freue mich so auf Deine Haare und muss Acht geben auf meine Wiedersehensfreude, damit sie Dich nicht zu fest hält. Bei uns daheim ist immer so ein Wirbel Leute, der vom Reden lebt und tanzt. Er ist anstrengend, aber vielleicht doch selber gesund. Du bist weit weg, und ich empfinde für Dich heute etwa so, wie am Anfang. Ich wünsche Euch, zuhause bei Dir, einen vielleicht notwendigen, vielleicht Vieles neu gestaltenden, spannenden Anfang. Mein rechter Fuß steht auch am Anfang, die Schritte sind fort; so viele sind es doch wie vom linken, ungeachtet seiner Fehler wird es besser. Julia, ich hoffe, Du kannst lachen, frei, bei schlechtem Wetter. Ich mag Dich sehr! Ich lieb´ Dich sehr!

In Liebe

Nikolaus

Sie schrieb, im Wald und draußen, das fühle sie wirklich, dass er da ist, auch wenn er nicht da ist. Drinnen sei es nie so. Da sei er nicht. Darum gehe Sie nun auch öfters raus, und es sei wirklich besser dann.

März, Karte nach Kärnten (Vincent van Gogh, Junges Mädchen in einem Wald)

Meine Liebe!

Hoch über der Stadt bin ich nun, wo ich noch nie war. Es dämmert, und vieles übersehe ich – der Frühling aber ist warm und spürbar luftig. Die Vögel zwitschern wie am Morgen, und erst habe ich Dich in leichten Kleidern gesehen. Jetzt sitzt Du am noch braunen, felsigen Boden und siehst auch da hinunter, wo alle Lichter an sind, aber die Vögel nicht. Die sind hier oben, laut!

Die Fremde liebe ich – Dich!

März, Brief von Kärnten

Lieber Nikolaus!

Ich will Dich sehen! Ich will so gerne Deine Hand haben! Und ich will auch Deine Locken! Und wenn sie nicht mehr da sind. Dann eben nicht. Aber Du musst da sein. Ja? Ich will so gerne, dass Du da bist, bei mir. Wenn Du nicht willst. Dann eben nicht. Aber eigentlich willst Du ja. Ich hab´ es schon vergessen. Weil es schon wieder lange her ist, dass ich etwas wusste. Aber jetzt weiß ich´s wieder. Du magst mich. Und ich mag Dich. Und eigentlich genügt das. Tust Du mir den Gefallen und kommst trotzdem zu mir? Auch wenn es eigentlich genügt, ohne dass wir uns sehen. Aber nur vielleicht. Weil ich ja eigentlich Dich sehen will! Also jetzt Klartext. Ostern, da sollst Du kommen! Meine Familie fährt nach Oberösterreich. Und Dienstagabends wieder zurück. Mutti hat mich auf die Idee gebracht, Dich da einzuladen. Nicht, weil sie Dich nicht sehen will. Sie hofft, dass Du Dich und auch ich mich dann freier und wohler fühlen. Wenn einmal keiner da ist, Ruhe und das Haus für uns, nicht nur ein Zimmer. Sie meint natürlich, wir könnten uns auch so fühlen und bewegen, wenn alle da wären. Aber wir können eben noch nicht, was sie auch versteht. Sie versteht eben alles.
Vielleicht können wir es, bis sie wieder zurück sind. Dann kennen wir das Haus schon. Dann brauchen wir nur noch die Bewohner kennen lernen. Unbeschwert, weil wir ja auch dazugehören. Du für Deine Zeit, und ich für meine Zeit. Meine Zeit ist vielleicht länger, aber dadurch, dass sie erst beginnt, hoffe ich, dass Du mir am Anfang hilfst. Michaela will dann vielleicht mit meinen Eltern mitkommen. Sie will mich halt sehen. Und ich sie auch. Irgendwie wird das dann sein. Aber ich will ja nicht denken! Noch bevor etwas ist. Es ist dann eben. Auch wenn Du vielleicht nicht kommen magst oder kannst.. ich bin bestimmt nicht böse. Es ist dann eben anders. So oder so anders. Und am Besten, wie es kommt.

Alles Liebe

Julia

März, Karte nach Kärnten (kleine Bären)

Liebe Julia!

Ich habe Deinen Geburtstag vor mir, morgen. Heute war, so glaube ich, der erste Frühlingstag. Ich ging jetzt durch den Wald und das Laub vom Vorjahr. Es ist so bedrohlich heute – alles fast – und darum muss ich mehr aufpassen als froh sein. Froh bin ich über Deine Einladung – ich wäre sowieso gekommen. Man muss auf eine Karte nicht soviel drauf schreiben – nicht so viel wie die Trauer. Hoffentlich kommt nichts dazwischen – die Tiere vorne sind ja auch noch klein und lieb – aber der Himmel darüber so sehr weiß – eine einzige Wolke? Recht so. Ich will auch lachen.

Alles Gute

Nikolaus

Das Treffen in Julias Elternhaus ging über drei Tage, fiel jedoch für beide eher deprimierend aus. Nikolaus´ Herz war noch nicht bereit, diese Generalprobe für ein gemeinsames Leben zu bestehen. Er war meist verlegen ihr gegenüber, betastete und betrachtete die Ostereier wie ein untersuchender Arzt.

März, Brief von Kärnten

Lieber Nikolaus!

Kannst Du lachen, über Dich selbst? Das frag´ ich mich nun immer öfter.
Wenn Du Dich selbst drehst und wendest. Wie oft zerschlägst Du etwas, ohne die Scherben zu sehen?
Und wie oft tust Du Dir weh in deinen eigenen Scherben?

Du sagst, Du legst keinen Wert darauf, was Dich kleidet. Und was Dich kleidet, legt keinen Wert mehr auf Dich.
Bin ich ein Teil, der Dich kleidet, so will ich kein Teil davon sein.
Deine Kleidung scheint alt. Alter vergeht, ist nicht schlecht, aber es muss nicht Schmutz mit sich tragen. Die Ordnung des Alters sitzt tief auch in der Jugend. Und nichts davon ist zu verachten.
Mir kommt es oft vor, Du verachtest sehr vieles, sodass sehr vieles auch Dich verachtet und Dich hässlich macht. Ich glaube, Du verurteilst im Inneren. Ich sage, was ich verurteile. Und bald darauf weiß ich, dass es nichts zu verurteilen gibt.
Der Wohlstand ist arm. Doch kein Mensch, darin gefangen, ist hässlich. Vielmehr sind die hässlich, die verstehen, begreifen in schönen Händen und dennoch verachten.
Wenn Du gehst, ist Dein Blick stets geradeaus, Dein Kopf aufrecht, ein Mann, wie ich dachte. Und nichts davon ist ein Mann.
Als Schlafender scheinst Du nicht ruhig wie ein Schlafender.
Vielleicht war alles davon eine Frau. Ein Mensch, der Du gar nicht bist.
Ich lese aus der „Geschichte des Bleistifts". Liebeshandlung umgekehrt: Sie versetzte sich nicht in den anderen, sondern versetzte den anderen in sich.
Vielleicht war es so, aber nie kann es wirklich so gewesen sein.
Das vermeintliche Buch ist nicht die Wahrheit. Nur ein Suchen und Tasten, ein Sich-Verbergen und rasches Hervorkommen, vielleicht das Leben einer Katze, irgendeines Tieres, sowie der Mensch, der es liest.
Das vermeintliche Buch ist eben nur die Geschichte eines Bleistifts, mal stumpf, mal spitz, ganz wie der Mensch ihn gebraucht, der stumpf nur daliegt, oder eines Abwesenden, der gar nicht gefunden werden möchte. Eines Faulen, der einfach so das „Gewicht der Welt" trägt. Wohl weil er nichts anderes zu tun hat. Und nichts daran ist schlecht. Nur ich brauche es nicht.
Der Schlüssel steckte innen. Und ich war draußen. Es gab mal einen Schlüssel draußen. Nichts nützte der. Die Fenster alle zu. So dachte ich eine Zeit lang. Und dann: „Sieh jedes Fenster an. Eines davon ist offen." Und wirklich! Ullis Fenster war offen. Nie ist etwas wirklich zu. Immer ist Hoffnung.
Dich sehe ich nun ganz anders, wie vor einer Zeit.

Dich brauche ich nicht mehr zu suchen. Ich hoffe, Du wirst bald etwas finden, das Dich glücklich macht. In Dir.
Jeder Mensch hat die Chance, sein Leben in Ordnung zu bringen, noch bevor er es zerstört. Du hast mir geholfen, meines zu lieben. Meinen Körper, mein Wesen, mein Dasein. In Allem Danke für nichts.
Weil nichts Dich dazu führt, alles zu lieben. Und alles Dich drängt, an nichts zu glauben. Ich habe das Gefühl so. Aber ich glaube, dass alles in Ordnung kommt, weil sonst nichts mehr hinhaut.
Ich mag Dich sehr!

In Liebe

Julia

April, Brief von Kärnten

Ein Kuckucksmensch legt seine Eier
in fremde Nester. Warum? Zieht
seine Faulheit und Trägheit seinem
Willen entgegen. Du forderst nichts,
Du nimmst nichts, Du spürst an mir vorbei, und
legst ab, doch nicht frei von Gedanken
und Gefühlen. Du bist ein Kuckucksmensch.
Darum liegen Deine Eier falsch. Das meine
ich nicht böse. Auf eine so faule Weise
kannst Du nie frei davon werden.
Nicht wirklich. Auch wenn es so den Anschein hat.

April, Brief von Kärnten

Lieber Nikolaus!

Ich denk´ an uns. Oft. Aber es fällt mir nichts dazu ein. Ich hab´ wieder Kontakt zu Männern, die ich früher kannte.

Ich hab´ immer noch viele Ängste vor den Menschen. Aber ich freu´ mich auf das Tanzen. Weil nur im Tanz hab´ ich keine Angst vor nichts und niemandem. Es ist die einzige Form, wo ich mich frei fühl´. Ich dachte lange, ich kann in Dir etwas finden. Wozu? Wenn es dazu nicht passt. Ich will lachen. Du lachst so selten. Wenn Du mich hoch hebst, dann hab´ ich das Gefühl, dass ich für das Bisschen viel, viel tiefer fallen muss. Du versuchst mich zu drücken, einzuengen, auch wenn Du mir anscheinend alle Freiheit gibst. Außerhalb zwingt mich nichts, aber innerhalb ist Deine Neugierde, die doch alles wissen möchte. Ich weiß nichts von Dir. Ich hab´ Dich einfach so geliebt. Wirklich. Ich hab´ Dir wirklich vertraut. Du hast kein Vertrauen zu mir. Rede Dir doch nicht ein, Du kannst alles, was ich tue, alles, was ich sage, einfach so schlucken, ohne es zu verdauen. Du hast gar nicht die Zeit. Die ich einmal glaubte, Du hast sie. Ganz ehrlich bist Du lieber faul, tust nichts, investierst nichts, wozu auch.
Nichts ist Deiner Mühe wert, das sie nicht im Mindesten verdoppelt.
Du nimmst, ohne den Wert nur im Mindesten zu ermessen. Alles misst Du, nur nicht Dein eigenes Gewicht (Ermessen).
Wenn Du fett wärst, könnte man es sehen. Aber Dein Fett liegt unter der Oberfläche. Dein Fett ist Dein Wissen, dass nur auf dem Gewissen lastet. Ich mag Dich ehrlich. Mich stören nun auch fette Menschen nicht. Aber es gibt ja für alles nur eine Frage. Das Gewicht dieser Frage kann man nicht ermessen, aber im Einzelnen kann man hoffen, dass es nicht an Kraft verliert. An tragender Kraft. Ich will, dass Du mich mal so trägst, dass ich mich auch leicht und getragen fühle. Irgendwann mal. OK?
In Liebe

Julia

PS.: Rehe hab´ ich noch nie zuvor so nahe gesehen! Ich weiß, es war Deine Nähe. Jetzt seh´ ich sie oft. Das macht mich immer so glücklich.
Danke.

In das Jahr 1991 fiel der 20. Todestag von Jim Morrison, um den sich aus diesem Anlass die Medienwelt annahm. Jim Morrison ging deshalb an Julia nicht unbeachtet vorüber.

März, Brief von Linz

Nikolaus!

Hallo, Mister Lieber!
Hier spricht Deine Liebe.
Wo sind die Augen?
Und die Schuhe hab´ ich auch
nicht an. Zufällig bin ich
auf die Erde gefallen. Ohne Augen
hab´ ich Dich gesehen.
Da staunst Du aber, was?
Hallo, Mister Lieber. Ich bin´s.

März, Brief von Linz

Vor dem Ziel ist ein Mann,
groß, mit Augen voller Leid.
Ich fragte: Gehst Du mit mir?
Er sagt: Komm, es ist noch weit.
Sein Leben, mehr als Bilder.
Meine Zeit, mehr als nur Sand.
Wir finden weiter zu gehen,
einen Tag lang, Hand in Hand.

Böse Zeit, die diesem Mann so weh tat, dass
seine Hände nun bluten. Er sagt, sie heilen
in der Hand eines Kindes. Ich bin aber doch
kein Kind mehr. Du bist, wenn Du einmal traust,
dem, der Dich führt. Ein guter Mann. Ich hab´
ihn nie wieder gesehen. Doch er ist da, nicht wahr?
Auch in der Musik, die ich nicht liebe, noch -

März, Brief von Linz

Ich such´ die Zeit,
wo Du mich lieb hast,
einmal hast Du mich gehabt.
Bist Du frei, jetzt?

Ich such´ die Zeit,
wo ich noch ein Kind war
und Dich noch nicht kannte.
Warst Du frei da?

Und die Zeit,
wo Du alt bist.
Einmal hast Du´s mir gesagt,
da bist Du frei gewesen!

März, Brief von Linz

Friede.
Nichts, nichts ist Friede, Friede
ist nicht, Friede scheint,
warm und auch kalt an einem Ort,
den ich nicht weiß.
Jetzt, jetzt ist Friede.

Garten.
Kalte Rosen im Draht,
dein Grab kommt näher,
die Wiese ist noch Saat,
der Baum, ein Seher,
ein Zaun ist im Nebel,
ein Tier ruft im Wind.
Mann kämpft mit Säbel,
der Garten ist Kind.

März, Brief von Kärnten

Du bekommst Briefe von mir. Viele. Und Du kannst auch nichts dagegen tun.
Und wenn Du mir sagst: „Hör´ auf!“ Ich hör´ auf, wann ich will.
In der Nacht, da hätt´ ich Deinen Körper öfters schon gern, zum Wärmen! Dein Körper ist gut, weil er so warm ist.
I´ve got this girl beside me, but she´s out of reach.
Jim Morrison. Ich sah ihn in dem Kasten. Auch auf dem Brief mit dem Haar damals. Darauf stand dasselbe, aber es war ja nicht gleich. Ist?
Dieser Mann, den ich in den Liedern kenne, aber auch in Deinem Gesicht.
Als ich Deines einmal sah. Auch Deine Bewegung. Vieles auch in Deinem Kopf ist auch im Kopf von diesem Mann.
Ich habe das Gefühl, dieser Mann ist wie wir beide Eins. Er ist wir beide.
Es ist nur ein Gefühl. Jedenfalls mag ich ihn. Er sagt, er möchte, dass er alles aus dem Reinen nimmt, auch seine Gedichte, so, wie die Sonne aufgeht. Ich weiß nicht, ob er untergegangen ist, so, wie die Sonne (aufgeht). Menschen sagen vieles, viele Menschen nichts. Nichts brauch ich davon wissen. Er ist. Irgendwie ist er. Ich kann es fühlen. Ja!
Dann sagt er noch: Er kann das nicht den Menschen geben. Das Schöne. Er kann es nicht, sagt er. Aber er möchte. Er will! Seine Stimme ist oft nicht seine Stimme. Dann ist sie nicht schön. Meist. Aber sie ist doch schön. Weil er musste, er musste das raus lassen, er konnte nicht anders! Er hat wirklich an Freiheit geglaubt, aber nicht an Freiheit wirklich. Nicht wirklich, glaub´ ich, nicht so ganz wirklich!
In Dir leben für mich viele Menschen weiter. Die ich auch mag.
Als ob Du für sie leiden müsstest, damit sie einmal wirklich leben. Ewig.
Ich lade auf Dich. Aber ich lade Dich auch ein, jeden Tag. Du musst es tragen.
Ich brauche Dich, damit Du es trägst.
Du bist ein Mensch für mich, ein einziger, wirklich, aber jeder Mensch ist aus zwei Menschen, die wieder jeder aus 2 sind, und so ist es.
Darum bist Du auch viele Menschen, immer mehr, je älter Du wirst. Das

heißt, je länger Du lebst. Und doch bist Du nur einer, weil nur einer Dich wollte. Dann bin ich frei, wenn ich ihm treu bin. Ich bin es aber nicht. Vielleicht kann ich es nie sein. Aber ich möchte! Ich will einmal untergehen, wie die Sonne aufgeht. Ich will leben! Ich habe alles in mir und die Kraft der Schönheit auch. Und der kleinste Windhauch stößt mich um. Ich glaube, weil ich so stark bin und doch so schwach, ist es nicht möglich, mich wirklich zu lieben, mich zu halten, auch nicht, zu begreifen, denk´ ich. Für Dich vielleicht. Weil ich mich selbst oft nicht begreife. Dann versuch ich mich zu lieben, damit ich wieder leben möchte.

Aber ich bin müde jetzt. Ich hab´ eine wundervolle, riesige, kurvige Vase gemacht! Und ein paar Hände! Auch junge! Mit ohne Kreuz. Man sieht das da noch nicht, darum – mit.

Es bleibt ja nichts. Am Geld hab´ ich keine Freude. Aber wenigstens bin ich müde und kann schlafen, ich muss sehr müde sein, damit ich schlafen kann.

Außer bei Dir. Bei Dir kann ich immer schlafen. Nur, ich hab´ dann meist viel nachzuholen an Schlaf. So ist das. Nicht wie. Nur gut. Ich möchte gerne schlafen, nur schlafen, wenigstens in der Nacht. Noch mehr Bewegung wird mir gut tun. Bewegung aus dem Leben in alle Kreise, die, wo ich immer springe, auch auf Deinem Bauch hab´ ich einmal einen Kreis gezeichnet. Mit meinem ganzen Gewicht bin ich auf Deinem Bauch gehüpft. Vielleicht hast Du deshalb im Magen oft Weh. Tut mir Leid. Wirst nicht daran sterben. Ich brauch´ Dich noch länger. Jim Morrison ist in einem Sarg oder auch nicht. Du bist in keinem Sarg oder auch schon. So oder so.

Hauptsache, Du lebst! Hauptsache, Du liebst auch mich! Und mich auch!

Weil ich hab´ Dich wirklich am liebsten!

Frei. Ich weiß ja so wie andere, das ist nicht so leicht, so, wie ich Dich.

Weißt Du, wenn ich es schaffe, in der Bibel zu lesen, ich las ja nicht gern, überhaupt, ist mir zu langweilig, aber wenn, dann schaff´ ich es auch, alles mehr zu lieben, und Dich lieb´ ich dann sehr. Vielleicht noch mehr in diesem Mann, in diesem frommen Auserwählten, als in dem Zerrissenen. Aber ich liebe genauso den Zerrissenen, den Schwachen und

Wartenden. Der Fromme bist Du sowieso. Sonst würd´ ich Dich nicht brauchen!

In Liebe

Julia

März, Brief von Kärnten

In Michis Zimmer regnet es. Vor dem Fenster. Das Buch gefällt mir, jetzt, wo ich es lese. Die „Geschichte des Bleistifts“. Das Telefon in Linz hat uns nicht gemocht. Es ließ mir keine Zeit, keine Ruhe. Wollte wohl nur das Geld. Ich wollte Dich, Dich umarmen, mit Dir laufen, Dich lieben. Heute will ich Dich auch, mehr denn je.
Draußen regnet es. Und es wäre gut, bestimmt, auch wenn die Sonne schiene. Aber ich will das Telefon benützen. Vielleicht kommst Du, einfach so, und suchst mich. Es ist ja Muttertag, morgen. Vielleicht kommst Du zu Deiner Mutter. Warum? Man kann eine Mutter doch alle Tage lieben. Warum gerade morgen.
Ich sah den Film über Jim Morrison. Danach bin ich gekippt. Vorher war ich so fröhlich und dann war ich nicht mehr da. Aufgelöst, nichts. Ich wollte schon als Kind immer von hohen Mauern springen und balancierte oft auf hohen Gebäuden. Aber nicht, weil ich die Gefahr so sehr liebte. Ich glaub´, ich wollte schon als Kind sterben. Ich wollte immer ein Todesengel sein. Ein Engel, der den Menschen den Tod bringt. Das würde mir gefallen. Vielleicht bringe ich Dir einmal den Tod, wenn Du lang genug mit mir lebst. Ganz plötzlich. Ich hab´ Dich lieb.

PS.: Ich bin heut´ gefirmt worden. Ach nein. Ich doch nicht. Ich bin nur der Pate. Barbara! Sie ist das Firmkind! (Aber man hat geglaubt, dass ich es wär´.) Der Heilige Geist ist in uns beide gekommen. Glaub´ ich jedenfalls. Da musst´ ich wieder an Dich denken, in der Kirche, der kleinen im Dorf, und den Kuss. Ich will Dich einmal heiraten. Willst Du mich auch einmal heiraten?
Ich hab´ Ja gesagt, zwar leise, aber ich sollte ja nichts sagen. Bin ja nur

der Pate. Der Pate sagt nichts. Wie sollte der Bischof auch wissen, dass ich schon die Braut war. Die Braut vom Heiligen Geist. So war ich auch mit Barbara wieder eins.

Und mit Dir.

Sei nicht böse, weil ich nicht Wort gehalten hab´.

Den Tag, den ich sage, wann wir heiraten einmal, den werd´ ich bestimmt nicht überseh´n! Nie im Leben! Es ist bestimmt lange.

Heute in der Nacht hab´ ich gehorcht: Im Verzicht wächst eine Frucht, die noch viel, viel größer ist, als ihre Wurzel.

Die reift. Viele Früchte wachsen nur, bis sie herunterfallen.

Das war´s. Die vielen am Boden kann man sehen.

Aber die Reife war verschwunden. Einmal will ich ein Kind von Dir auch haben, so flink wie der Wind, dass niemand es sieht, und plötzlich ist es da!

Ich komme, wenn ich da bin. Du wirst mich dann schon sehen. (Eh bald.) Ich habe auch Fieber. Ich will Dich sehen. Ich werd´ die 2 Tage nicht ein Bisschen ausruhen. Ich möcht´ so gern beten.

Einmal nur ganz allein sein. Es sind immer Leute hier. Eine Ballaufführung nach der anderen. Und die Kinder. Und der Ton.

Erni wird Dir den Brief geben. Vielleicht sind Dir meine Briefe auch schon ein Übel. Vielleicht hättest Du lieber mein Fleisch oder auch mein Lachen. Oder gar nichts.

Aber meine Hand vielleicht? Die magst Du doch. Ja? Ich bin ein Trottel.

Schick´ mir bitte ein Foto von Dir. Ich will doch jetzt einmal ein Foto haben.

Einmal will ich Dich ganz, jetzt tut´s ein Foto auch.

Das eine auf der Bank ist leider blind. Ich mein´, man sieht auf diesem Bild nichts.

Aber nichts ist auch nicht schlecht, wer weiß, was alles noch kommt.

In Liebe

Julia

April, Karte nach Kärnten (Isaac Israel, Mädchen auf Esel)

Liebe Julia!

Fast zu wenig Licht ist hier zum Schreiben. Es ist künstlich, und dennoch bestehen die Bäume ihre Nacht darin. Ich bin am Karlsplatz, alleine, und fühle mich wohl. Sonst bin ich so schwach, so anfällig für das Ungute, das ich wirklich zu ertragen habe; weniger habe ich verachtet als bedauert. Aber schläfst Du schon im alten Bett? Leg Dich dorthin – Dein Schlaf soll gut sein! Jeden Frühling, seit ich Dich kenne, geschieht mir seltsam. Nun bin ich traurig und froh zugleich, weil ich alle Menschen froher sehe als sonst. Sogar die Armen. Fest glaube ich nun an das Schöne und Gute, weil einfach nur Nacht ist. Sie macht die Farben und die Töne in der Luft schöner als man wollen kann.

Julia schrieb zurück, dass sie sich fühle als Last und als Lasttier, als beides zugleich. Sei sie dann beides? War sie nicht leicht, ein bisschen leichter einmal? 2 Wochen lang habe sie nun schon Kopfschmerzen. Aber es helfe nichts dagegen. Sie schlucke so viele Tabletten. Aber sie helfen nichts mehr. Warum? Warum sage er ihr nie, was hilft? Warum sage er ihr immer nur dasselbe? Ein Mädchen auf einem Esel. Und ein Mann. Der Mann wäre lieber blind, nicht wahr? Er möchte gar nichts sehen, und er möchte gar nichts wissen, fühlen, von niemandem. Nicht wahr? Er mache sich lieber seine eigenen Töne, Farben. Alles mache er sich lieber für sich allein. Er tue nur so, als ob er fragt. Und darum klinge es so gepresst, so willend, doch nicht wollend! Wellen wollen lieben. Sie trügen sie im Wasser. Sie kämen aus dem Wasser, so natürlich, so frei, weil sie wollten, und dann gingen sie wieder. Gingen irgendwohin, in die Tiefe vielleicht auch, es sei nur wohlig dann, weil man wisse nicht, wohin sie gehen. Es sei auch nicht wichtig. Wichtig sei nur, dass sie da sind (wo man sie braucht). Sie riskiere immer wieder, ihn zu verlieren. Aber nur im Risiko könne sie gewinnen! Sie habe Freude am Risiko, es sei die einzige Freude vielleicht. Aber vor allem sei es die Freiheit, im Risiko zu leben! Vor lauter Sicherheitsdenken hätten so viele Menschen übersehen, dass sie selbst diese Freiheit in sich und um sich einschränken (hemmen). Es sei ihr klar, dass sie für solche Menschen eine unglaublich progressive, oft auch aggressive Bewegung entwickle, die in keiner Weise in ihr Sicherheitsdenken passe und sie beunruhige. Das solle sie aber nicht abhalten, auch immer wieder zu verlieren. Sie wisse, dass sie im entscheidenden Kampf nur gewinne. Wenn sie ihn verliere, in Körper und Geist, dann gewinne sie seine Freiheit, sein kostbarstes Gut. Aber vielleicht gewinne sie auch alles, mit Haut und Haar!

Sie möge ihn. Aber sie träume und denke oft so furchtbare Dinge. Es seien auch immer noch die Menschen, die er kenne. Alle sie zerfressen sie, nicht alle.

Ende: Er solle für sie beten. Sie könne nicht beten. Sie sei so ruhelos. Aber sie wisse, nur das Gebet könne ihr helfen.

In Hoffnung

Julia

April, Brief von Linz

Sand und das Wesen von einer
Frau im Wasser, während der Sand
doch nur trügt. Gestern noch sah
ich sie lachen, abseits von all
den vielen fremden Gesichtern.
Und Fragen, während niemand dem
anderen erlaubt zu sprechen und die
ganze Weisheit darin besteht, dass
einer den anderen nur ansieht.
Schweigen. Ich liebe Dich.

Alles Liebe

Julia

April, Brief von Linz

Lieber Wind!
Wann wirst Du einmal wieder gehen?
Von Abgas zu Abgas.
Von Weihrauch zu Weihrauch.
Von Liebe zu Liebe.
Hörst Du Deine Stille?
Und hörst Du Deine Angst, die Dich nährt?
Wenn Du kommst, ist alles stille.
Aber nur, weil im Grunde nichts Dich fürchtet.
Ich habe keine Angst vor Dir.
Aber ich weiß ja, dass Du nur kommst, weil Du Dich fürchtest
vor den Wurzeln der Bäume.
Weil sie nicht fliehen. Sie können gar nicht fliehen.

Nie geschrieben!

Mai, Brief nach Kärnten (Ange Maganelli, Ames dechanees)

Liebe Julia!

Ich sitze am Strand. Er ist ruhig und statt Sand gibt's große graue Steine. Totes, flockiges Algengrün wackelt im Wasser. Zwei Schwäne sind da und 2 Hälften einer Muschel. Und nie ist es wirklich ruhig, der Himmel und die Böden sind laut. Der Frühling ist eine schwierige Zeit für mich, es tut sich so viel auf. Ist er Dir am liebsten, so freut mich das. Oft will ich Dich bei mir haben, dann weiß ich auch, das ist das triebhafte Werk des Frühjahrs. Dem kann ich mich gerne fügen. Die Schwäne suchen mich auf. Sie sind eitel und putzen sich. Kannst Du immer mehr so sein, wie Du willst und bist? Ich kann es jedem wünschen, ein Muss zu spüren, das gut tut, für alle. Der Regen wird so selten. Ich mag ihn immer mehr und Dich auch. Er begreift uns.

Nikolaus

In einem Brief Brief von Kärnten stand, dass ihre Bindung eine Bindung der Verzweiflung war oder sei. Sie sei sich ihrer Verzweiflung bewusst. Er scheine sie zu verdrängen. Wie 2 ängstliche Kinder, die sich irgendwie helfen in der Angst, aber irgendwann müsse doch jeder allein weiter. Weil die Angst des anderen ihn eigentlich nur hemme. Und doch klammerten sie sich aneinander. Er lasse sie los, gebe ihr die Freiheit. Sei er in ihrer Welt, wolle er alles erkunden, jedes kleinste Etwas. Er tue so, als ob er nichts sehen würde, es ihn gar nicht kümmere. Er sehe alles, seine Adleraugen verletzten sie. Sie vertrauten nicht. Sie wollten alles wissen, ergreifen, besitzen. So sehe sie es. Und sie hatte sogar Angst vor ihm. Wenn sie nur endlich fühlte, wer er in ihrem Leben ist. Sie glaube, sie habe ihn zu hoch eingeschätzt. Sie schätze immer alles zu hoch ein. Und dann scheitere es meist an der Wahrheit, an Socken oder Unterhosen, Dingen, die an sich keine Bedeutung haben, aber in solchen Augenblicken sehe sie alles oder nichts auch darin. Wenn es so herumliege im Raum, alles was rundherum an sich ihm gehöre. Und er selbst aber geschlossen nur daliege und nichts tue, gar nichts, dann fange sie an zu zweifeln, ob er überhaupt noch etwas sieht, für etwas empfänglich ist außerhalb eines schönen Weltalls, außerhalb der Wiesen, außerhalb der menschenleeren Gegenden oder zweier schöner Körper, wo es so leicht sei, zu lieben und geliebt zu werden. Zu einfach für die ganze Welt. Vielleicht sehe sie alles Mögliche in ihm und er sehe wirklich von all dem nichts. Wie er immer sage: „Macht ja nichts. Hab´ ich gar nicht gemerkt. Nicht groß darauf geachtet.“ Sie sei einfach gegangen. Wohin gehe er eigentlich, wenn er einfach immer nur geht, weil es ihn ja sowieso nicht kümmert. Was? Worauf warte er dann, wenn er wartet? Oder merke er nichts von alldem, was er tut. Tue er es nur, um nicht einzuschlafen? Vielleicht sähen die meisten Menschen an ihm den selbstbewussten Mann, den sie ja auch einmal gesehen hat. Sie sehe ihn nicht mehr. Sie sehe aber auch kein Wrack. Sie sehe gar nichts mehr. Darum sei sie traurig. War´s die Vorsicht, die Rücksicht, was war es, dass nichts Echtes kam, was nun bleiben könnte? Nichts raus, was nun in ihr wäre! Ganz bestimmt! Sie sage ja nicht, dass es zu spät ist, aber wisse er, wie spät es ist? Wie lang er sich mit allem Zeit lasse, dass er es einmal, wenn er es sage, nicht schon vergessen hat. Vielleicht sage er es dann aus Pflicht, oder weil er es so gewohnt ist, von Zeit zu Zeit einmal, wie das Klo-Gehen eben. Nein, da sage er ja: Es muss raus. Ganz natürlich! Er sage wenig und selbst das klinge selbstverkannt. So, als ob es nicht Deine Stimme wär´. Ja, er sei ein Mann. Wer das glaube, ist bestimmt keine Frau. Sie habe ihm nichts an, und sie wolle ihm nichts wegmachen. Ehrlich. Wenn er sich was anhabe, ohne sich selbst was wegzumachen. Es sei seine Sache. Sein Leben. Und sie hätte wohl nichts sagen sollen. Aber sie habe es gesagt.

Juni, Brief nach Kärnten

Liebe Julia!

Manchmal bekommst Du noch Karten von mir, oder diesen Brief. Ich war einmal ein Briefschreiber, jetzt aber, schon länger und immer wieder, gehen sie nicht weg, sie bleiben da, gehen in die Luft. Vielleicht nützt das was. Kaum will ich an einen Punkt, an ein Wort, anknüpfen, bin ich schon wieder...weiß Gott wo. Wenn es darauf ankommt, bin ich wortlos, wie am Telefon. Fast sinnlos finde ich telefonieren oder schreiben, lieber zeige ich Bilder her, andere, nicht meine, die sich aber selber zeigen, irgendwann einmal. Nichts sagend schweben sie weg und setzen sich zur Ruh´ irgendwo bei irgendwem, auch bei Dir. Wir sind, glaube ich jetzt, Ruhestätten vieler Bilder, sicher nicht aller.

Das Leben ist schön. Das kann ich sagen. Dir und mir. Jetzt einmal. Ich gebe mich zufrieden, glücklich bloß mit Eindrücken an den Himmel über mir, dem winterlichen. Ich denke oft zurück. Froh bin ich nur, wenn ich träume mit offenen Augen und über die Dinge, die immer schon da waren, liebe Menschen wie Du oder die Wildschweine, draußen, wild, still stehend im satten Regen. Vor ein paar Tagen konnte ich lachen, alleine, klatschnass, bei den Schweinen. Da war eine urwüchsige Kraft, erdig und „unsensibel“, schön, offen...Ohne-Worte-Kraft. Es waren da ein paar klare Weisen meines Vaters. Kurz hatte ich Dich verloren, als ich das schrieb.

Am fünften Tag nachher schließ´ ich an in Grau (Bleistift), immer weiter weg jedoch von den Geheimnissen (violetter Buntstift) und dem bösen Mai, der war. Er hatte mir sehr zugesetzt, es war zum Verrückt-Werden – wovor ich Angst hatte. Und gerade im Natürlichen war so oft das tief Böse. Ich glaube, diese thronende Angst gibt es dann, wenn man den

Dingen und der Zeit nichts mehr entgegensetzen kann, dann, wenn man das unbedingt will. Am Vorabend noch Gott, Liebe und Frieden, darauf wenigstens die Erfahrung von Zuständen, wie die armen Irren, die ängstlichen, sie haben. Aber es ging mir auch einiges auf, ich soll mich nicht täuschen, wenn ich mich nicht mehr, immer weniger, meiner selbst annehme – daraus kommt völlig neue Kraft – für wie lange – für wen? Ich sehe eine Pflicht, die immer da ist, sie ruft, einmal wegzugehen dorthin, wo man am nötigsten gebraucht wird. Ich hoffe, besonderen für die anderen dort, dass ich mich nicht einmal sehr enttäusche. Es wartet das Leben, das geboren werden will, immer auf einen. Jedem sei es verwehrt, sterben zu wollen, depressiv zu sein...ich spreche für mich, weil ich weg bin davon. Ich ging heute eine Zeit lang. Das Gras ist schon so tief, die Empfindungen Dir gegenüber kommen recht oft erst über Drittes, heute Morgen war´s Dein Briefpapier, einfach unendlich lieb. Dann war´s ein Paar, das ich sah, als ich mit dem Bus ins Grüne fuhr, vom Fenster aus...... in der Wiese stand dann eine Bank im lauen Duft, da wollte ich Dich so gerne auf den Schoß nehmen!

Ich denke, Du bräuchtest nun doch kein Foto von mir, ich hab´ auch keines hier. Leider weiß ich nicht recht, was ich will. So oft für Dich die Freiheit. Als es Dir schlecht ging, wünschte ich mir so, Du würdest sie mit Deinem Schaffen, Deinen lieben Händen, das Wort hieß Kreativität, erlangen. Ich schrieb und sprach nie davon, und heute ist es fast ganz wahr geworden. In letzter Zeit hab´ ich einiges nicht abschicken können, auch Schönes. Und das Wenige, das ich für mich schreibe, werfe ich irgendwann, immer nach ein paar Monaten, wieder weg oder schiebe die Schreiblust hinaus, bis sie überdauert ist. Das ist ein zähes langwieriges Spiel, das nicht unernst ist. In diesem Zerstören bin ich ein Kind geblieben. So manches davon hat Dich erreicht und Dir auch gut getan. So oft für Dich die Freiheit von mir, das Frei-Sein von mir.

Sehr oft aber auch Deine Haut an mir, Dein Gesicht an dem meinen, Deine Brüste, Deine Beine, Dein Geruch. Ganz selbstlos bin ich eh nicht. Wir sind so zeitverschieden, und trotzdem wollen wir uns vielleicht manchmal gleichzeitig. Schläfst Du schon? Ich wäre gerne bei Dir, was nur selten gut ginge.

Euch allen wünsche ich was einfaches, das wertvollste vielleicht auch, die Gesundheit. Ich will Dich auch immer ganz lieb haben. Weil Du wirklich lieb bist. Heute brauchte ich Dich nicht zu kennen und das erste Mal sang ich dauernd Dein Lied, nicht hörbar für jedermann; aber es verkündet sich womöglich auch von selber.

In Liebe

Nikolaus

In einem Brief von Kärnten meinte sie, sie habe heute die 7-fache Kraft! Das sei wohl sein Brief. Das hätte sie sich selber nicht gedacht, dass sie mit ihm gleich 7mal stärker ist. Sie habe 3500 Sprünge mit dem Seil gemacht. Sonst mache sie nur 500 am Tag. Es war im Regen. Noch nie habe sie den Regen so gemocht. Aber immer schon trainiere sie am liebsten im Regen. Und immer wieder sage sie den Schnecken, sie sollten dann nicht auf den Steinen sein, weil sie da ja immer rauf und runter laufe. Und immer wieder seien sie trotzdem auf den Steinen (Stufen). Sie könne da doch nicht immer schauen, wenn sie läuft. Wie solle sie laufen, wenn sie immer schauen muss? Sie seien dumm, weil sie sich nichts merkten, aber sie möge sie trotzdem.

Im Folgebrief sei er ihr vertraut, und das werde nie anders sein, aber er werde immer mehr der Mann. Der Mann, der natürlich auch von einer Frau sich nehmen dürfe, was ihm zusteht, wenn sie einander lieben. Sie sei sehr stolz auf ihn, weil er auch die schwere körperliche Arbeit am Bau so gut schafft. Das habe sie wirklich beeindruckt. Leider kamen dann Bert und seine Freundin dazwischen. Sonst wär´ es für sie beide vielleicht schöner verlaufen. Aber es war wohl so gelenkt. Und letztendlich gut. Wenn ihr Wille auch Gottes Wille wäre, wäre alles viel leichter. So dauere es eben länger. Aber sie fühle schon manchmal, dass sein Wille auch ihrer ist. Ohne Kampf. Er habe sie soweit nicht gebeugt. Aber er sei ja auch nicht Gott. Doch er könnte so werden, wie er Gefallen an ihm hat. Das sei wohl sein größtes Geschenk an sie. Und das schwerste zugleich. Die Freiheit. Vielleicht lehne er sich jetzt erst recht gegen ihre Grundsätze auf. Das mache ihr nichts aus, weil sie auf Gott vertraue. Ihr möge er ja entkommen, aber ihm bestimmt nicht. Schaue er auf dort, so wird es hier immer schöner, auch wenn´s noch weit und hart wäre. Der Körper sei nicht so viel wert, wie er denke. Im Grunde sei er nichts. Er habe gesagt, der Trieb sei nun oft so stark. Vielleicht schicke Gott ihm bald ein Mädchen, die seinen Wunsch erfüllt. Vielleicht gebe er ihm auch seinen Geist, wenn er darum bitte. Alles sei möglich!

In den nächsten Zeilen behauptete sie, dass es ohne Einsamkeit es keine echten, wahrhaftigen Menschen geben könne. Je mehr sie entdecke, was der Mensch als Person ist und welche Ansprüche eine menschliche Beziehung stellt, wenn sie tief und fruchtbar und eine Quelle des Wachstums und der Erfahrung bleiben will, desto mehr entdecke sie auch, dass sie einsam ist – und dass das Maß der eigenen Einsamkeit zugleich das Maß ist, in dem man zu echter Gemeinschaft, zu Verbundenheit und Austausch fähig ist. In dem Maß, in dem ihr bewusst werde, dass Gott jedem Menschen eine unauslotbar tiefe eigene und einmalige Berufung geschenkt hat, in dem Maß werde sie auch zu einem intimen Verhältnis zu anderen fähig. Wenn sie nicht erkennen, dass jeder Mensch, mit dem sie in Beziehung stehen, zu einer ewigen Beziehung berufen ist, die alles andere überschreite, wie könnten sie dann von ihrer eigenen Herzmitte aus zu der seinigen eine intime Beziehung anknüpfen? Es sei weit her, und es komme nicht an. Es bleibe in ihm. Vielleicht sei er ein Kuckucksmensch. Er verhalte sich nach wie vor zu sehr wie ein Schmarotzer. Er lege Eier in fremde Nester. Und die allermeisten Vögel duldeten das. Er baue in ihr kein Nest und möchte doch, dass sie ihn dulde und seinen Hoffnungen und Erwartungen die nötige Brutzeit zugestehe. Es stehe wohl die Angst vor einer wirklichen Bindung dahinter. Das empfinde sie selbst ja auch. Darum liegen seine Eier falsch. Auf eine so faule Weise könne man nicht frei davon werden. Es scheine, er fügt sich äußerlich, während sie fühle, dass er innerlich voller Auflehnung bleibt. Sein Verhalten wirke passiv aggressiv auf sie, und sie komme damit nicht klar. Oft wirke er auf sie auch sehr traurig. Losgelöste Menschen ließen sich nicht so leicht von guten oder bösen Ereignissen in ihrer Umgebung bestimmen. Sie könnten darum in einer echteren Ausgeglichenheit leben. Wenn das Gebet sein einziges Anliegen wäre, könnte er all diese anderen Dinge, alles, was rund um ihn ist, seine Familie und auch sie selbst bloß als freies Geschenk empfangen. Sie meinte, es sollte das Wichtigste werden. Alles andere komme dann von selbst. Vielleicht komme es in ihn, und er schafft dann auch leicht den Weg zu ihr, ohne dass sie ihn bitten müsse. Sie werde aber Gott darum bitten, dass er ihm helfe, damit sein Sturkopf leichter wird, ohne Alkohol. Sie könne es nicht lassen, es täte ihr Leid. Aber sie hasse es nun mal, wenn er trinkt. Im Grunde mache es ihn zuletzt nur noch schwerer. Sie wolle jetzt nicht mehr, dass er ihr Zeit gibt, sondern sich selbst. Er habe ihr zuletzt auch einiges von seinen Brüdern und ihren Freundinnen gesagt. Sie meinte, was ihr Liebesleben betreffe. Sie hatte das Gefühl, er mache sich geistig abhängig von den Leben anderer. Höre er auf damit! Glaube er jetzt mal an sein Leben, an seine Aufgaben und an sein Ziel. Nehme er jetzt auch keine Rücksicht auf ihr Leben. Sie werde schon zurecht kommen.

August, Brief von Kärnten

Dem Gedanken der Naturwissenschaft entgegen steht nun einmal die Freiheit. Du hast einmal gesagt: „Alles lässt sich erklären mit den Gesetzen der Naturwissenschaften."

All diese Gesetze, die Du nie in Dir gefunden hast, werden von außen dagegen fragen. Solang, bis Deine Sturheit und vor allem Deine grenzenlose Dummheit geschlagen sind, immer wieder.

Weil Du auch die Freiheit suchst.

Das hab´ ich gespürt. Ich hab´ Dir nur in die Augen gesehen. Beim ersten Mal schon. Aber ich habe auch gemerkt, wie stur, verkehrt und dumm Du bist. Ich wollt´ Dich aber kennen lernen, vielleicht gerade deshalb. Oder war´s Dein Hintern. Weil Du ja im Grunde, wenn Du ganz allein bist, nackt und geschlagen, nichts erklären kannst, gar nichts. Noch verlässt Du Dich vielleicht auf Deinen Verstand, auf Deine Kontrolle. Beherrschung, wie Du´s nennst.

Und doch hast Du nichts im Griff, gar nichts. Du wirst gelenkt wie eine Marionette, kannst Dich wehren, immer wieder, und die Zuneigung der Menschen verlieren. Liebe. Wenn Du mich hoch hebst, hab´ ich das Gefühl, dass ich für das Bisschen viel, viel tiefer fallen werde. Es ist wahr.

Glaubst Du wirklich, Du kannst alles, was ich tue, alles, was ich sage, einfach so schlucken, ohne es zu verdauen?

Julia

Sie schrieb weiters, noch lieber als mit ihm spreche sie mit Gott. Sie könne ihm ja auch schreiben. Sie habe das Gefühl, er gibt ihr öfters eine Antwort. Das müsse wohl so sein. Hätte er, Nikolaus, geantwortet, hätte sie ihn vielleicht nie gehört.

Julia betonte, dass sie ihn so lieb habe, weil er so langsam ist. Er sei wie Kasiogena, die Schildkröte von Meister Hora aus der Erzählung Momo. Da wo sie wohne, müsse man ganz langsam gehen, um schnell voranzukommen und den Verfolgern, die hinterher reiten, zu entrinnen. Sie habe halt das Glück, dass sie gar nicht anders kann. Dass sie wirklich so ist. Das mache sie auch so liebenswert. Momo musste all das erst lernen. Sie war nicht so geschaffen. Aber sie hatte ein gutes Herz. So konnte die Schildkröte sie dennoch führen. Zu zweit, hatte sie das Gefühl, kamen sie noch schneller voran und ihren Verfolgern hinweg.
Vielleicht passen sie menschlich gesehen nicht zueinander. Das habe sie sich schon oft gedacht, weil sie so gegensätzlich sind, aber eben auch nur menschlich gesehen. Von Gott aus gesehen sind sie doch gleich. Und würden von derselben Liebe getragen. Wenn er es wolle, dann passen sie zueinander. In seinen Augen spüre sie ja auch, dass sie ihn Dich liebe. Sie fühle jetzt, dass er frei ist, jedenfalls ganz anders, als früher. So unbeschreiblich schön und ruhig und sicher. Und auch zufrieden mit wenig, wie ihr schien. Und doch habe sie immer das Gefühl, dass sie ihm nicht genüge, wenn auch nur in ihren Augen.

Im P. S. eines weiteren Briefes schrieb sie: Unterhalb beim Baum steht noch etwas.
Damit sei nur die Rose gemeint, und ihre Jahreszeit. Vielleicht auch ihre Lebensdauer.
Die Lebensdauer einer alleinigen Rose ist zum Glück nicht lange. Das ist auch ihr einziger Trost.
Das ist mein kleiner Lebensbaum.

Im Stamm ist der Frühling.
Bis hinauf zu den Rosen wird es schon Sommer. Immer heller.
Die Rosen rundherum sind schon im Herbst und in der Mitte, wo es schon blau wird und eisig,
da ist der Winter.
Der Winter soll uns immer zusammenhalten.
Der Winter soll die Rosen zusammenhalten, damit sie nicht sterben.
Und uns auch.
Hoffentlich.
Das Kleine sind nicht mal 2 Steine.
Aber es sieht doch so aus.
Steine sind hart. Und etwas, das
noch härter ist, verbindet sie.
Es ist aber auch biegsam.
Es gefällt mir. Fiel aus einer Vase raus,
aus einer Einheit, einfach so.
Nun geb´ ich´s Dir. Vielleicht machst Du´s
einmal zur Einheit wieder.
Ich liebe Dich.

Eine für alle
alle Deine Jahre

September, Brief von Kärnten

Alter Mann.
Wo sind Deine Jahre,
die Deine Freude tragen,
ach, die vielen Jahre schon,
und Deine Hände,
die darunter litten,
doch einmal werden sie
dafür belohnt,
in dem, was Du den
andern gibst!

Diese Hand soll das einmal
wieder haben, und es wird
Deine sein. Ich weiß es ganz
bestimmt. Ich vertrau´ auch
immer auf Deine kaputte Hand,
weil sie gibt mir Kraft.
Danke!

Das beginnende neunte Jahr: Ein Erwachen des Wollens

Nach einigen Zerwürfnissen mit seiner dreijährigen, unzufriedenstellenden Vergangenheit als Student eines falsch gewählten Studiums begriff er, dass er mehr Gespür für die Naturwissenschaften als für die Technik mitbekommen hat. Diese Einsicht motivierte ihn zur Inskription des Studiums der „Forstwirtschaft". Es war sein Traum, den er nun verwirklichen wollte, und er begann sofort mit eifrigem Lernen. Er erkannte plötzlich seine Aufgabe, vergaß dabei jedoch fast gänzlich auf seine Freundin, die sich im Dezember endgültig von ihm trennen sollte. Nun wusste er, wofür er zu leben hatte; nicht mehr für sie, sondern für das geliebte Studium.

Julia lud ihn im Oktober in den Neuen Dom von Linz zu einem Heilungsgottesdienst Pater Emiliano Tardifs ein. Dort begegnete Nikolaus endlich Jesus, der durch ihn hindurch ging.

Oktober, Brief nach Linz

Jesus ist mir gestern sehr nahe gekommen in der Kirche, als die junge Frau ihn bat.
Ich hatte Angst, dass er kommen würde, und doch wurde mir warm, plötzlich, das Herz wurde weiter, heiß, weich, wie reine Energie. War es reine Liebe? Er ging durch so manche Reihe und blieb auch stehen bei einigen.
Das spürte ich, fast will ich sagen, ihn gesehen zu haben.
Ein Kind schrie laut in unserer Nähe, so wollte ich, dass Jesus seinen Schmerz wegnähme. Ich schaute zu dem Kind hin, und es sah mir in die Augen. Entsetzt, wie mit erwachsener Abscheu, duckte es sich unter die Schulter seiner Mutter weg und schrie immer lauter, und immer wieder sah es hoch – bis ich wieder zu Boden schaute. Ich fragte mich, ob ich denn wirklich so schrecklich bin. Mein Zustand war abnormal, verschwommen, durchsiebt von dieser Kraft. Aber ohne Jesus zu bitten, ging die Bitte über in reine Liebe aus mir selber – das Kind wurde ruhig.

Als ich wieder aufsah, war der Platz leer. Das war Überraschung und eine kleine Enttäuschung.
Ich denke, Jesus kam zu mir, weil ich mich zu ihm bekannte, aber mich zugleich vor ihm fürchtete. Heute weiß ich um die furchtbare Kraft der Liebe, seiner Liebe, die nur dann da ist, wenn Jesus da ist, um diese zu zeigen.
Am Nachmittag war ich zu Fuß unterwegs am Stadtrand. Von der Ferne sah ich sie, dort unten, und das Ungute der Stadt war mir das, was einem Menschen, in den Jesus eindringt, sich als das Andere und Ungute zeigt. Es war wie ein Antlitz der Kälte, in dem einem nicht mehr zu helfen ist; das Abgetrennte, von der Liebe Unabhängige da „unten".
Ich schreibe Dir, weil ich Dich so liebe und weil Du mich in den Dom gebracht hast. Draußen zeigte sich ein schmerzhaft-schöner Tag, wo der Glaube an die Liebe Gottes in mir gewachsen ist.
Ich war oft böse, manchmal. Aber noch Böseres war und ist vielleicht noch in mir. Da stand plötzlich, vor einiger Zeit, ein bekannt gefährlicher Schäferhund vor mir, der uns nichts tut, weil er uns kennt. Seine erwartende Haltung machte mir zusätzlich etwas Angst, als ich hinter der Mauer hervor kam. Er bellte mich fremd an, und mein Kopf wurde kalt. Ich wollte ihm gut zureden, aber er drohte weiter. Da stieg etwas Bilderloses, Böses in mir auf, wie eine Ahnung, und schien sich ihm zu bedeuten. Er hetzte zurück, bellte, wich immer wieder zurück, bis er winselnd weg lief.
Jetzt, wo ich das geschrieben habe, finde ich es so überflüssig. Aber so ist es immerhin ein kleines, wenn auch böses Erlebnis mehr, von dem Du weißt. Zu sehr ließ ich das Böse sich anbieten als Denkmöglichkeit, forderte es heraus. Es machte sich breit, bis der Wahnsinn nicht mehr weit war. Auch heute, zwei Tage nach diesem einnehmenden Gefühl, glaubte ich verloren zu gehen. Einige Stunden ging ich jetzt, am Abend, in leichtem Regen, der wie Du roch. Ich war zu nichts anderem gut und empfand mich fast die ganze Zeit über zu nichts gut, außer zur Orientierungslosigkeit, was meine Wiener Vergangenheit und meine Zukunft überhaupt betrifft. Bilder dieser Jahre, so eindeutig, auch Bilder, die ich in Gedanken an Dich sah; die damalige „Wirklichkeit" mit dem damaligen Bild von Dir immer wieder in konkreten Bildern. Aber trotz der Qualen konnte ich froh sein, einfach einmal nur über einen Rasen zu gehen. Ich

liebe Dich auch sehr so, wie Du einmal warst, aber diese Bilder, wenn sie kommen, eines nach dem anderen – sie, die mit Dir doch nichts haben und jene früheren, die mit Dir gar nichts haben, sie zertrümmern mein Ich, bis ich nicht mehr weiß, wie ich bin. Bittest auch Du Gott für etwas Gutes an diese Stadt, die Du nie gemocht hast?

Alles Liebe und Gute

Nikolaus

November, Brief nach Linz

Liebe Julia!

Fast, und manchmal ganz, bin ich ein Vater, der nicht weiß, wie es seinem Kind geht. Gestern, Freitag, liebte ich Dich wie mein Kind, dort wo die Wiese hart und offen war, wo langes Heu lag, abgemäht und liegen gelassen, wo die Sicht frei und der Gang weit war. Gegen den Nachmittag, der jetzt schon den Menschen einhaucht, wie man lieber und besser fühlt. Die Sonne scheint dann beinahe so, wie der Mond nur einen Hof als Strahlen zeigt. Man hört weniger Tiere, die Krähen vielmehr, die immer lauter werden.
Es gibt aber auch einen, der kurz zuvor noch diesen oder jenen Stamm vielleicht als Wiederholung eines anderen gesehen hat, dieses Blatt, diesen kleinen Anstieg oder sonst was einzelnes – und er verflucht alles, am meisten uns. Der Zweifel frisst und räumt ihn auf, und er wünscht zugrunde zu gehen, um bei der Erde sein zu dürfen, sonst nirgendwo. Er glaubt an nichts mehr dann, höchstens, dass man sich selber nicht versteht. Und anstatt die Leute zu sehen, die ihm begegnen, denkt er an Mord – eine Möglichkeit, die er nicht will. Es ist fürchterlich, zu spüren, wie schlecht etwas sein kann und ist. Der Kopf steht für die Taten – die Taten tun ihm weh.
Jetzt ist Sonntag und Nacht. Und bald darauf kommst Du, lieb, gut und freundlich – und Jesus als Freund wieder. Wohlwollen war am Weg. Ein gutes Licht strahlte von dem krausen Laub. Hoch oben lag zuvor schon

dünn grober Schnee in den Schatten der Bäume. Das auf einer großen, weit gewölbten Wiese, wo es im Zentrum einen Kreis mit gleichen, ganz seltenen Pflanzen gibt. Der Kreis mit den schon saftlosen, großblättrigen, kleinen Stauden hat die Fläche eines kleinen Zimmers. Irgendetwas sagt er mir. Er, der Kreis, steht schon in der Zukunft. Er sagt die ferne Zukunft, so wie er ein Abbild sein kann für den ihm nahen Fernsehturm mit der riesigen Plattform. Ich war auf dem Weg zurück, wie erst einmal, im Vorjahr zu dieser Zeit.

Vorbei an einem Denkmal, ganz vom Laub verharmlost. Letztes Jahr ging ich hin, blieb stehen und sah es an, mit dem knienden Soldaten aus Stein davor. Ich hatte es angesehen mit Deinen Augen, damals, es war noch nicht so spät, es war neu. Um 5 gab es schon das Abendglühen herein zur Vorstadt, dazwischen die hohen gelben Straßenleuchter, eingeengt von den Randbäumen des Wienerwaldes. Unten, unter dem mächtigen Damm, wo man auf die andere Seite des Wienflusses kommt, liegt eine Schilfhalde. Der Damm liegt quer zum Sonnenglühen und diesem Blick auch, da unten zu mit ein paar einsamen, tapferen Bäumen. Ja, warum ich Dir das schreibe? Es ist so, dass ich oft weggehe, ohne Leidenschaft, dann leider das Gemüt gequält ist beim Gehen – aber allmählich komme ich dann doch wieder recht guter Dinge nach Hause. Diese nicht zu beherrschenden Zustände in mir, sie kommen nur draußen, glaube ich, und ohne Arbeit draußen. Es ist keine Leistung, bloß herumzugehen.

Doch um so mehr gibt sich die schöne wie schmerzhafte Eigenart, die selbstheilend ist. In der Stadt sucht man Trost in Allzumenschlichem. Trotzdem bin ich da, wo ich so denke, wie viele denken. Vorhin warst Du noch wach und hattest vielleicht Sorgen – jetzt schläfst Du, glaube ich.

Heute las ich Deine wilde Karte auf einem Fußballfeld ohne Linien, auf der Donauinsel. Am späten Nachmittag war dieser trotzdem strahlend, vergleichbar mit Deckengemälden von hohen Kirchen, waren sein Gesicht, sein Blau, seine glatten, wie schmale Kiesel geformten Wolken – Ruhebänke. Dunkel die Häuserschlange entlang des einen Ufers, hell der aufgelockerte Donaupark auf der anderen Seite – weiter weg zwar von der niederen Sonne, aber ihr ganz dankbar und ergeben zugewandt. Es waren wieder die Farben Blau, Grün, Braun zu sehen. Diese Farben bekamen wirklichen Wert – wieder. Einen ähnlichen Wert, wie sie ganz früher einen in den Buntstiften hatten für ein Kind, wie mich. Ich drehte die Karte um und hatte plötzlich ein (anderes), neueres Bild von Dir und mir. Ein Gefühl, als würden wir wirklich und jetzt schon erlebbar und Tag auf Tag dieser gebastelten, in jedem Hauseck verankerten Lebensweise und -umgebung abdanken. Das Bild gibt eine Kraft her, sich vom Ast fallen zu lassen. Ich denke viel an Dich, aber es spielt auch gar viel hinein, ohne Zusammenhang. Nicht selten glaube ich, Dich aus dem Gespür zu verlieren. Das ist womöglich eine Art Freiheit, die ich bis jetzt so nicht kannte. Ein Beispiel für Freiheit, in der man Ding an Ding gleiten lässt – das freie Spiel der Bewegungen und der Lauf vom Wachsen und Welken; die Schritte der Herzen, die immer wieder ersetzt werden in kleinen Geburten. Die Tage nach der Messe hatte ich mit Jesus gesprochen. Wie mit einem Freund, einem selbstverständlichen – ganzes Eingehen nur in Stichworten war da von mir aus auf meine Anliegen (oder die mir bekannten). Er war die Stimme in mir. Nicht meine Stimme, seine, die antwortete. Die Antwort war neu, aber keine Neuheit. Er zeigt sein Herz – er zeigt den Menschen ihre Herzen. Nun kann ich Dich mehr lieben und ihn mehr lieben. Ich habe manchmal schaurige Ängste vorm Bösen selber – kurze Schauer. Die jugendlichen Stimmungen sind verflogen, es gilt, die Welt des Guten durch den geschwächten Panzer zu lassen, anstatt an meinem eigenen Unrat zu verhungern. Es ist leicht gesagt: „Das Böse gehört zum Kampf, der erhält.“; wenn das Böse hausgemacht ist, dann sind das selbstgewählte Teile, die im Hochmut sitzen. Die letzte Seite tut nicht gut durch die letzten blauen Zeilen! Den Halbernst will ich vermeiden! Ich will Dir noch sagen, dass sich Dein Getragen-Werden (aus Deinem letzten Brief) in jenen Tagen mit dem meinen deckt. Wir waren aufgehoben! Auf ein Wiedersehen....wo Deine Augen hier sind, jetzt.

In Liebe
Dein Nikolaus